AF549271

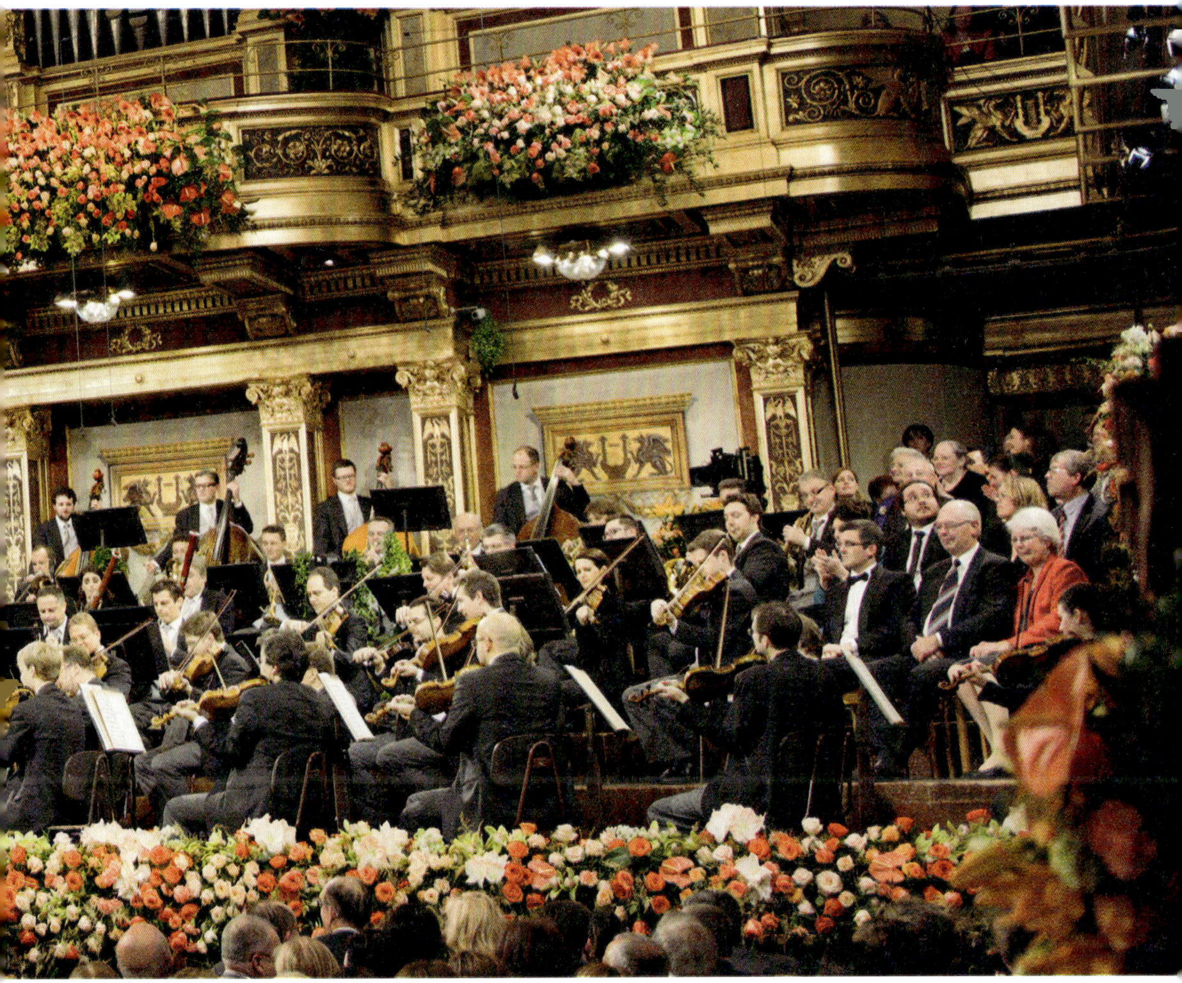

Christoph Wagner-Trenkwitz

Das Orchester, das niemals schläft

Christoph Wagner-Trenkwitz

Das Orchester, das niemals schläft

DIE WIENER PHILHARMONIKER

Mit 99 Abbildungen

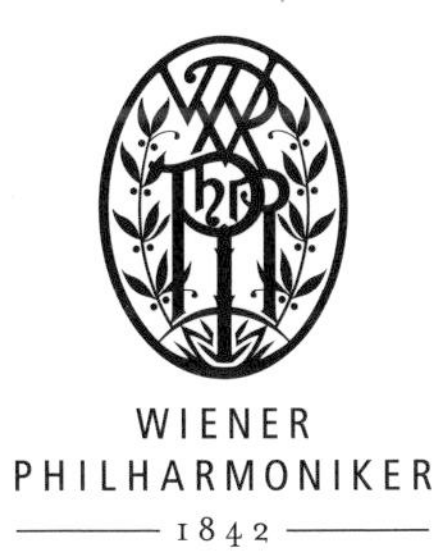

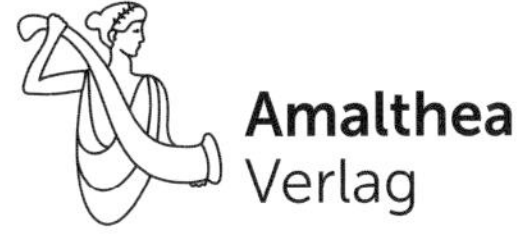

1. Auflage November 2017
2. Auflage März 2018

Besuchen Sie uns im Internet unter: amalthea.at und wienerphilharmoniker.at

Umschlaggestaltung: Elisabeth Pirker/OFFBEAT
Umschlagfoto: Das Neujahrskonzert 2017 unter der Leitung von Gustavo Dudamel
© Wiener Philharmoniker/Terry Linke
Herstellung und Satz: VerlagsService Dietmar Schmitz GmbH, Heimstetten
Gesetzt aus der 11,5/15 pt Minion Pro
Designed in Austria, printed in the EU
ISBN 978-3-99050-095-8

Inhalt

Vorwort

Unser Orchester feiert 2017 einen besonderen Geburtstag: Vor 175 Jahren wurden die Wiener Philharmoniker in Wien gegründet, in jener Musikstadt, die seit jeher bedeutende Komponistinnen und Komponisten sowie Musikerinnen und Musiker anzieht und beheimatet. Das Jubiläum ist ein geeigneter Anlass, den Traditionen und Herausforderungen in der Gegenwart sowie der besonderen Identität unseres Orchesters auf literarischem Wege auf die Spur zu kommen. Der bekannte österreichische Autor in Fragen Musik Christoph Wagner-Trenkwitz hat sich dieser Aufgabe gewidmet und mit dem vorliegenden Buch *Das Orchester, das niemals schläft* eine kurze Geschichte in Fakten, Bildern und Anekdoten verfasst.

Dieselbe Lebendigkeit, die er im Titel seines Buches dem Orchester zuschreibt, kann man auch seinem Buch bescheinigen. Denn Wagner-Trenkwitz nimmt die Leserschaft auf sehr charmante und kenntnisreiche Art mit auf eine Reise. Diese führt sie zunächst zu einem Ort, an dem das Orchester gegründet wurde und der im Namen des Orchesters gleichsam als Gütesiegel aufscheint: Wien. Wer sich mit dem Autor auf einen Gang durch Wien einlässt, begegnet auf Schritt und Tritt der Musik, und wo er der Musik begegnet, entdeckt er auch die Spuren der Wiener Philharmoniker.

Doch die Reise mit dem Orchester führt den Leser weiter: in die Städte Österreichs, allen voran Salzburg, in die Städte Europas, ja in Städte in aller Welt. Hier möchte ich eine Stadt in besonderer Weise hervorheben: Es ist New York, wo sich ein dem Orchester sehr verbundener Freundeskreis gebildet hat, *The Vienna Philharmonic Society*. Sein spezielles Anliegen ist es auch, den 175. Geburtstag des Orchesters in entsprechender Weise mitzufeiern. So entstand gemeinsam mit *The Vienna Philharmonic Society* und den Wiener Philharmonikern die Idee zu diesem Buch, das zur gleichen Zeit nicht nur in deutscher, sondern auch in englischer Sprache erscheint, um viele Menschen aus aller Welt an der literarisch-musikalischen Reise teilnehmen zu lassen.

Führte uns die Reise an verschiedene Orte, so führt sie uns auch in verschiedene Zeiten. Wagner-Trenkwitz leitet uns in Form einer Zeitreise von den Anfängen des Orchesters bis zur Gegenwart, und dies nicht in einer bloßen Aufzählung von Daten und Fakten, sondern in einer informativen, anekdotischen und bisweilen humorvollen Art und Weise. Wir werden Zeugen der großen Momente der philharmonischen Geschichte, aber auch jener Zeiten, als die Musiker und ihre Musik unter die Räder von Ideologie und Rassenwahn gerieten.

Der Autor begleitet uns in die Welt eines Philharmonikers, angefangen von seinem Probespiel über die Erfahrungen im Orchestergraben und am Konzertpodium bis hin zu den Abläufen und den Herausforderungen eines philharmonischen Jahres. Wagner-Trenkwitz eröffnet uns auch die Welt der großen Dirigenten und lässt uns mit so manch köstlicher Anekdote hinter die Kulissen des philharmonischen Alltags blicken.

Einer der besonderen Höhepunkte des Buches stellt das Kapitel *Klang und Tradition* dar, in dem sich der Autor dem Mythos »Wiener Klang« widmet. Das Geheimnis dieses Klangerlebnisses beruht auf vielen Komponenten, den besonderen Instrumenten, dem speziellen Ansatz der Tongebung, der besonderen Art des Vibrato, die durch den täglichen Operndienst erforderliche Orientierung an der menschlichen Stimme in Klang und Phrasierung und vielem mehr. Was aber in besonderer Weise zum Gelingen der Aufführungen beiträgt, ist das Vertrauen der Musikerinnen und Musiker untereinander und der familiäre Geist, die letztlich Garanten für das von vielen bescheinigte besondere Klangerlebnis und die darauf gründenden großen Erfolge des Orchesters sind.

Es liegt anlässlich eines so besonderen Geburtstages nahe, sich der Anfänge zu erinnern. Wer die Prinzipien unserer Gründerväter kennt, die einst den höchsten künstlerischen Qualitätsanspruch des Orchesters, seine demokratische Struktur und seine humanitäre Kompetenz einforderten, versteht, warum wir uns dieser Tradition verpflichtet wissen. Tradition jedoch bleibt nur durch Innovation lebendig, sowohl was die gesellschaftliche Verantwortung als auch die künstlerische Ausrichtung betrifft. So weist das Buch auf die konsequente Aufarbeitung der jüngeren Orchestergeschichte hin, auf die soziale Verantwortung von Künstlerinnen und Künstlern angesichts der drängenden Probleme unserer Zeit, auf lokale und globale Initiativen für Frieden und Völkerverständigung, auf die Gleichstellung von Mann und Frau im Künstlerkollektiv, auf eine verantwortliche Programmgestaltung auch im Hinblick auf zeitgenössisches Musikschaffen sowie auf die internationale Nachwuchsarbeit und Kulturvermittlungsprojekte. Zahlreiche Aktivitäten in diese Richtung zeigen, dass die Wiener Philharmoniker auch im 21. Jahrhundert ein Orchester sind, »das niemals schläft«.

Andreas Großbauer
Initiator des Buches und Vorstand
der Wiener Philharmoniker im Jubiläumsjahr 2017

Grußwort

Die Wiener Philharmoniker wurden im Jahr 1842 gegründet. Ohne jede Koordination oder Absprache wurden im gleichen Jahr jenseits des Atlantiks die New Yorker Philharmoniker gegründet.

Beide Orchester feiern also in diesem Jahr (2017) ihren 175. Geburtstag und stehen auch seit langer Zeit – aber eben nicht seit ihrer Gründung – in engem und freundschaftlichem Kontakt.

Am 28. März 2017 fand im Haus der Musik in Wien eine stimmungsvolle Geburtstagsfeier für die Wiener Philharmoniker (in Anwesenheit von Vertretern aus New York) unter dem Motto »Musik kennt keine Grenzen« statt.

Das ist wahrlich ein kluges Motto. Denn Musik, die nicht an Sprache gebunden ist und die jene Gefühle, Emotionen und Gedanken ausdrückt, die allen Menschen gemeinsam sind, kennt tatsächlich keine Grenzen.

In einer Rede bei diesem Geburtstagsfest habe ich gemeint, dass die Musik von Mozart oder Beethoven und vielen, vielen anderen Komponisten sowie deren Interpretation die Grenze zu den fast 200 Staaten dieser Welt mühelos überwindet. Und gar nicht so wenige dieser »musikalischen Grenzübertritte« haben von Wien, von Österreich und von den Wiener Philharmonikern ihren Ausgang genommen.

Nun ist ein Geburtstagsfest ein wunderschönes Ereignis; aber es ist eine »Momentaufnahme«. Denn der Geburtstagstermin nähert sich langsam, man freut sich darauf, er ist eines Tages da, aber in kürzester Zeit liegt er schon wieder hinter uns und ist Vergangenheit.

Demgegenüber ist ein Buch etwas Dauerhaftes, etwas, das man immer wieder zur Hand nehmen kann, das man weiterschenken kann und das seinen fixen Platz im Bücherregal hat.

Zwar sind über die Wiener Philharmoniker in den letzten Jahren ausgezeichnete und auf neuesten Forschungen beruhende Bücher erschienen. Ich denke insbesondere an die Standardwerke von Clemens Hellsberg (1992) und Christian Merlin (2017).

Aber die Wiener Philharmoniker sind ein nahezu unerschöpfliches Thema und so begrüße ich es sehr, dass Christoph Wagner-Trenkwitz als hervorragender Kenner der Musikszene im Allgemeinen und der Wiener Philharmoniker im Besonderen zur Feder beziehungsweise zum Computer gegriffen hat, um aus Anlass des 175-Jahr-Jubiläums der Wiener Philharmoniker über »das Orchester, das niemals schläft« zu schreiben.

Kaiser Karl V. hat bekanntlich ein Reich regiert, in dem die Sonne niemals untergegangen ist. Wenn man bedenkt, dass die Wiener Philharmoniker allein in der Spielzeit 2015/16 49 Auslandskonzerte gegeben haben und bei solchen Auslandskonzerten von Japan bis in die USA und von Schweden bis Australien unterwegs sind, dann kann man ruhig sagen, dass die Philharmoniker wohl zu allen Stunden des Tages (mitteleuropäischer Zeit) aktiv sind und daher »niemals schlafen«.

Das Schönste ist, dass die Wiener Philharmoniker im vorstehend genannten Zeitraum zwar 49 Konzerte im Ausland gegeben haben, aber 89 (!) Konzerte in Österreich und jedes einzelne davon auf höchstem Niveau.

Ich bin stolz auf die Wiener Philharmoniker und wünsche diesem Buch, das zum 175-Jahr-Jubiläum dieses großartigen Orchesters erscheint, den besten Erfolg.

Dr. Heinz Fischer
Bundespräsident a. D. und Patron der Wiener Philharmoniker

Noch ein Buch …

… über die Wiener Philharmoniker? Es gibt nicht wenige. Die von Clemens Hellsberg (1992) und Christian Merlin (2017) können als unübertroffene Standardwerke gelten, die akribisch und sehr umfangreich die Geschichte des Orchesters und seiner Mitglieder darstellen. Das vorliegende Büchlein hingegen sollte ein knapper, pointierter Führer zum 175-Jahr-Jubiläum für »Einsteiger« werden. Manchmal wurde ein anekdotischer Zugang gewählt, weil humorvolle – aber nicht immer quellenkritisch nachprüfbare – Geschichtchen die Wahrheit bündig auf den Punkt bringen.

Doch die Vergangenheit des Weltklasseorchesters ist nicht nur von lockeren Anekdoten und positiven Momenten geprägt. Auch wenn von geliebten Traditionen wie dem Neujahrskonzert die Rede ist, dürfen wir die Schattenseiten nicht ausblenden.

Licht und Schatten liegen nahe beieinander. Philharmoniker-Urgestein Otto Strasser wählte den Ausspruch des Klarinettisten Leopold Wlach nach einem Furtwängler-Konzert als Titel seiner Lebenserinnerungen: »Und dafür wird man noch bezahlt.« Demselben Musiker wird auch ein wesentlich weniger erfreulicher Satz zugeschrieben, der auf Seite 110 nachgelesen werden kann …

Der offene Umgang auch mit den dunklen Seiten ihrer Geschichte ist für die Wiener Philharmoniker mittlerweile ebenso selbstverständlich wie die Aufnahme von Frauen. Wesentliche Kennmarken des modernen Orchesters – soziale Verantwortung, internationale Nachwuchsarbeit, lokale und globale Initiativen für Frieden und Völkerverständigung – wurzeln bereits in den Prinzipien und Visionen der Gründer.

Der österreichische Nationalstolz ruht auf nicht sehr vielen Säulen; die Wiener Philharmoniker sind eine davon. Hans Weigel meinte pointiert: »Nach Ausrufung der Republik wurde der Adel in Österreich abgeschafft. An seine Stelle ist der Besitz eines philharmonischen Abonnements getreten.«

Vielen gilt mein Dank für wertvolle Initiative und Hilfe; auf knappem Raum erwähnen kann ich nur Marifé Hernández, die Vorsitzende der *Vienna Philharmonic Society New York*, und ihren Mann Joel Bell, den Philharmonikervorstand Andreas Großbauer und seinen Nachfolger Daniel Froschauer, weiters Silvia Kargl vom Historischen Archiv der Philharmoniker sowie meine Lektorin Madeleine Pichler.

Christoph Wagner-Trenkwitz
Wien, im Oktober 2017

P. S.: Immer wieder wird das Orchester von menschlichen Tragödien erschüttert. Als Clemens Hellsberg im Sommer 1992 an seiner *Demokratie der Könige* arbeitete, verstarb überraschend der Konzertmeister Gerhart Hetzel. Ein Vierteljahrhundert später, die Arbeiten zum *Orchester, das niemals schläft* waren in vollem Gange, erreichte uns die Todesnachricht eines weiteren prominenten Philharmonikers: Soloklarinettist Ernst Ottensamer ist am 22. Juli 2017, 61-jährig, einem Herzinfarkt erlegen. Ich widme dieses Buch dem Andenken an diesen außerordentlichen Musiker und Menschen.

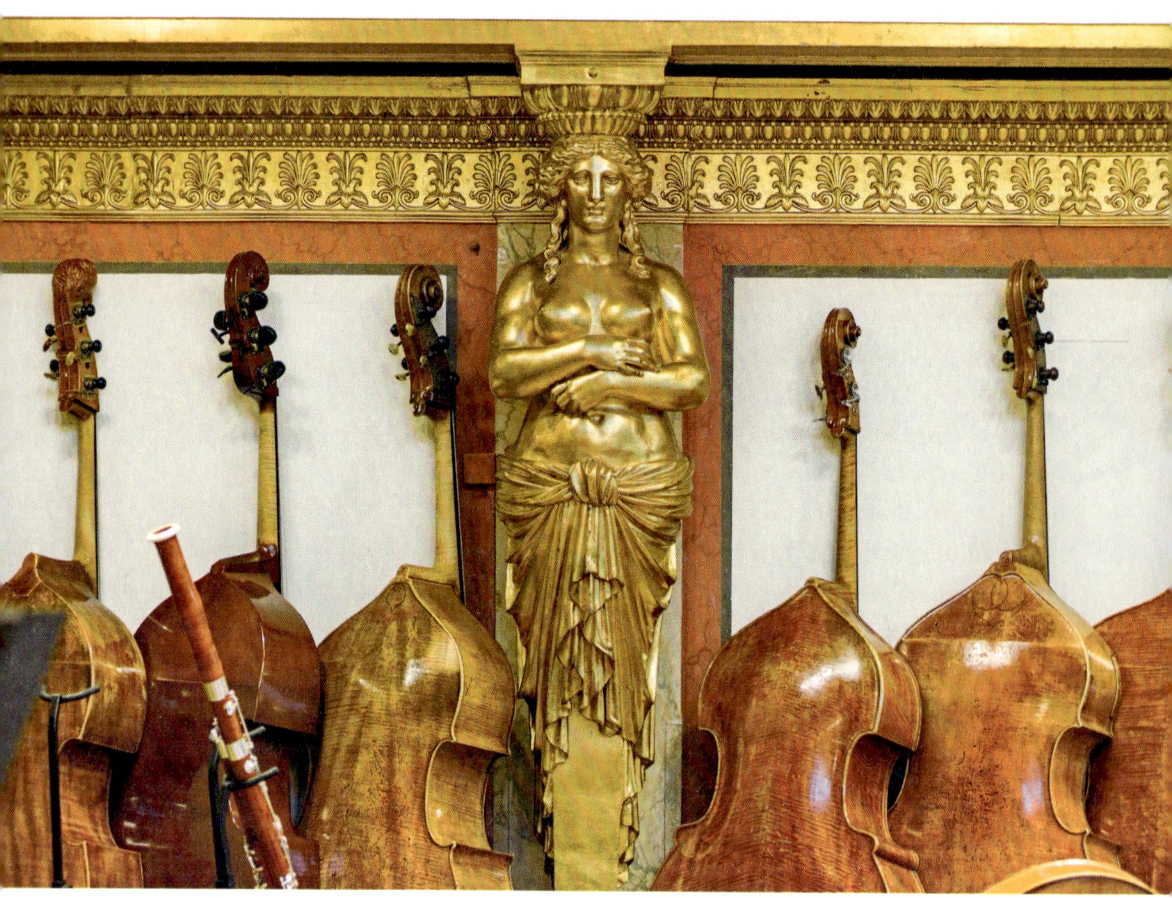

Wenn das Orchester doch einmal schläft, wachen die goldenen Karyatiden im Wiener Musikverein.

Ein Rundgang

Unterwegs in Wien – und in der Geschichte eines Orchesters

Darf ich zu einem kleinen Stadtrundgang einladen? Innerhalb von nicht mehr als 20 Minuten flanieren wir so an den wichtigsten Zentren philharmonischen Lebens in Wien vorbei.

Heimat Musikverein

Beginnen wir auf dem Karlsplatz. Wir lassen die barocke Pracht der Karlskirche, den Resselpark mit dem Brahms-Denkmal und die Technische Universität (vormals k. k. Polytechnisches Institut, wo die Strauß-Brüder Johann und Josef studiert haben) hinter uns. Vor uns liegt das Musikvereinsgebäude des Ringstraßen-Architekten Theophil Hansen, nach dessen Entwürfen auch das Wiener Parlamentsgebäude, die Akademie der Bildenden Künste am Schillerplatz, die Börse am Schottenring und zahlreiche Palais der Hauptstadt entstanden sind. Das Haus der 1812 gegründeten »Gesellschaft der Musikfreunde in Wien« beherbergt auch die Verwaltung der Wiener Philharmoniker (»Kanzlei« wird das Büro in schönem alten Beamtenösterreichisch genannt); im Großen Saal – dem »Goldenen« – des Musikvereins finden seit dessen Eröffnungsjahr 1870 die Philharmonischen Abonnementkonzerte und auch die Neujahrskonzerte des Orchesters statt, die zu dessen Weltgeltung beigetragen haben.

Im Pflaster vor der Fassade sind Sterne mit den Namen bedeutender Musiker eingelassen: Dem österreichischen Symphoniker Anton Bruckner, dem Dirigenten Wilhelm Furtwängler, dem modernen deutsch-österreichischen Komponisten Gottfried von Einem und dem Romantiker Franz Schubert gelten die Erinnerungsplaketten, die der »Wiener Musikmeile« angehören. Diese ist heutzutage zwar ziemlich vernachlässigt und gewiss kein der Musikmetropole angemessener »Walk of Fame«, soll uns auf diesem kleinen Rundgang aber dennoch zur Orientierung und Erinnerung dienen.

Vorbei am Karten- und Ballbüro …

Wir überqueren die Bösendorferstraße, die den Namen der berühmten Wiener Klavierfabrik trägt, und spazieren durch die Dumbastraße (benannt nach dem österreichischen Industriellen Nikolaus von Dumba, der im späten 19. Jahrhundert Vizepräsident des Musikvereins und Vorstandsmitglied des Wiener Männergesang-Vereins war) zum Kärntner Ring, wo wir uns nach links wenden.

Der philharmonische Dirigent Hans Richter bittet den »lieben Freund« Ludwig Bösendorfer, seine Klaviere zu stimmen.

Nach wenigen Metern erreichen wir das Karten- und Ballbüro der Wiener Philharmoniker, vor dem uns abermals Musiker-Sterne grüßen: jene für Pierre Boulez, Johann Sebastian Bach und Johann Strauß. Als einziges Musikerkollektiv besitzen auch die Wiener Philharmoniker selbst einen hier eingelassenen Stern, der an ihr erstes Konzert am 28. März 1842 erinnert. Diesem magischen Datum nähern wir uns nun, vorwärts schreitend, im historischen Rückwärtsgang an.

Vorbei an den Sternen für Dmitri Schostakowitsch, Anton von Webern und Herbert von Karajan (die Bodenplatte ziert auch die Unterschrift des Maestros, die laut Hildegard Knef wie ein »Kardiogramm« aussieht) gehen wir auf dem Ring zum Staatsoperngebäude, das sich zu unserer Rechten erhebt und das, wie der Musikverein, ebenfalls als Heimat unseres Orchesters bezeichnet werden kann. Denn die Philharmoniker rekrutieren sich seit ihrer »Geburt« aus Mitgliedern des Opernorchesters; das bietet neben der künstlerischen Vielseitigkeit auch eine wirtschaftliche Basis für die Musikerinnen und Musiker. Voraussetzung für die Aufnahme in das als Verein organisierte Konzertorchester ist jedenfalls die Mitgliedschaft im Opernorchester, wo eine mehrjährige »Probezeit« durchlaufen wird. Auf die »doppelte Identität« unseres Orchesters werden wir noch eingehen; halten wir für den Moment einmal fest, dass die Musikerinnen und Musiker der Wiener Philharmoniker, wenn sie in der Wiener Staatsoper spielen, zwar nicht so heißen, aber so klingen dürfen!

… zur Heimat Staatsoper

Nur ein Jahr älter als der Musikverein, wurde das Hofoperntheater am Ring nach Plänen der Architekten August Sicard von Sicardsburg und Eduard van der Nüll 1869 fertiggestellt und am 25. Mai mit Mozarts *Don Giovanni* (damals in deutscher Sprache als *Don Juan*) eröffnet.

Das Gelände zur (vom Ring aus gesehen) Rechten der Wiener Staatsoper hatte ursprünglich keinen eigenen Namen, es gehörte zur Kärntner Straße. Unter anderem auf Betreiben des damaligen Staatsoperndirektors Ioan Holender heißt das Areal seit 1996 Herbert-von-Karajan-Platz. Einerseits ist die Ehrung für den überragenden Dirigenten und verdienstvollen Direktor des Hauses (1956–1964) durchaus angebracht; andererseits stimmt es nachdenklich, dass ein halbes Jahrhundert nach Kriegsende einem prominenten ehemaligen NSDAP-Mitglied ein Platz in der österreichischen Hauptstadt gewidmet wurde … Eine Forschungsgruppe, die sich in den 2010er-Jahren im Auftrag der Universität Wien und der Stadt Wien mit Straßenbenennungen auseinandersetzte, bezeichnete den Karajan-Platz immerhin als »Fall mit Diskussionsbedarf«.

Einige weitere musikalische Berühmtheiten sind hier mit Sternen bedacht: die Komponisten Alban Berg und Richard Strauss, deren Meisterdirigenten Clemens Krauss und Karl Böhm; dann, nebeneinander, Giuseppe Verdi, Leonie Rysanek, Hans Knappertsbusch und, last but not least, Gustav Mahler. Vis-à-vis von der Seitenfront des Opernhauses beginnt die Mahlerstraße, die zunächst nur von 1919 bis 1938 so heißen durfte. Unter den Nationalsozialisten mutierte sie zur »Meistersingerstraße«, 1946 wurden der Name und das Andenken an den 1911 verstorbenen Hofoperndirektor Mahler wiederhergestellt.

Das Kärntnertor-Theater – heute Wiens berühmtestes Hotel

Hinter der Oper verläuft die Philharmonikerstraße, die 1942, zum 100-Jahr-Jubiläum des Orchesters, so benannt wurde. Überqueren wir sie, stehen wir vor dem weltberühmten Hotel Sacher. Seinen Beinamen als »musikalischstes Hotel Wiens« erwarb es sich nicht nur durch die Unzahl an Gästen »von nebenan«, sondern auch seiner genauen geografischen Lage wegen: An dieser Stelle erhob sich zwischen 1709 und 1870 das »k. u. k. Hofoperntheater nächst dem Kärntnerthore«, das Vorgängergebäude der Oper am Ring. Im Kärntnertor-Theater kamen (wenn wir nur die Jahrzehnte vor der Gründung der Wiener Philharmoniker überfliegen) unter anderem eine Schauspielmusik und ein Klavierkonzert von Wolfgang Amadeus Mozart, Opern von Joseph Haydn, Antonio Salieri, Conradin Kreutzer, Carl Maria von Weber und Franz Schubert zur Uraufführung. Auch Schuberts Lied *Der Erlkönig* erklang hier erstmals 1821, und acht Jahre später feierte Frédéric Chopin im Kärntnertor-Theater sein Wiener Debüt als Pianist.

Die bedeutendsten Momente der Geschichte des Hauses sind mit dem Namen Ludwig van Beethoven verbunden: Die Uraufführung der Endfassung des *Fidelio* fand am 23. Mai 1814, jene der 9. Symphonie am 7. Mai 1824 statt. Beide wurden sie von den Mitgliedern des Orchesters gespielt, aus dem die Wiener Philharmoniker hervorgehen sollten. So groß war die Bindung der Wiener Bevölkerung an diesen musischen Ort, dass dem Hotel Sacher bei seiner Errichtung an derselben Stelle schriftlich verboten wurde, Opernaufführungen abzuhalten …

Wir könnten die Fortsetzung der Philharmonikerstraße, die Walfischgasse, nach rechts wandern (dort, auf Nummer 13, befand sich einst das Café Parsifal, das von Opernmitarbeitern und -besuchern gleichermaßen frequentiert wurde), doch wir flanieren die Kärntner Straße hinauf. Am Ende des Blocks liegt links die Maysedergasse, benannt nach dem Violinvirtuosen Joseph Mayseder, der auch »Konzert- und Solospieler« am Hofoperntheater war. Zwar wurde er niemals Mitglied der Philharmoniker, trat jedoch beim ersten Konzert des Orchesters als Solist in Erscheinung.

Wir biegen rechts in die Annagasse ein, an deren Anfang uns ein Gedenkstern für Arturo Toscanini grüßt. Der italienische »Maestrissimo« prägte die Geschichte unseres Orchesters nur wenige Jahre: Im Oktober 1933 markierte sein Debüt den Beginn des Gastdirigentensystems bei den Philharmonikern; schon Anfang 1938 entschloss sich der glühende Demokrat, das dem Deutschen Reich angeschlossene Österreich und sein Spitzenorchester zu meiden.

Das Haus der Musik

Wir schlendern die Annagasse hinunter (vorbei am Ristorante Sole, wo Künstler und Publikum gerne nach Staatsopernvorstellungen einkehren), an deren Ende das Haus der Musik liegt. Hier sind wir dem Gründungsmoment der Wiener Philharmoniker aufregend nahe gekommen: Der Komponist und Dirigent Otto Nicolai wohnte in diesem Gebäude während seines Dienstes als Wiener Hofopernkapellmeister. Eine 1942 (zum 100-Jahr-Jubiläum seiner Jahrhundertidee, aus dem Opernorchester ein Konzertensemble zu formen) angebrachte Gedenktafel mit Nicolais Porträt, den Daten seines allzu kurzen Lebens (1810–1849) und dem des ersten von ihm geleiteten Konzertes (das Datum 28. März 1842 werden wir nicht so schnell vergessen!) erinnert an diesen musikhistorischen Markstein.

Der Text auf dem Haus an der Seilerstätte vis-à-vis ist wesentlich blumiger ausgefallen; die Marmortafel gilt der legendären Tänzerin Fanny Elßler, Nicolais Jahrgangskollegin, aber erst 1884 verstorben, deren Ruhm in geradezu mythische Gefilde aufstieg. Davon zeugt die Inschrift »Sie ist das Lächeln ihres Jahrhunderts gewesen, eines der seltenen Meisterwerke, die der Schöpfer viele Menschenalter in seinen Händen wägt, ehe er sie zum Leben entlässt.« Die meistgespielte Vorstellung der Saison 1823/24 im Kärntnertor-Theater war das Zauberballett *Die Fee und der Ritter* – der Aufführungsrekord verdankt sich niemand anderem als der Hauptdarstellerin Fanny Elßler.

Kehren wir ein in das Haus der Musik, das ehemalige »Palais Erzherzog Carl« an der Seilerstätte. Es beherbergt unter anderem das Historische Archiv des Orchesters sowie im Museum der Wiener Philharmoniker einige öffentlich zugängliche Erinnerungsstücke aus der reichen Orchestergeschichte.

Im ersten Stock passiert man zunächst Schautafeln, die der Geschichte der Wiener Staatsoper gewidmet sind, bevor man in den Raum eintritt, der über die Geschichte der weltberühmten Neujahrskonzerte der Wiener Philharmoniker Auskunft gibt. Nach rechts führt der Weg in einen imaginären Konzertsaal, wo Besucher die Höhepunkte des letzten Neujahrskonzertes sowie des Sommernachtskonzertes der Philharmoniker auf großen Screens erleben können. Nach links geht es in den historischen Spiegelsaal. Hier werden Konzertreisen und Ehrungen, der Ball der Wiener Philharmoniker sowie deren künstlerische Zusammenarbeit mit den Komponisten Johannes Brahms, Anton Bruckner, Gustav Mahler, Richard Strauss, Hans Pfitzner, Franz Schmidt und Alban Berg anhand von Originalexponaten dokumentiert.

Der Blick fällt auch auf Dirigentenstäbe zahlreicher prominenter Orchesterleiter – jener von Toscanini wirkt beim ersten Hinsehen genauso lang wie die anderen. Entsinnen wir uns jedoch, dass der italienische Maestro mit einem besonders langen Stab zu dirigieren pflegte, schauen wir näher hin – tatsächlich, der Stab ist abgebrochen. Dies wird wohl im Zuge eines der legendären Wutanfälle seines Besitzers passiert sein …

Der angrenzende Nicolai-Raum zeigt ein besonderes Dokument österreichischer Kulturgeschichte: das Gründungsdekret der Wiener Philharmoniker (Abb. S. 27). Ferner das erste Foto des Orchesters (1864) und Bilder von Otto Nicolai, der Geiger Georg und Joseph Hellmesberger und anderer. Und, nicht zuletzt, das Programm des ersten Philharmonischen Konzertes … Sie erinnern sich sicher noch des Datums!

1842 – Was für ein Jahr!

Wir könnten nun weiterwandern in die Singerstraße; dort stand einst das Gasthaus »Zum Amor«, wo laut einem verklärten Bericht die Gründungsstunde des Orchesters geschlagen haben soll; dann um die Ecke in die Grünangergasse, wo (in der Redaktionsstube der *Allgemeinen Musik-Zeitung*) tatsächlich der Plan gefasst wurde, den ersten professionellen Klangkörper Wiens zur Konzertpflege ins Leben zu rufen … Doch es ist Zeit zum Innehalten. Nehmen wir jenes mythische 1842 unter die Lupe, erweist es sich als musikalisch überaus bedeutsames Jahr. Greifen wir die wichtigsten Daten heraus:

Am 3. März findet im Leipziger Gewandhaus die Uraufführung der 3. (*Schottischen*) Symphonie von Felix Mendelssohn Bartholdy unter der Leitung des Komponisten statt. Nur eine knappe Woche später, am 9. März, erblickt Giuseppe Verdis erster Welterfolg das Licht der Bühne, *Nabucco,* am Teatro alla Scala in Mailand. Verdi war in doppeltem Sinne eine Schicksalsfigur für Otto Nicolai. Zum einen hatte dieser auf das seiner Meinung nach inferiore *Nabucco*-Libretto verzichtet (weil »ein ewiges Wüten, Blutvergießen, Schimpfen, Schlagen und Morden kein Sujet für mich« war) und damit dem jüngeren Italiener den Weg zum Weltruhm geebnet. Zum anderen wurde Nicolais größter Opernerfolg, *Die lustigen Weiber von Windsor*, über 40 Jahre später von Verdis letzter Meisteroper auf denselben Stoff, *Falstaff*, übertroffen und – zu Unrecht – in den Schatten gestellt. Es überrascht uns nicht, dass Nicolai die Musik des Italieners auf den Tod nicht ausstehen konnte: »Er instrumentiert wie ein Narr […] muss ein Herz wie ein Esel haben und ist wirklich in meinen Augen ein erbärmlicher, verachtungswerter Kompositeur.«

Der knapp 30-jährige Verdi besuchte Wien im April 1843 und leitete seinen *Nabucco* am Wiener Kärntnertor-Theater – mit den Musikern des Philharmonischen Orchesters. Schon 1842, am 19. Mai, hatten sie die Uraufführung von Gaetano Donizettis *Linda di Chamounix* gespielt. Es ist bemerkenswert, dass der Wiener »Rossini-Taumel« vom Beginn der 1820er-Jahre, also die Begeisterung für den Komponisten des *Barbier von Sevilla*, zwei Jahrzehnte später mit Donizetti eine Neuauflage fand. Die deutsche Opernkunst spielte damals in Wien die zweite Geige, wenngleich der Großmeister schon vor der Tür stand: Am 20. Oktober 1842 wird am Königlichen Hoftheater Dresden Richard Wagners *Rienzi* herausgebracht. Erst am 30. Mai 1871, bereits im »neuen« Haus am Ring, erlebte das Werk seine österreichische Erstaufführung. Weitere herausragende Novitäten anno 1842 sind Michail Glinkas *Ruslan und Ljudmila* (9. Dezember in Sankt Petersburg) und schließlich, am letzten Tag des Jahres, Albert Lortzings *Der Wildschütz* am Stadttheater Leipzig.

Arrigo Boito, der italienische Komponist und Librettist (unter anderem von Verdis letzten Opern *Otello* und *Falstaff*), wird am 24. Februar 1842 geboren, die Operettenkomponisten Carl Millöcker, Arthur Sullivan und Carl Zeller am 29. April, 13. Mai und 19. Juni. Mit Letzteren hatte unser Orchester kaum Berührungspunkte, mehr dagegen mit den Werken des Franzosen Jules Massenet, der am 12. Mai zur Welt kommt: So spielten sie etwa die Uraufführung seines *Werther* 1892 in der Wiener Hofoper.

Der Geburtstag einer Schwester-Institution, der auf den 2. April 1842 fällt, sei ebenfalls erwähnt: Die »Philharmonic Symphony Society of New York« wird gegründet, damit sind die New Yorker nur wenige Tage jünger als die Wiener Philharmoniker und das älteste Symphonieorchester der USA. Zwei Todestage mögen diesen musikalischen Streifzug 1842 abrunden: Mozarts Witwe Constanze verstirbt (knapp 51 Jahre nach ihrem Mann!) am 6. März in Salzburg, und der seinerzeit hochberühmte Komponist Luigi Cherubini am 15. März in Paris. Als die Wiener Philharmoniker, noch unter der Bezeichnung »Orchesterpersonal des k.k. Hof-Operntheaters«, erstmals konzertierten, nahmen sie auch zwei Stücke des jüngst Verstorbenen in ihr Programm auf.

Im Nicolai-Raum des Hauses der Musik sind wir der Gründung der Philharmoniker geradezu physisch nahe gekommen. Und können kaum glauben, dass einstmals auch andere Gründungsdaten kursierten als jenes Jahr 1842 … doch mehr darüber im nächsten Kapitel.

Unser Wien-Spaziergang
vom Musikverein zum
Haus der Musik

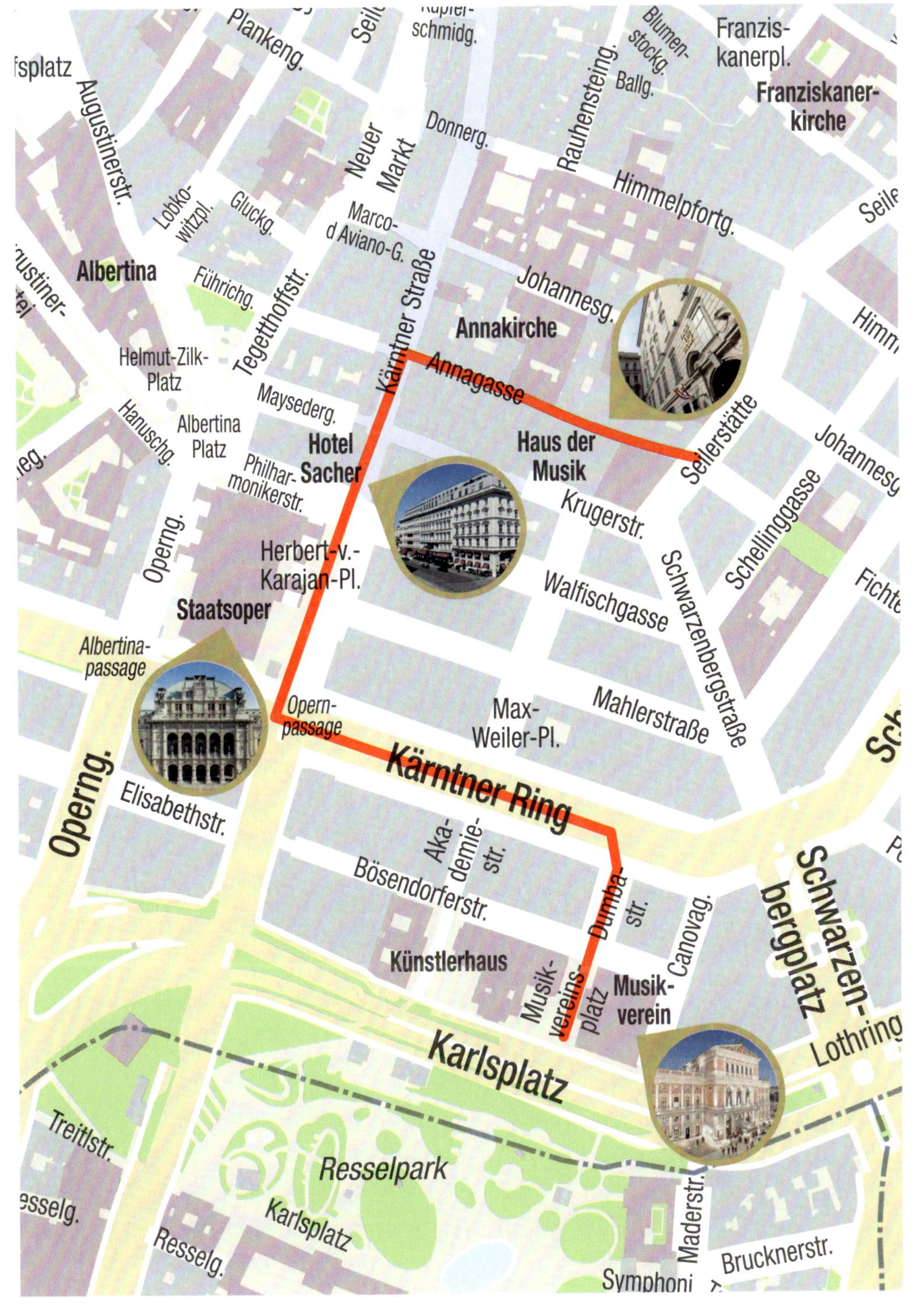

Plankeng.
schmidg.
Franzis-
kanerpl.
Franziskaner-
kirche
Augustinerstr.
Neuer
Markt
Donnerg.
Rauhensteing.
Ballg.
Himmelpfortg.
Lobko-
witzpl.
Gluckg.
Marco-
d'Aviano-G.
Albertina
Führichg.
Tegetthoffstr.
Kärntner Straße
Johannesg.
Annakirche
Helmut-Zilk-
Platz
Annagasse
Maysederg.
Hanuschg.
Albertina
Platz
Hotel
Sacher
Haus der
Musik
Seilerstätte
Johannesg.
Philhar-
monikerstr.
Krugerstr.
Schellinggasse
Operng.
Herbert-v.-
Karajan-Pl.
Walfischgasse
Schwarzenbergstraße
Staatsoper
Albertina-
passage
Opern-
passage
Max-
Weiler-Pl.
Mahlerstraße
Kärntner Ring
Operng.
Elisabethstr.
Aka-
demie-
str.
Bösendorferstr.
Dumba-
str.
Canovag.
Schwarzen-
bergplatz
Künstlerhaus
Musik-
vereins-
platz
Musik-
verein
Karlsplatz
Lothring
Treitlstr.
Resselpark
Karlsplatz
Resselg.
Maderstr.
Brucknerstr.

Zum Dank für das erste Philharmonische Konzert schenkte das Orchester Otto Nicolai sein Porträt (Lithografie von Josef Kriehuber).

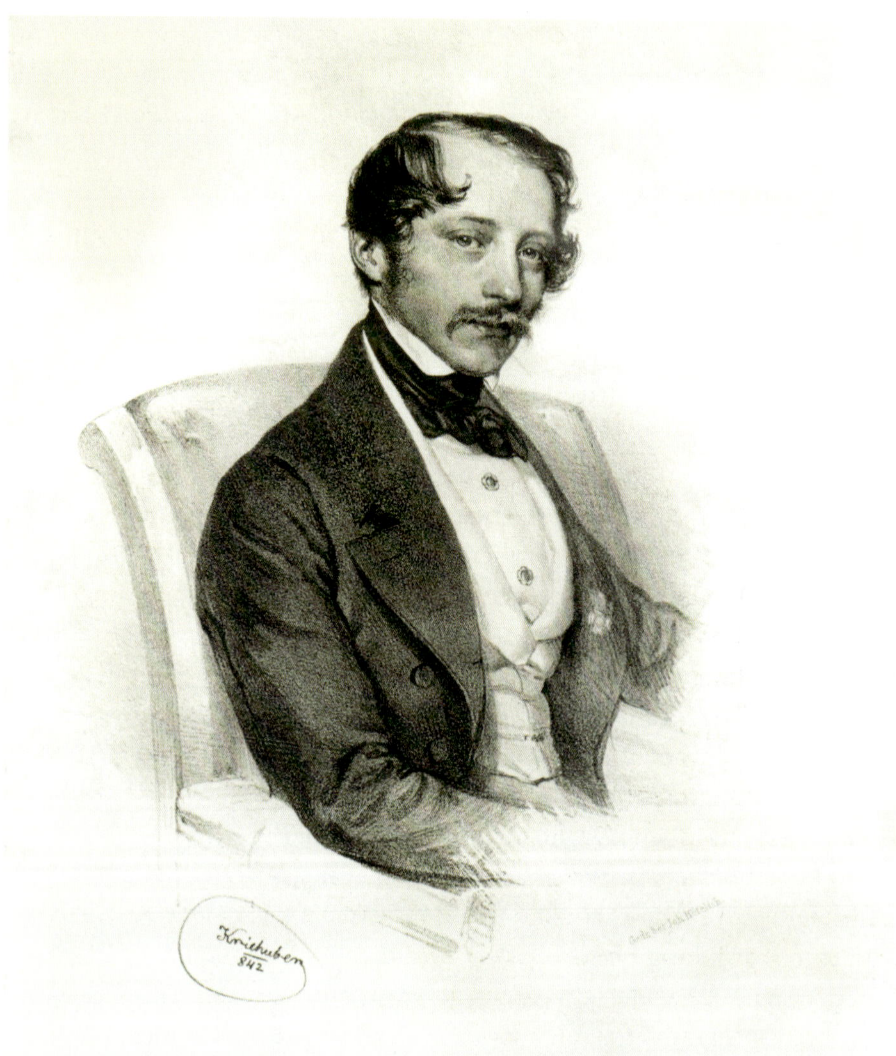

Alte und neue Heimat

Gründung und Etablierung des Orchesters (1842–1870)

Nach dem Rundgang durch das Wien der Gegenwart reisen wir nun in die Geschichte unseres Orchesters, um dabei manche Vorahnungen auf das Heute aufzufinden. Kaum mehr nachvollziehbar ist allerdings die Tatsache, dass im ersten Drittel des 19. Jahrhunderts in Wien kein professionelles Konzertorchester existierte. Für die Aufführung seiner Symphonien musste auch Ludwig van Beethoven auf Amateur-Formationen zurückgreifen.

Die erste »Neunte« und der »Künstler-Verein«

Die Uraufführung von Beethovens 9. Symphonie im Mai 1824 war in mancherlei Hinsicht ein erstes Aufflammen der philharmonischen Idee. Sie fand im Kärntnertor-Theater statt und wurde von den Musikern des Hauses, verstärkt durch das Orchester der Gesellschaft der Musikfreunde, gespielt. Wir denken an den berühmten Ausspruch des philharmonischen Oboisten und Vorstandes Alexander Wunderer: »Wir sind die Nachkommen derer, die von Beethoven erzogen wurden.« Das Ereignis, das neben dem vollständig ertaubten Beethoven noch zwei weitere musikalische Leiter aufzuweisen hatte, krankte allerdings daran, dass dem anspruchsvollen Werk nicht mehr als zwei Gesamtproben zugestanden worden waren.

Der erste Versuch, in Wien ein professionelles Konzertorchester zu etablieren, geht auf Franz Lachner zurück. Er war – wie Otto Nicolai, dem die dauerhafte Gründung neun Jahre später gelang – Komponist und Opernkapellmeister. Der von Lachner ins Leben gerufene, aus Mitgliedern des Opernorchesters bestehende »Künstler-Verein« gab im Jänner 1833 vier Abonnementkonzerte – leider erwies sich die Unternehmung wegen mangelhafter Vorbereitung als wirtschaftlicher Flop.

»Kreuzdonnerwetter – Schwerenoth! Aufgewacht!«

Erst Nicolai verstand es, mit Fleiß und visionärer Beharrlichkeit (die diktatorische Züge annehmen konnte) der Idee eines Profi-Orchesters Leben einzuhauchen. Zwar existiert kein Protokoll der ersten Orchesterversammlung, aber das wie durch ein Wunder bewahrte »Gründungsdekret« aus der Feder Nicolais. Es hebt wie ein in aufgekratzter Laune zu Papier gebrachtes Faschingsmanifest an: »Trin tin tin! Hört! Hört! Es ist die Zeit da, daß die Musiker nicht mehr blos schlafen, oder im Bett geigen wollen! Die Söhne Apollo's allzusammen, vereint, wollen einmal Hand an's Werk legen, zu etwas Großem! Kreuzdonnerwetter – Schwerenoth! Aufgewacht!«

Dann kommt Nicolai zur Sache: »Also das sämmtliche Orchester-Personal des k.k. Hofoperntheaters n[ächst] d[em] Kärntnerthor, seinen braven Director Hrn Georg Hellmesberger* an der Spitze hat sich vereinigt, um unter Kapellmeister N[icolai]'s Direction ein Konzert zu geben, das in den Annalen der Wiener Concerte seines Gleichen sucht.« Auf einen Programmentwurf folgt der selbstbewusste Schlussparagraf: »Bravo Nicolai! Und möge das Publikum dich in diesem Unternehmen ermuthigen, damit aus diesem Keim vielleicht ein schöner Baum erblühe!«

Der im preußischen Königsberg geborene Nicolai war – nach einem kurzen Intermezzo 1837/38 – im Jahre 1841 zum zweiten Mal Kapellmeister am k.k. Hofoperntheater geworden. Sein »Comeback« feierte er im Mai 1841 mit einer umjubelten Produktion seiner Oper *Il Templario*. (Im Salzburger Festspielsommer 2016 entsann man sich dieser Opernrarität und erntete begeisterte Kritiken.) Eine neue Oper sollte er laut Vertrag nun in Wien herausbringen, doch dazu kam es nicht. Der selbstbewusste, alles gebende, aber auch alles fordernde Künstler verließ die Stadt 1847 im Streit mit Intendanz und Orchester; seine *Lustigen Weiber von Windsor* kamen am 9. März 1849 unter seiner Leitung in Berlin zur Uraufführung, wo Nicolai zwei Monate später auch starb. Wien konnte dem gebürtigen Preußen durch nichts ersetzt werden, wie er seinem Tagebuch anvertraute: »In Berlin ist wohl mehr Ordnung, die ich in Wien erst so schwer vermißte – aber der Wiener hat mehr musikalisches Blut [...] Im Süden hat's halt mehr Talent!«

---

* Die Funktion des »[Orchester-]Directors« entspricht jener eines Konzertmeisters.

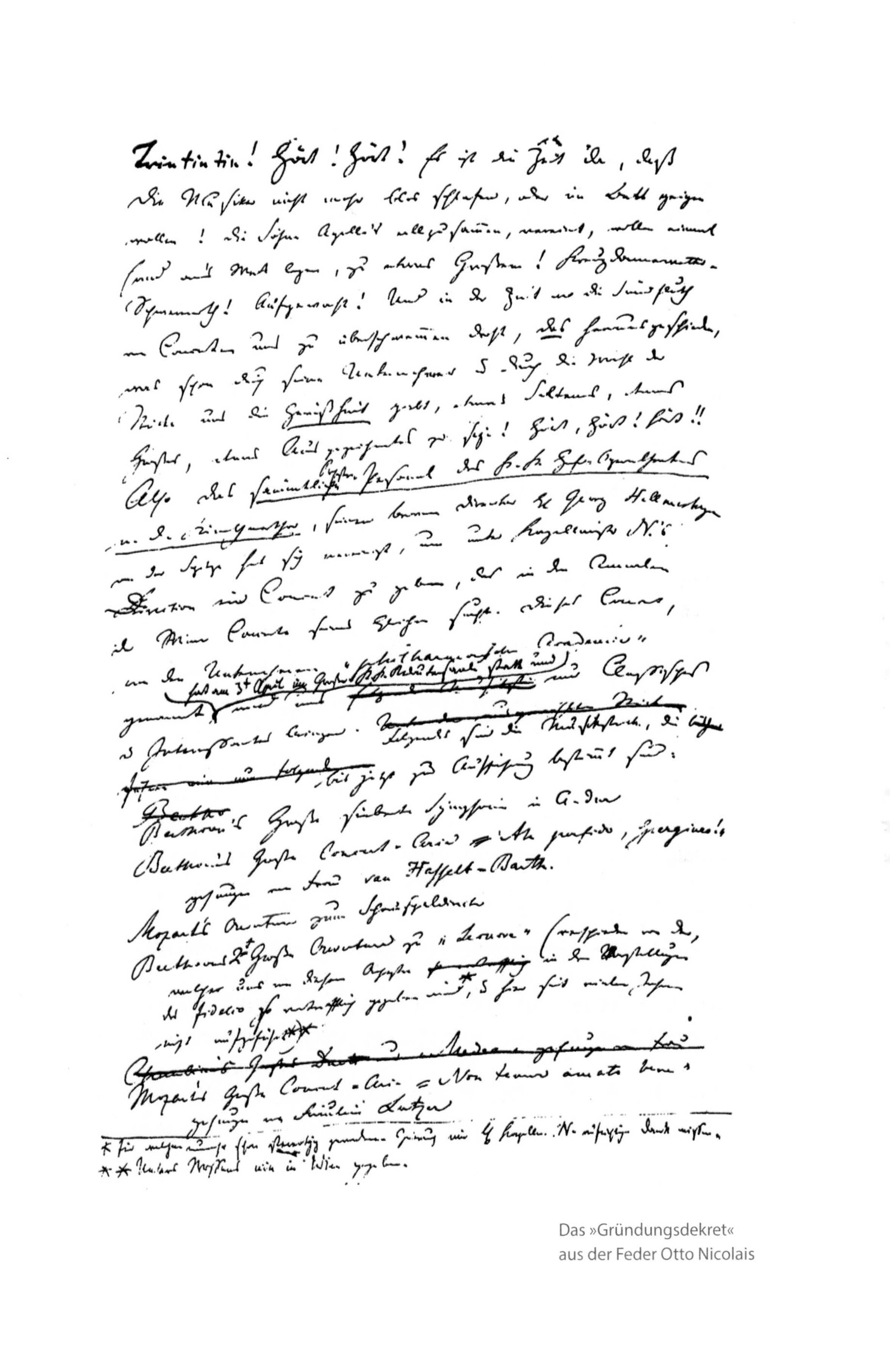

Das »Gründungsdekret«
aus der Feder Otto Nicolais

Die Gründertrias …

… der Philharmoniker bestand neben Nicolai aus dem Wiener Literaten und Journalisten August Schmidt (1808–1891) und dem aus Manchester gebürtigen Deutschen Alfred Julius Becher (1803–1848). Schmidt war unter anderem Mitbegründer der *Allgemeinen Wiener Musik-Zeitung* (1841), des Wiener Männergesang-Vereins (1843) und der Wiener Singakademie (1858). Ihm verdanken wir die Niederschrift des Mottos, das die Philharmoniker bis heute beseelt, nämlich »in Wien philharmonische Konzerte zu geben, welche sich die Aufgabe stellen sollten, mit den besten Kräften das Beste auf die beste Weise zur Aufführung zu bringen«. Das Leben und tragische Ende des Dr. Becher zeigt, dass die philharmonische Gründung als vorrevolutionäres demokratisches Experiment auch eine politische Dimension hatte: Der Komponist und Dirigent geriet in den Strudel der revolutionären Ereignisse 1848, exponierte sich als Gründer der Zeitung *Der Radikale* und wurde am 23. November des Jahres in Wien »kriegsrechtlich erschossen«.

Die philharmonische Idee wurde dem Opernorchester wohlgemerkt nicht aufgepflanzt, sondern wuchs aus dem Kollektiv hervor, das sich durch ein Komitee vertreten ließ. Bei dieser Gründung griffen künstlerische Notwendigkeit (die Konzertliteratur, vor allem die Wiener Klassiker Haydn, Mozart und Beethoven, auf hohem Niveau zu pflegen) und wirtschaftliche Notlage ineinander: Das Orchester des Kärntnertor-Theaters war trotz seiner großen Beanspruchung im Theater finanziell keineswegs solide gestellt und sozial kaum abgesichert, von einer Pensionsvorsorge konnte keine Rede sein. Das Einkommen eines Orchestermusikers rangierte laut Clemens Hellsberg hinter dem eines Mittelschullehrers, Büropraktikanten oder eines gut bezahlten Industriearbeiters.

Weg und Mittel zur Orchestergründung lassen sich in einem Begriff zusammenfassen: Autonomie. Die Eigenverantwortlichkeit und damit einhergehende Flexibilität in künstlerischen und wirtschaftlichen Fragen sind Ideale, denen die Philharmoniker bis heute treu geblieben sind. Ebenfalls bis zum heutigen Tage gilt auch die Doppelgleisigkeit der Aufgaben im Opern- und Konzertbetrieb, die zueinander oft genug im Widerspruch stehen. Arbeitnehmer im Opernhaus, Unternehmer in der Konzertwelt, schöpften und schöpfen die Orchestermitglieder gerade aus dieser Spannung die Kraft zu künstlerischen Höchstleistungen.

Die ersten Konzerte

Das Opernorchester des Jahres 1842 zählte nicht einmal halb so viele Mitglieder wie das heutige. Während die Staatsoper anno 2017 über 148 Planstellen verfügt, betrug der Stand in der Nicolai-Zeit gerade einmal 64 Musiker, 31 davon Streicher. Nicolai musste sich also mit »Substituten« (Aushilfen) aus Burgtheater und Hofmusikkapelle behelfen, um im Großen Redoutensaal der Hofburg reüssieren zu können.

Am Beginn des Programmes, das »Am Ostermontag den 28. März 1842, Mittags um halb 1 Uhr« (mit Rücksicht auf den Opernbetrieb konnte das Orchester nur mittags an probenfreien Sonn- und Feiertagen konzertieren) vom »sämmtliche[n] Orchester-Personal des k.k. Hof-Operntheaters« gegeben wurde, stand Ludwig van Beethovens 7. Symphonie. Dieser Klangkörper ist »entstanden, um Beethovens symphonisches Vermächtnis zu erfüllen«, wie schon Hans Weigel feststellte. Außerdem wurde die 1. *Leonoren*-Ouvertüre des Meisters gespielt – nicht die 3., wie auf dem Programmzettel vermerkt ist. Mit der 3., der »großen«, *Leonoren*-Ouvertüre hatte Nicolai bereits im Jahr davor Furore gemacht: Er ließ sie zwischen den beiden *Fidelio*-Akten aufführen. »Jetzt darf man den *Fidelio* gar nicht mehr ohne dieselbe geben«, vermerkte er stolz in seinem Tagebuch.

Mit der Präsenz von Sängerinnen und Sängern des Operntheaters (sie sangen Mozart und Cherubini) und dem Cellovirtuosen Adrien-François Servais glich dieses erste »Philharmonische« (das freilich noch nicht so hieß) den damals üblichen Orchester-»Akademien«, Konzerten mit langen Mischprogrammen. Der Erfolg des Konzertes war jedenfalls beträchtlich, sowohl in künstlerischer als auch in pekuniärer Hinsicht. Er brachte »einen Neben-Gewinst« ein, »dessen der größte Theil der Orchester-Mitglieder bedürftig ist«, wie Nicolai an Operndirektor Carlo Balochino schrieb.

Nicolai setzte seinen Weg als Leiter der neuen Konzertunternehmung unbeirrt fort und lud am 27. November 1842 zum »zweite[n] Philharmonische[n] Konzert« (der Name war gefunden, wurde aber noch lange nicht auf das Orchester übertragen) in den Redoutensaal. Auf Orchester- und Vokalwerke von Mozart und Louis Spohr folgte zum Abschluss Beethovens 5. Symphonie. Der Mitbegründer der Philharmoniker Dr. Alfred Becher fand prophetische Worte: »… es kann nicht fehlen, daß bei fortgesetztem

Am Ostermontag den 28. März 1842,
Mittags um halb 1 Uhr,

wird das sämmtliche

Orchester - Personal

des k. k. Hof-Operntheaters
im k. k. großen Redouten-Saale
ein großes

Concert

folgenden Inhaltes zu geben die Ehre haben.

Erste Abtheilung.

1. **Die grosse siebente Symphonie** (in A-dur), von **L. v. Beethoven.**
2. **Arie** aus der Oper: Fanisca, von **Cherubini**, gesungen von Hrn. **J. Staudigl.**
3. **Concert-Arie** „Ah perfido, spergiuro!" von **Beethoven**, gesungen von Frau **van Hasselt-Barth.**

Zweite Abtheilung.

4. **Beethoven's grosse DRITTE Ouverture** zu Leonore, (verschieden von denen bei den Vorstellungen der Oper Fidelio im k. k. Hof-Operntheater aufgeführten.)
5. **Concert-Arie** „Non temer, amato bene," von **Mozart**, gesungen von Fräulein **Jenny Lutzer**, mit obligater Violin-Begleitung, vorgetragen von Hrn. **Joseph Mayseder.**
6. **La Romanesca**, Melodie aus dem 16. Jahrhundert, auf dem Violoncell vorgetragen von Hrn. **Fr. Servais.**
7. **Grosses Duett** aus der Oper: Medea, von **Cherubini**, gesungen von Herrn **F. Wild** und Frau **van Hasselt-Barth.**
8. **Grosse Fest-Ouverture** von **L. v. Beethoven.** (Op. 124. — C-dur.)

Die genannten Künstler haben die Ausführung ihrer Solo-Parthien, so wie Herr Kapellmeister **Nicolai** die Leitung des Ganzen aus besonderer Gefälligkeit übernommen.

Sperrsitze auf der Gallerie zu 3 fl.; Sperrsitze im Parterre zu 2 fl.; Eintrittskarten in die Gallerie zu 1 fl. 30 kr. und Eintrittskarten in das Parterre zu 1 fl. C. M. sind in allen Musik-Handlungen, an der Kasse des k. k. Hof-Operntheaters, und am Tage des Concertes am Eingange zu haben.

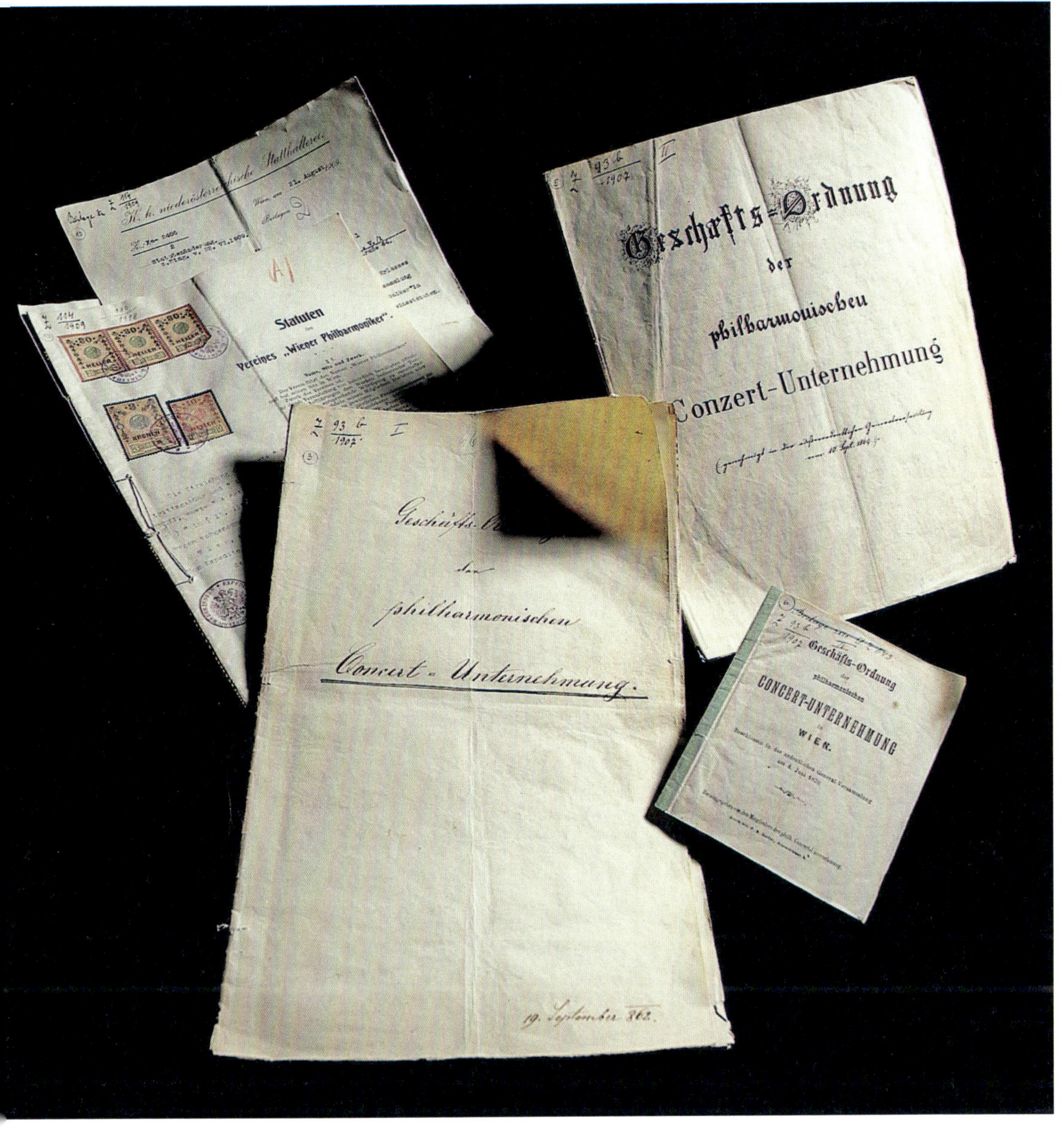

Die ersten Geschäftsordnungen sind nicht erhalten. Die hier abgebildete stammt aus dem Jahre 1862.

Programmzettel des ersten Philharmonischen Konzertes

Streben das Wiener Orchester den besten der Welt angereiht, vielleicht sogar allen übrigen vorgesetzt werden wird.«

Am 19. März 1843 nahm sich Nicolai der Neunten Beethoven an, eine Wiedergabe, die dank der 13 Proben, die für das anspruchsvolle Werk angesetzt waren, zu einer »Sternstunde«, ja gewissermaßen zu einer »zweiten Uraufführung« (Hellsberg) geriet. Drei Jahre vor der Aufführung der Neunten durch Richard Wagner in Dresden gelang den Philharmonikern der Beweis der Aufführbarkeit dieser Symphonie.

Neben den relativ raren selbst veranstalteten Philharmonischen Konzerten und dem täglichen Operndienst trat unser Orchester auch noch bei zahlreichen anderen Veranstaltungen, großteils im Kärntnertor-Theater, an. So dirigierte Hector Berlioz am 16. Dezember 1845 zum ersten und letzten Mal die Philharmoniker und urteilte, sie würden »vielleicht von anderen Orchestern erreicht, aber von keinem übertroffen«. Als der Komponist Félicien David mit seinem international gefeierten, in Wien nur mäßig erfolgreichen Orchesterwerk *Die Wüste* im Kärntnertor-Theater gastierte, musste sich unser Orchester von einer Zeitung ein Lob gefallen lassen, das auch einen Hauch von Tadel enthielt: Dieser »Körper« sei »alles zu leisten im Stande … wenn er nur will«. Wir müssen an einen von Vorstand Otto Strasser kolportierten Satz Wilhelm Furtwänglers denken, der ein knappes Jahrhundert später im Anschluss an ein Konzert in London meinte, »daß wir das beste Orchester der Welt seien – wenn wir wollten«.

In den 1840er-Jahren zählten Franz Liszt und Robert Schumann zu den Konzertdirigenten, während unter anderen Friedrich von Flotow, Conradin Kreutzer und Giacomo Meyerbeer persönlich ihre Opern am Kärntnertor-Theater leiteten – die Tuchfühlung mit den »Großen« der Branche herrschte für die Musiker des Wiener Orchesters also vom ersten Moment an.

Krise und Abschied

Beim achten Philharmonischen Konzert (30. März 1845) stand Beethovens Achte auf dem Programm – aber ein anderer als Nicolai am Dirigentenpult. Im Februar 1845 war der Musiker schwer erkrankt, doch das »undankbare Orchesterpersonal« (Nicolai), das schon seit Längerem kein ungetrübtes

Verhältnis zu seinem gestrengen Chefdirigenten hatte, sagte das geplante Konzert nicht ab. Man betraute einen Musiker aus den eigenen Reihen mit der Leitung: Georg Hellmesberger, ein »Garant solider Mittelmäßigkeit« (Hellsberg). Bemerkenswert, wie sich Geschichte annähernd wiederholt: Als 1901 Gustav Mahler erkrankte, wurde das Konzert im März Joseph Hellmesberger, dem Enkel von Nicolais Orchesterdirektor, übertragen. Der gekränkte Mahler legte wenig später die Leitung der Konzerte zurück. Auch für Nicolai war die Ausbootung anno 1845 mit ein Grund, sein »Kind« zu verlassen. Nach zähen Kämpfen allerdings, und im vollen Bewusstsein, dass er der »Leiter des Besten, das Wien liefert«, gewesen war. Mag das Orchester seinem Gründer auch übel mitgespielt haben, so wird ihm doch bis heute mit den 1887 gegründeten, einmal jährlich stattfindenden »Nicolai-Konzerten« sowie der für besondere Verdienste um die Wiener Philharmoniker verliehenen »Nicolai-Medaille« ein ehrendes Andenken bewahrt.

Am 7. März 1847 dirigierte Nicolai sein elftes und letztes Philharmonisches Konzert mit Mozarts großer g-Moll-Symphonie, einer Meyerbeer-Ouvertüre und der Zweiten Beethoven. Vom Kärntnertor-Theater verabschiedete sich Nicolai wenig später mit dem »göttliche[n] *Don Juan*, mit dem ich auch vor 6 Jahren diese Stellung antrat«.

Nach Nicolai

In der Oper erlebte man zwar Sternstunden, so die Uraufführung von Flotows *Martha* am 25. November 1847 und (nach der revolutionsbedingten Schließung des Kärntnertor-Theaters 1848/49) die Erstaufführung von Meyerbeers *Der Prophet* unter der Leitung des Komponisten 1850, aber die Entwicklung des Philharmonischen Orchesters war in den auf Nicolai folgenden »elf mageren Jahren« (Hellsberg) mehr oder minder vom Stillstand betroffen.

Immerhin wirkten die Orchestermusiker unter der Bezeichnung »Gesellschaftsorchester der Musikfreunde« unter der Leitung von Joseph Hellmesberger, dem hervorragenden Geiger und Sohn Georgs, waren aber an einem »Tiefpunkt ihrer Geschichte« angelangt und auch finanziell »beinahe ausschließlich von der Oper abhängig« (Hellsberg). Dazu trug auch der ab 1853 amtierende, sehr zu willkürlichen Akten neigende Operndirektor Julius

Cornet bei, der das Orchester geringschätzte und das Fehlen jeglicher Probenordnung weidlich ausnützte.

Ein Zusammenprall mit Cornet verdient es, wiedergegeben zu werden: Der Primgeiger Wilhelm Pauli wurde eines Tages von dem rabiaten Direktor auf der Bühne angetroffen und mit den Worten angeschnauzt: »Sehen Sie zu, dass Sie sich augenblicklich ins Orchester packen.« Der Angesprochene antwortete mit dem Götz-Zitat, worauf Cornet wutentbrannt auf den Regisseur Just zustürzte und rief: »Haben Sie gehört, was der freche Mensch gesagt hat?« – »Ja.« – »Was täten Sie?« – »Ich, ich täte es nicht«, sagte Just seelenruhig.

Mit dem Engagement des Opernkapellmeisters Carl Eckert begann 1853 eine Phase der Konsolidierung des philharmonischen Konzertwesens. Der Geiger Henri Vieuxtemps und die Pianistin Clara Schumann traten als Solisten auf, Liszt dirigierte das Orchester, und am 25. März 1855 (in einem Benefizkonzert für das Bürgerspital) kamen die Musiker erstmals in Berührung mit einer Schöpfung Richard Wagners, dem Vorspiel zum 3. Aufzug *Lohengrin*. Die Wiener Erstaufführung des kompletten Werkes fand erst im August 1858 am Kärntnertor-Theater statt.

Das Philharmonische Konzert am 1. März 1857 unter Eckert brachte mit der C-Dur-Symphonie (D 944) erstmals ein Werk Schuberts auf das Programm unseres Orchesters. Doch was eine Wiedergeburt hätte sein können, zeitigte keine positiven Folgen. Schwächen in Organisation und Werbung, vor allem aber die »zu geringe Identifikation der Musiker mit ihrem Unternehmen führten zum vorübergehenden Untergang der philharmonischen Idee« (Hellsberg); nur zehn Konzerte hatten in dem Jahrzehnt seit dem Abgang Nicolais stattgefunden.

Die »Wiedergeburt«

Immerhin war es Eckert, der ab 1858 als Operndirektor amtierte, noch gegeben, die »Wiedergeburt« der Philharmoniker zu initiieren. Am 14. Jänner 1860 zeigte das Kärntnertor-Theater *Die lustigen Weiber von Windsor* aus der Feder des bereits elf Jahre toten Philharmoniker-Gründers, und tags darauf bat man »um die Mittagsstunde« zum »Ersten Philharmonischen Abonnement-Concert, veranstaltet von den Orchester-Mitgliedern des

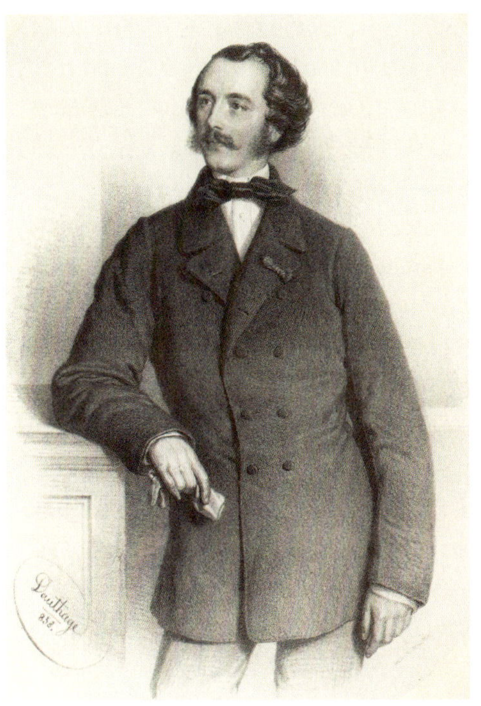

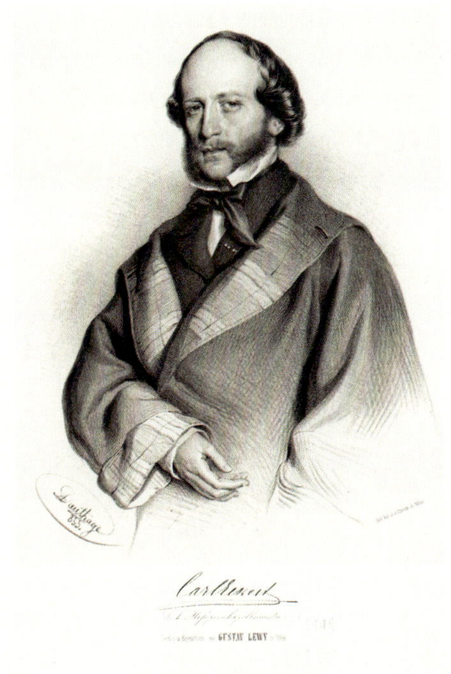

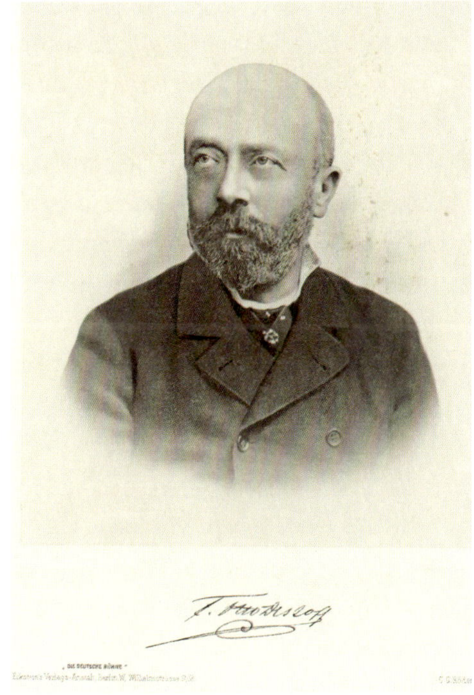

Konzertmeister Joseph Hellmesberger senior sowie die Dirigenten Carl Eckert und Otto Dessoff

k. k. Hofoperntheaters unter Leitung [von] Herrn Carl Eckert«. Der Kritiker Eduard Hanslick jubelte: »Von der ersten bis zur letzten Note *ein* Geist und *eine* Hand.« War die altbewährte Qualität wiederhergestellt, so bedeutete die Organisationsform eine radikale und für alle Zukunft taugliche Neuerung. Bislang waren die »Philharmonischen« einzeln zu bewerbende und zu verkaufende Veranstaltungen gewesen; das System des Abonnements (mit zunächst nur vier Aufführungen) schuf Vertrauen beim Publikum, das sich im engen Kärntnertor-Theater drängte, um »sein« Orchester in den Bühnenbildern der Abendvorstellung konzertieren zu sehen. Bald wurde die Zahl der Abo-Konzerte auf acht festgelegt, ab 1864 waren es neun. Diese Zahl hielt fast ein Jahrhundert: Erst 1961 wurde die Anzahl der jährlichen Konzerte mit zehn fixiert.

Noch 1860 legte Eckert sein Amt aus Gesundheitsgründen zurück, Matteo Salvi wurde sein Nachfolger als Operndirektor. Den aus Sachsen stammenden, erst 25-jährigen neuen Opernkapellmeister Otto Dessoff wählte die Hauptversammlung der Philharmoniker zum Nachfolger als Orchesterchef – er blieb es segensreiche eineinhalb Jahrzehnte. »Dessoff hat die Grundmauern zu dem Gebäude gelegt, in dem spätere, vielleicht brillantere Dirigenten ein- und ausgingen«, so Herta und Kurt Blaukopf. »Man kann nicht gut der feinen Welt angehören, ohne eine Abonnementskarte zu den philharmonischen Konzerten in der Tasche zu tragen«, so gab die Zeitschrift *Der Wanderer* 1864 der Begeisterung für die Unternehmung Ausdruck.

Die Einführung der Abonnementkonzerte 1860 wurde bis ins 20. Jahrhundert hinein als Gründungsmoment der Wiener Philharmoniker betrachtet. Erst 1942 entschloss man sich, die 100 Jahre seit der Gründung durch Otto Nicolai zu feiern. 1860 markierte übrigens auch die »Zeugung« eines Gebäudes, das für unser Orchester bis heute eine Heimat bildet: Es erfolgte die Architektenausschreibung für das neue Hofoperntheater, das neun Jahre später eröffnet wurde.

Richard Wagner und die Wiener Philharmoniker

Der wichtigste deutsche Opernkomponist, der den Philharmonikern erstmals 1861 begegnete, verdient einen ausgiebigeren Exkurs, der uns bis in die 1870er-Jahre führen wird.

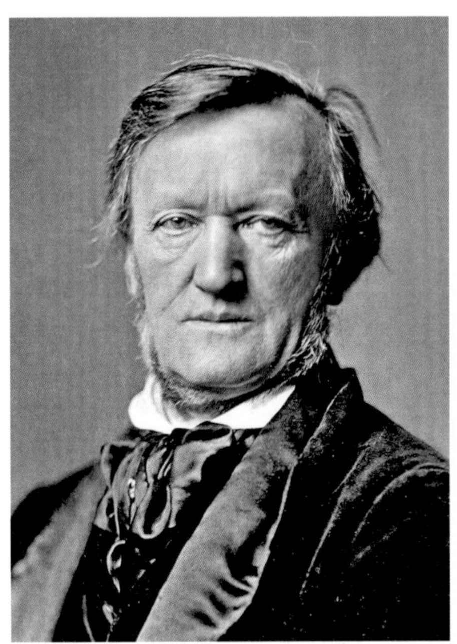

Richard Wagner zu einer Zeit, als er nur mehr die Musik und nicht mehr die Politik revolutionieren wollte

Als Revolutionär hatte sich Richard Wagner exponiert und musste 1849 aus Dresden flüchten. Nun lebte er, immer noch persona non grata in Deutschland, im Schweizer Exil. Im Mai 1861 hörte Wagner erstmals das Wiener Opernorchester – und erstmals den eigenen *Lohengrin*. An seine Frau Minna Planer schrieb der Meister: »Zum ersten Mal in meinem mühe- und leidvollen Künstlerleben empfing ich einen vollständigen, allesversöhnenden Genuß«. Wenige Tage später folgte ein nicht minder umjubelter *Fliegender Holländer*, nach dem Wagner in einer Ansprache ankündigte, im Herbst nach Wien kommen zu wollen, um hier seine neue Oper einzustudieren: *Tristan und Isolde*. Nach 77 Proben und einer Erkrankung des Tenors Alois Ander verabschiedete man sich von dem kühnen Projekt einer *Tristan*-Uraufführung in Wien, der Komponist flüchtete hochverschuldet aus seiner Penzinger Villa. Das Jahrhundertwerk erblickte erst im Juni 1865 in München das Licht der Bühne.

Erwähnenswert ist eine Uraufführung am Kärntnertor-Theater, die zustande kam, ohne auf die erhoffte Resonanz zu stoßen. Im Februar 1864 gingen Jacques Offenbachs *Rheinnixen* in Szene, woraus der Franzose Jahre später die berühmteste Melodie in sein letztes Werk übernahm: die Barkarole in *Hoffmanns Erzählungen*.

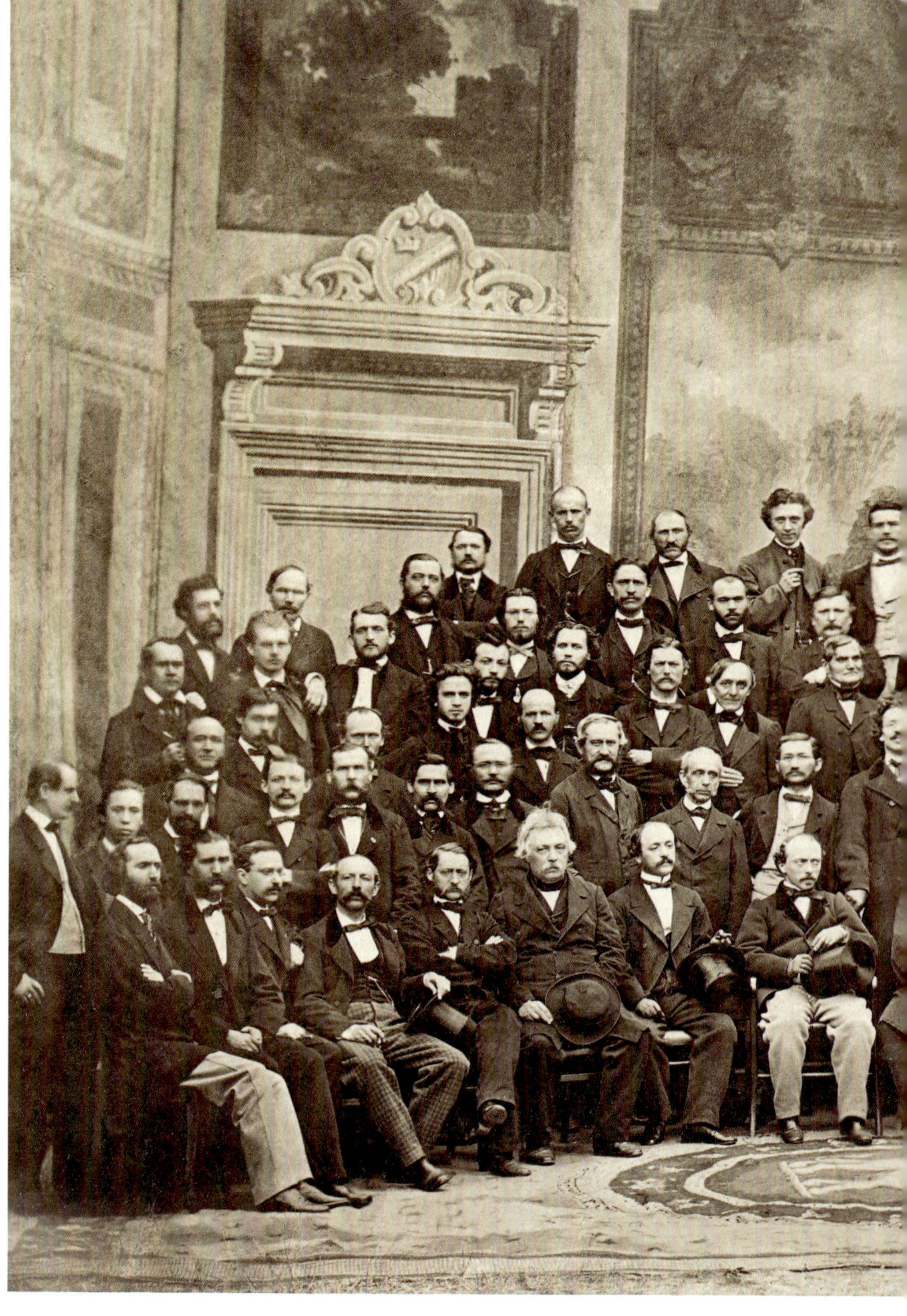

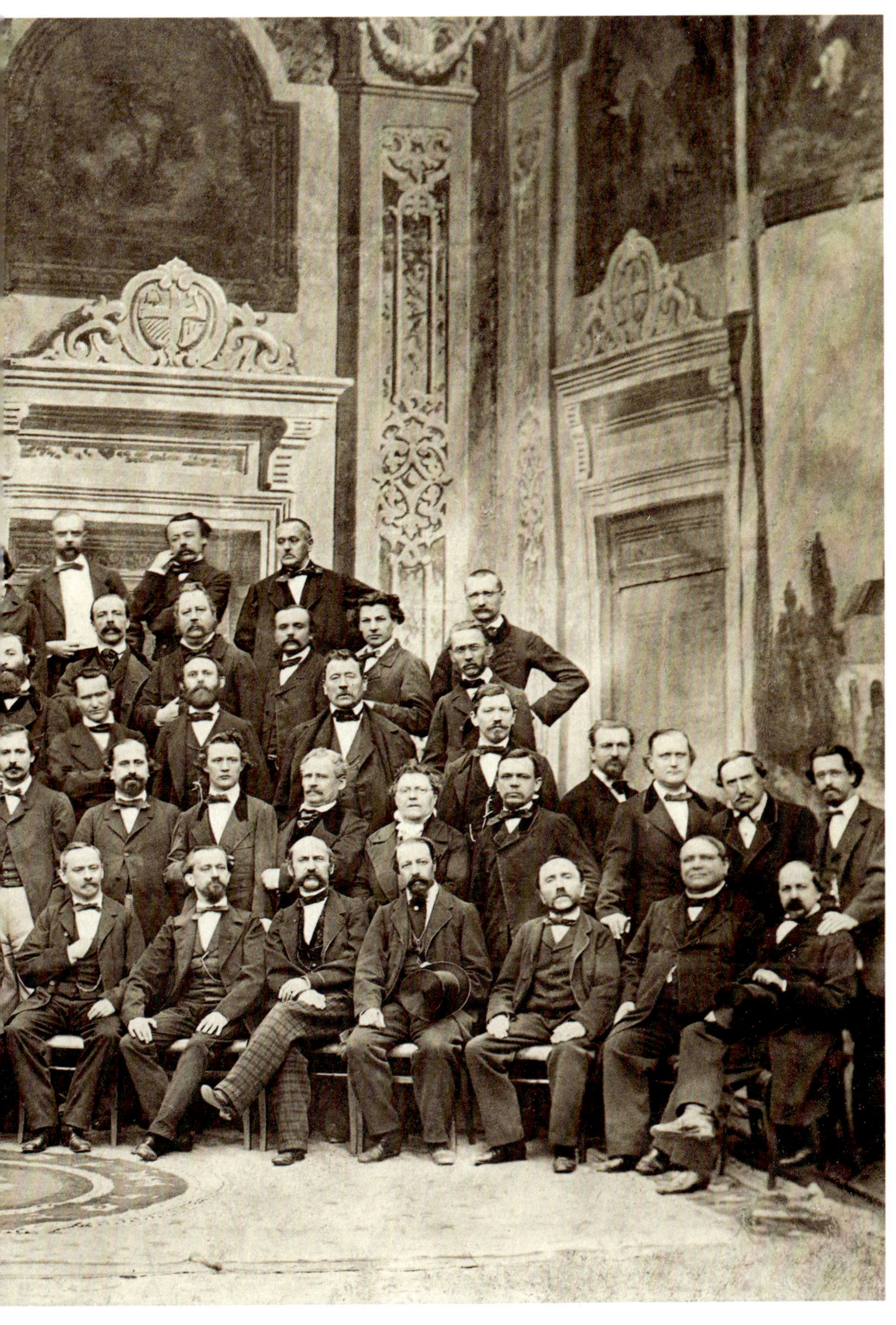

Das erste Foto der Wiener Philharmoniker (1864) in der Dekoration des Kärntnertor-Theaters, links von der Mitte der Dirigent Otto Dessoff (in hellen Hosen)

Richard Wagner mochte von den Opernbehörden enttäuscht gewesen sein, die für die Uraufführung seines *Tristan* nicht zu allen Opfern bereit gewesen waren; dem Wiener Orchester jedoch bewahrte er eine lebenslange Verbundenheit, die sich bereits in der Saison 1862/63 in mehreren epochalen »außerordentlichen« Konzerten manifestierte. Im Theater an der Wien erklangen nacheinander Ausschnitte aus dem *Ring des Nibelungen* und den *Meistersingern von Nürnberg.*

Im Mai 1872, knapp vor der Bayreuther Grundsteinlegung, gastierte der Meister wieder im Musikverein, lobte die Philharmoniker bei einer Probe als »das beste Orchester der Welt« und fügte hinzu: »Bei euch und mit euch Musik zu machen ist eine Lust!« Im Konzert am 12. Mai, das auch das *Walküre*-Finale beinhaltete, ergab sich ein besonderer Effekt: Als Wotan den Feuergott Loge herbeirief, brach ein lautstarkes Gewitter los.

Von Wagners Wien-Besuchen im März und Mai 1875 sind vielsagende Anekdoten überliefert. Zu einer Konzertprobe mit Bruchstücken aus *Götterdämmerung* kam die Hofopernsängerin Amalie Materna erschöpft von einer Probe der Goldmark'schen *Königin von Saba.* Als sie versuchte, sich der Probe mit halber Stimme zu entledigen, meinte Wagner: »Bitte nicht markieren! Goldmarkieren Sie in der Oper!« Beim Konzert war es abermals ausgerechnet ein jüdischer Konkurrent, der die künstlerischen Kräfte abzog. Als das frenetisch jubelnde Publikum eine Wiederholung des Trauermarsches aus *Götterdämmerung* erzwingen wollte, baten die Bläser den Dirigenten um Schonung, da sie abends noch Meyerbeers *Afrikanerin* in der Hofoper zu spielen hatten. Wagner erklärte dem Publikum die Situation und nannte das Opernwerk – ob irrtümlich oder in sarkastischer Absicht, muss dahingestellt bleiben – die »*Amerikanerin*«.

Am 2. März 1876 dirigierte Wagner das einzige Mal an der Hofoper – eine Benefizvorstellung seines *Lohengrin.* Dem Konzertmeister streute der Dichterkomponist Rosen (»Sie spielen das ja viel schöner, als ich es komponiert habe«), konnte sich als nicht geübter Kapellmeister aber auch auf einen »heimlichen« Subdirigenten verlassen, der so manchen »Schmiss« verhinderte. Niemand Geringerer als der Wagner ergebene Hofkapellmeister Hans Richter hatte an der Pauke Platz genommen und dirigierte an heiklen Stellen »mit dem Paukenschlägel, ohne daß es Wagner gewahr wurde«, wie Joseph Sulzer, Zeitzeuge in der Cellogruppe, berichtete.

Richard Wagner besuchte das Orchester nach 1876 nicht mehr, doch dieses reiste ihm nach: Ab den ersten Bayreuther Festspielen halfen über viele Jahre Musiker der Wiener Philharmoniker im Festspielorchester aus. Nicht alle waren Freunde des »Zukunftsmusikers« Wagner. Der Hofopernfagottist Wilhelm Krankenhagen etwa notierte in seine *Götterdämmerung*-Stimme:

> Der Zukunft Musik dereinst oben
> wird hoffentlich anders sein,
> sonst möcht' ich nach hiesigen Proben
> nicht in den Himmel hinein.

Und Krankenhagens *Parsifal*-Stimme trägt die Verse:

> Zwei Knaben gingen nach Bayreuth,
> der eine dumm, der andre g'scheit.
> Und als der *Parsifal* war um,
> da war der G'scheite auch schon dumm.

Auch der Sekundgeiger Johann Czapauschek dürfte kein überzeugter Wagnerianer gewesen sein. Bei dem Geständnis Lohengrins im 1. Akt, »Elsa, ich liebe dich!«, notierte er in seine Stimme: »Hier empfiehlt Czapauschek Tusch in A-Dur und Ende der Oper!«

Lebende Komponisten und Denkmalpflege

Zurück in die 1860er-Jahre, in denen regelmäßig bedeutende Komponisten am Pult unseres Orchesters standen, so Max Bruch im Konzert oder Charles Gounod, der im Kärntnertor-Theater seine Oper *Roméo et Juliette* dirigierte. Auch konzertierte man mit gefeierten Solisten wie dem Pianisten Anton Rubinstein und dem Geiger Joseph Joachim.

1865 spielte das Opernorchester zugunsten der Errichtung eines Schubert-Denkmals (das Monument des Bildhauers Karl Kundmann ist noch heute im Wiener Stadtpark zu besichtigen), im Jahr darauf für ein Mozart-Denkmal, wobei im Großen Redoutensaal noch unveröffentlichte Kompositionen Rossinis erklangen, die der Meister zur Verfügung gestellt hatte. 1878 stellten sich die Philharmoniker schließlich in den Dienst eines weiteren Denkmalprojekts: Das Beethoven-Monument von Caspar von Zumbusch wurde 1880 an der Lothringerstraße, heute Beethoven-Platz, enthüllt, das Originalmodell der sitzenden Figur ist vis-à-vis im Wiener Konzerthaus zu sehen.

Der ab Oktober 1867 amtierende Operndirektor Franz von Dingelstedt setzte sich einerseits für die Erhöhung der immer noch mageren Orchestergagen ein, unternahm andererseits einen Versuch, die Philharmonischen Konzerte unter die Kontrolle der Hofopernverwaltung zu bringen. »Jede sich selbständig gebahrende und für ihre Privatzwecke arbeitende Körperschaft ist im Theater-Organismus eine Anomalie, die nicht geduldet, geschweige denn gehegt werden darf«, so Dingelstedt. Wenngleich mit der Vereinigung des Opern- mit dem Konzertbereich »wesentliche Diensterleichterungen verbunden« gewesen wären, »hätten die ›Philharmonische Idee‹ und damit die Philharmoniker aufgehört zu existieren« (Hellsberg). Das Orchester blockte diplomatisch ab, der neue Direktor beschloss, eine etwaige Reform »dem Zeitpunkt der Eröffnung des neuen Opernhauses« überlassen zu wollen – und dieser Moment stand unmittelbar bevor.

Das Opernhaus am Ring

Der Neubau löste keine Vorfreude aus. Die Pläne wurden verspottet, von einem »versunkenen Walfisch« und einem »Königgrätz der Baukunst« (in Anspielung auf die verheerende Niederlage der österreichischen Armee bei der Schlacht von Königgrätz 1866) war die Rede. Den beiden Architekten wurde böse nachgereimt: »Sicardsburg und van der Nüll, die haben beide keinen Styl«, und auch künstlerisch, so munkelte man, würde das neue Theater nicht entsprechen: Laut Blaukopf glaubte man genau zu wissen, »daß man im Innern des Hauses weder etwas sehen noch hören würde«.

Letztlich erwiesen sich die Unkenrufe als unbegründet, und das Wiener Publikum sollte das neue Haus bald ebenso lieb gewinnen, wie es das Kärntnertor-Theater gehabt hatte. Auf einen kapitalen Planungsfehler im Opernhaus weist Hellsberg hin: »Foyer und Garderoben für das Orchester waren vergessen worden«!

Doch gab es bereits im Vorfeld auch positive Entwicklungen: Im Herbst

1868 wurde angesichts der ungleich größeren Dimensionen des neuen Hauses und der erweiterten Ansprüche der modernen Opernliteratur eine Orchestervergrößerung bewilligt. Erstmals überschritt der Klangkörper die Grenze von 100 Musikern, 55 neue Streichinstrumente wurden angeschafft, das Streicherensemble wesentlich vergrößert. Zum ersten – aber beileibe nicht zum letzten Mal – sahen sich die Philharmoniker dem Problem gegenüber, dass zahlreiche neue Opernorchester-Mitglieder auch an die Töpfe des Konzertorchesters drängten, also den vollkommen gerechtfertigten Wunsch nach Beteiligung an den »freien« Einnahmen äußerten.

Nach wie vor fanden die »Philharmonischen« im alten Kärntnertor-Theater statt. Das Ersuchen des Orchesters an die Generalintendanz, das neue, am 25. Mai 1869 eröffnete Opernhaus für die Abhaltung der »Philharmonischen« zur Verfügung zu stellen, wurde abschlägig beschieden, da dieses Gebäude »grundsätzlich zu keiner […] Privatinteressen fördernden Vorstellung vergeben werden darf«. Dingelstedt engagierte mit Johann Herbeck einen neuen Kapellmeister und zwang das Orchester, vorübergehend mit sich selbst in Konkurrenz zu treten. Herbeck, seit 1859 Leiter der Gesellschaftskonzerte des Musikvereins, hatte die 1860 wiederbelebten Philharmoniker-Konzerte schon lange als Konkurrenz angesehen; nun leitete er ab Anfang November 1869 Konzerte im Opernhaus zugunsten des Hoftheaterpensionsfonds.

Eine Woche später dirigierte Otto Dessoff im Kärntnertor-Theater ein »Philharmonisches«, das sich zum Triumph auswuchs: »Das zahlreiche, alle Räume des Kärntnerthor-Theaters füllende Auditorium und der nach jeder Nummer laut ausbrechende Beifall sollten zweifelnde Gemüter darüber beruhigt haben, ob die Beliebtheit der Philharmonie-Konzerte durch andere, neue Konzert-Unternehmungen gefährdet sei«, meldete die *Neue Freie Presse*.

Als das Kärntnertor-Theater zum Abriss freigegeben wurde, schien sich die Situation wieder zuzuspitzen: Am 17. April 1870 fand mit Rossinis *Wilhelm Tell* die letzte Aufführung im alten Opernhaus statt, im Juni mussten die Orchestermitglieder binnen 14 Tagen ihre Instrumente abholen. Wohin mit den traditionsreichen, vom Wiener Publikum über die Maßen geschätzten Konzerten, denen das neue Opernhaus verschlossen blieb?

Die Antwort auf diese Frage führt uns in einen neuen Abschnitt der philharmonischen Geschichte.

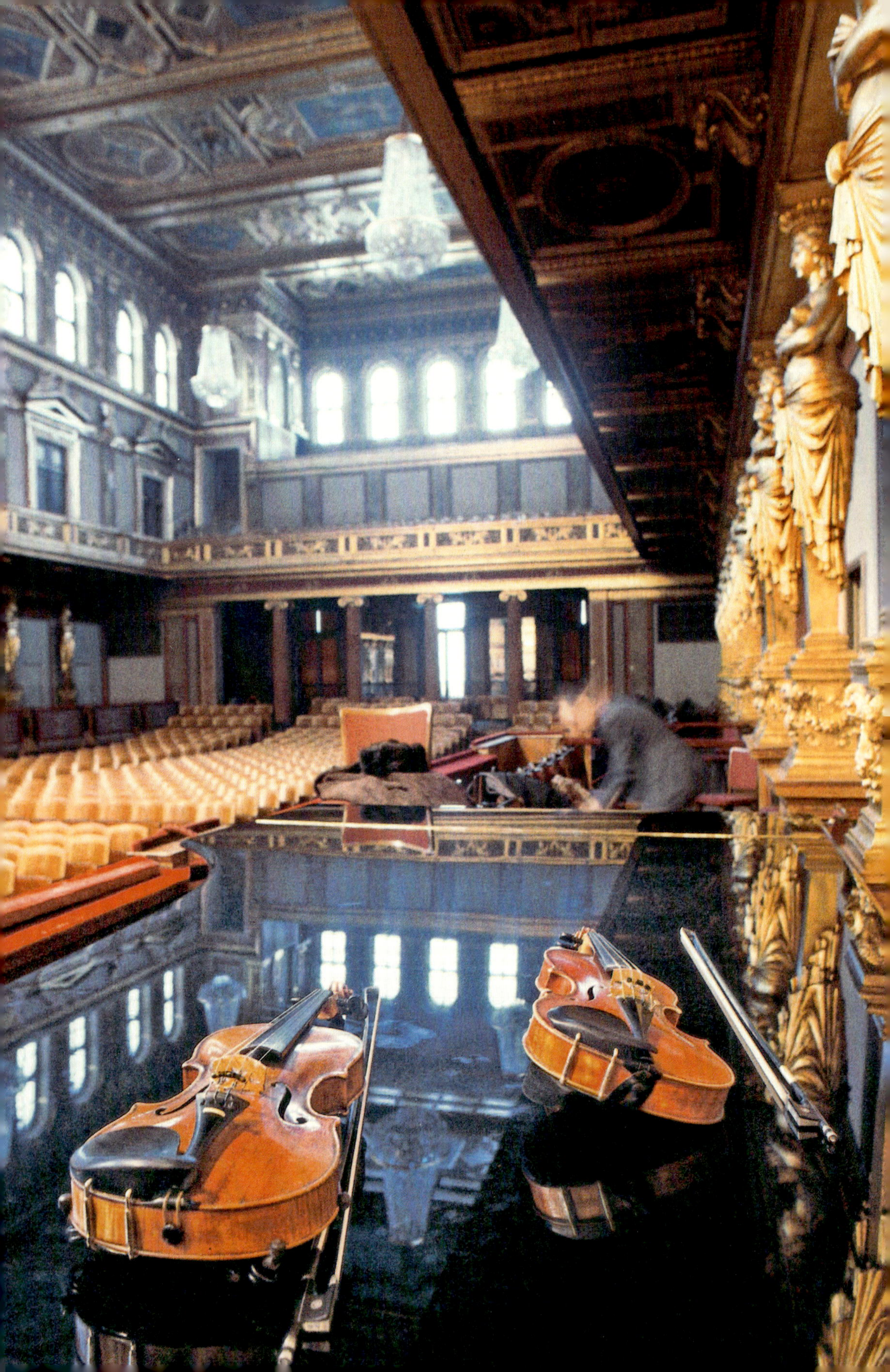

Die »Goldene Ära« …

… begann im Goldenen Saal (1870–1897)

Der Beginn des »Goldenen Zeitalters« wird für unser Orchester üblicherweise mit dem Jahr 1875, dem Amtsantritt Hans Richters als Abonnementdirigent, angesetzt. Obwohl Hellsberg diesen Standpunkt teilt, stellt er die rhetorische Frage: »Hat dieses Orchester überhaupt existiert, bevor es das Musikvereinsgebäude gab?«, um zu konstatieren, dass »die Weltgeltung der Philharmoniker in den siebziger Jahren des 19. Jahrhunderts begann«. Der ideale Saal sorgte nämlich für »die volle Entfaltung ihres Klangpotentials« und prägte das philharmonische Musizieren nachhaltig. Die reiche Innenraumgestaltung ermöglicht die etwa zwei Sekunden dauernde Nachhallzeit und begünstigt den an tiefen Frequenzen reichen »warmen« Klang. Auch die ökonomische Stabilisierung des Unternehmens ist erwähnenswert: Innerhalb weniger Jahre, vom letzten Konzert im Kärntnertor-Theater 1870 bis zur Saison 1874/75, verdoppelten sich die Einnahmen, was uns wohl zusätzlich berechtigt, den Beginn der Goldenen Ära mit dem Einzug in den Goldenen Saal 1870 anzusetzen. Hier haben die Philharmoniker bis zum heutigen Tage – und hoffentlich auch in aller Zukunft – ihre Heimstatt gefunden.

Bereits im Herbst 1869 übersiedelte das Konservatorium in die Räumlichkeiten des neuen Baus am Karlsplatz, im Jänner öffneten die Konzertsäle. Die Idee der Gesellschaft der Musikfreunde war es zunächst, das Gesellschaftsorchester mit den Philharmonikern zu fusionieren, doch auch dieser Auflösungsplan wurde nicht in die Tat umgesetzt. Unser Orchester ließ sich nur zu dem Zugeständnis bewegen, Musiker zu den Gesellschaftskonzerten zu entsenden. Am Sonntag, dem 13. November 1870 war es dann so weit: das »1. Abonnement-Concert, veranstaltet von den Mitgliedern des k. k. Hof-Opern-Orchesters« (sie nannten sich noch immer nicht »Philharmoniker«!) fand im »Grossen Saale« statt, Werke von Weber, Beethoven und Schumann standen auf dem Programm.

Abonnementdirigent Otto Dessoff, der hauptberuflich weiterhin Dienst am Opernhaus versah, ermöglichte zu Beginn der 1870er-Jahre auch Gastspiele internationaler Dirigenten bei den »Philharmonischen«, unter anderen Hans von Bülows und Richard Wagners. Am 29. Dezember 1872 leitete Dessoff sein 100. Abonnementkonzert, und wenige Tage zuvor hatte Kaiser Franz Joseph ein »Pensions-Institut des k. k. Hofoperntheaters« genehmigt. Am 22. April 1873 fand der erste Opernball statt – allerdings nicht im Haus am Ring, sondern im Wiener Musikverein. Johann Strauß Sohn leitete zu diesem Anlass – natürlich mit der Geige in der Hand – die Uraufführung seines Walzers *Wiener Blut*. Schon wenige Monate später, im November 1873, dirigierte Strauß bei einem Musikvereins-Festkonzert im Rahmen der Weltausstellung *An der schönen blauen Donau*. Wer heute den *Donauwalzer* als Zugabe beim Neujahrskonzert genießt, möge daran denken, dass der Komponist selbst eine der frühen Wiedergaben dieser »heimlichen Hymne« Österreichs mit den Philharmonikern geleitet hat. Ermöglicht wurde dieses Konzert übrigens durch eine großzügige Spende der chinesischen Weltausstellungskommission – ein Jahrhundert sollte vergehen, bis die Philharmoniker China bereisten!

Am 26. Oktober 1873 leitete Anton Bruckner zum ersten und letzten Mal ein Konzert unseres Orchesters, und zwar mit der Uraufführung seiner 2. Symphonie. Fürst Johann II. von und zu Liechtenstein hatte die Mittel für ein Sonderkonzert zur Verfügung gestellt. Arthur Nikisch, vorübergehend Primgeiger des Hofopernorchesters, erinnerte sich, »wie Bruckner ans Pult trat und zu uns sagte: ›Alsdann, meine Herren, wir können probieren, so lang wir wollen, i' hab an, der's zahlt.« Bruckner, aufs Höchste begeistert vom Erfolg (nach jedem Symphonie-Satz applaudierte das Publikum stürmisch, was damals noch »erlaubt« war!), fragte bei der Musikervereinigung schriftlich an: »Darf ich das Werk Ihnen dedizieren?« Es gehört zu den dunklen Punkten in der Geschichte unseres Orchesters, dass sie den Komponisten, dessen Hochachtung keineswegs erwidert wurde, zwei Jahre keiner Antwort würdigten …

Parallel zu den philharmonischen Höhepunkten – so traten Franz Liszt und Johannes Brahms mit dem Orchester auf – ereigneten sich auch an der Oper historische Vorstellungen. Am 29. April 1874 wurde Giuseppe Verdis *Aida* erstmals aufgeführt. Bei einer Probe entlud sich die Spannung zwischen dem Dirigenten Dessoff und seinem Direktor Herbeck, der rief: »Die dritte Flöte fehlt, hören Sie das nicht, Herr Kapellmeister?« Darauf Dessoff: »Die dritte Flöte fehlt, sehen Sie das nicht, Herr Direktor?«

Weil er seine Operngage als ungenügend betrachtete, verließ Dessoff Wien 1875 nach 15 Jahren mit einer Serie von triumphalen Philharmonischen Konzerten, und auch sein Widersacher Herbeck trat, »moralisch und körperlich halb zugrunde gerichtet«, ab.

Innerhalb weniger Wochen konzertierte unser Orchester im Frühjahr 1875 unter der Leitung der beiden überragenden Opernkomponisten des 19. Jahrhunderts. Nachdem Wagner drei umjubelte Konzerte gegeben hatte, erschien Giuseppe Verdi, um im Juni seine *Messa da Requiem* sowie *Aida* einzustudieren und zu leiten. Der Italiener dirigierte zwar kein »Philharmonisches«, hinterließ beim Besuch des Konservatoriums im Musikverein aber ein doppeltes, dauerhaftes Kompliment: »Bei einer solchen Schule wird Wien noch lange das erste Orchester der Welt haben.« Hellsberg resümiert die Visiten Wagners und Verdis, aber auch die Gastauftritte unter anderen von Brahms (von dem noch die Rede sein wird) und Bruckner so: »Die bestandenen Bewährungsproben als Partner großer Komponisten weckten jenes Traditionsbewußtsein, das dem Selbstverständnis der Wiener Philharmoniker eine neue Dimension verlieh.«

Ein neuer Direktor, ein neuer Chefdirigent

Am 1. Mai 1875 trat ein neuer Hofoperndirektor an: Franz Jauner zögerte nicht, den Philharmonikern die Hofoper für die Abhaltung ihrer Konzerte anzutragen. Auf dieses Angebot ist unser Orchester (mit einigen außerordentlichen Ausnahmen zu Ende des 20. Jahrhunderts) nie zurückgekommen, »die räumliche Trennung von Opernpflichten und Konzert-Unternehmertum war endgültig« (Blaukopf).

Gemeinsam mit Jauner kam auch ein 32-jähriger neuer Kapellmeister, dem weder die Oper noch ihr Orchester neu waren. Hans Richter war geborener Österreicher und ehemaliger Hornist im Wiener Orchester. 1866 hatte er seinen Posten aufgegeben, um für Richard Wagner die *Meistersinger*-Partitur zu kopieren. Die enge Beziehung zum Meister hielt lebenslang: Richter war der Trauzeuge Richards und Cosimas, leitete 1876 in Bayreuth die Uraufführung des *Ring des Nibelungen* und wenig später dessen Erstaufführung an der Wiener Hofoper. 1916 starb er in Bayreuth und liegt dort auch begraben. Richter war nicht nur der führende Wagner-Dirigent seiner

Zeit, er blieb auch für ein Vierteljahrhundert (mit einer kurzen Unterbrechung) Leiter der Philharmonischen Konzerte.

Als ehemaliger Kollege genoss Richter nicht den Status des abgehobenen »Pultmagiers«, sondern des primus inter pares, wie später auch Arthur Nikisch, der drei Jahre als Geiger im Orchester zugebracht hatte, oder Willi Boskovsky, der als amtierender Konzertmeister 25-mal das Neujahrskonzert leitete.

Im letzten Brief an »sein« Orchester (das er schon lange verlassen hatte, um in England eine lukrative Karriere zu machen) schrieb Hans Richter im April 1913, er müsse »dankbar anerkennen, daß ich vom Orchester gelernt habe, wie man dirigieren soll. Natürlich muß es ein Orchester sein, so vortrefflich wie die Wiener Philharmoniker; im Verkehr mit einem solchen lernt man erst, was man als Dirigent wagen kann.«

Die Entwicklung des Repertoires

In den 1840ern dominierte in der Programmgestaltung unseres Orchesters die Wiener Klassik, allen voran Beethoven, von dem 60% der gespielten Werke stammten. Weder Johann Sebastian Bach war im Repertoire jener Jahre vertreten, noch Franz Schubert, der erst 1857 mit der großen C-Dur-Symphonie »debütierte«. Seine eigenen Werke hat Otto Nicolai eher selten gespielt. Dagegen finden wir »Stars« der Komponistenszene des 19. Jahrhunderts wie Cherubini, später Meyerbeer, Goldmark oder Rubinstein, die heute fast vergessen sind.

Die »Feindschaft« der Philharmoniker gegenüber »modernen« Komponisten ist jedenfalls ein Gerücht; bei den 120 Abo-Konzerten der Ära Dessoff (1860–1875) waren 208 der 265 gespielten Werke Novitäten. Diese wurden in sogenannten »Novitätenproben« durchgespielt und dann einer Abstimmung unterzogen. Vereinzelt wurden neue Werke auch »per acclamationem«, also durch einhellige Beifallsbekundung angenommen, so 1865 die *Sakuntala*-Ouvertüre von Karl Goldmark. Dass andererseits Werke von Brahms und Bruckner durch den Rost fielen, mag man vom heutigen Standpunkt belächeln. In seiner ersten Komiteesitzung als Vorsitzender, am 4. Juni 1875, monierte Hans Richter, dass Hector Berlioz und Liszt zu wenig gepflegt wurden; des Ersteren *Symphonie fantastique* hatte 1862 erstmals

Der Dirigent Hans Richter dominierte die Goldene Ära.

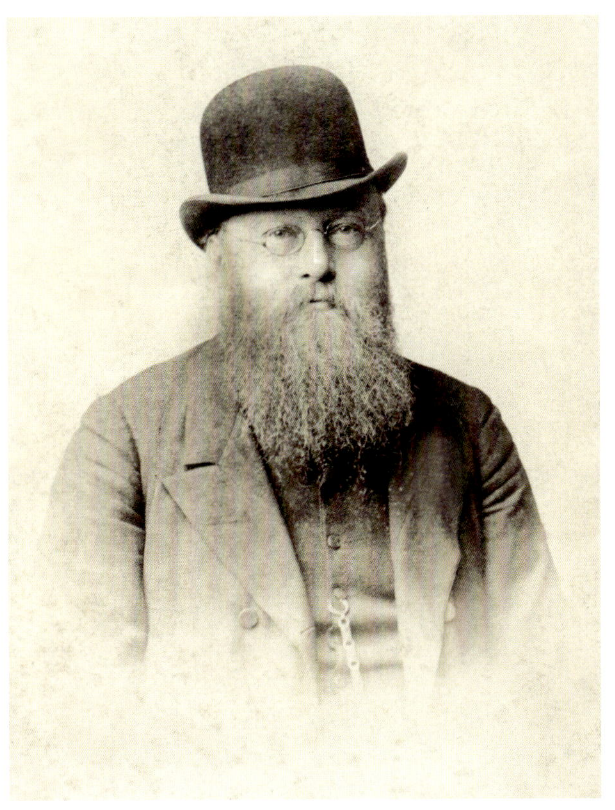

aufs Programm gefunden, während Liszt im Jänner 1874 mit den Philharmonikern zum letzten Male konzertiert hatte (der gefeierte Pianist interpretierte seine *Ungarische Rhapsodie* und die von ihm orchestrierte *Wanderer-Fantasie* Schuberts). Doch der heute gültige Repertoire-Kanon war im 19. Jahrhundert, als die Werke brandneu waren, noch Gegenstand von Fehden und Feindschaften.

Nehmen wir den heute unumstrittenen Peter I. Tschaikowsky als Beispiel: Erstmals erklang 1876 in einem »Philharmonischen« ein Werk von ihm, die Ouvertüre zu *Romeo und Julia*. Fünf Jahre später kam es zu einer bemerkenswerten, von Publikum und Kritik jedoch abgelehnten Tschaikowsky-Uraufführung: Adolf Brodzky, der vorübergehend Geiger im Wiener Philharmonischen Orchester gewesen war, dann aber die Solistenkarriere eingeschlagen hatte, hob am 4. Dezember 1881 das Violinkonzert aus der Taufe. Der bis heute hoch angesehene Kritiker Eduard Hanslick bewies nach seiner Ablehnung der Werke Wagners und Bruckners erneut seine

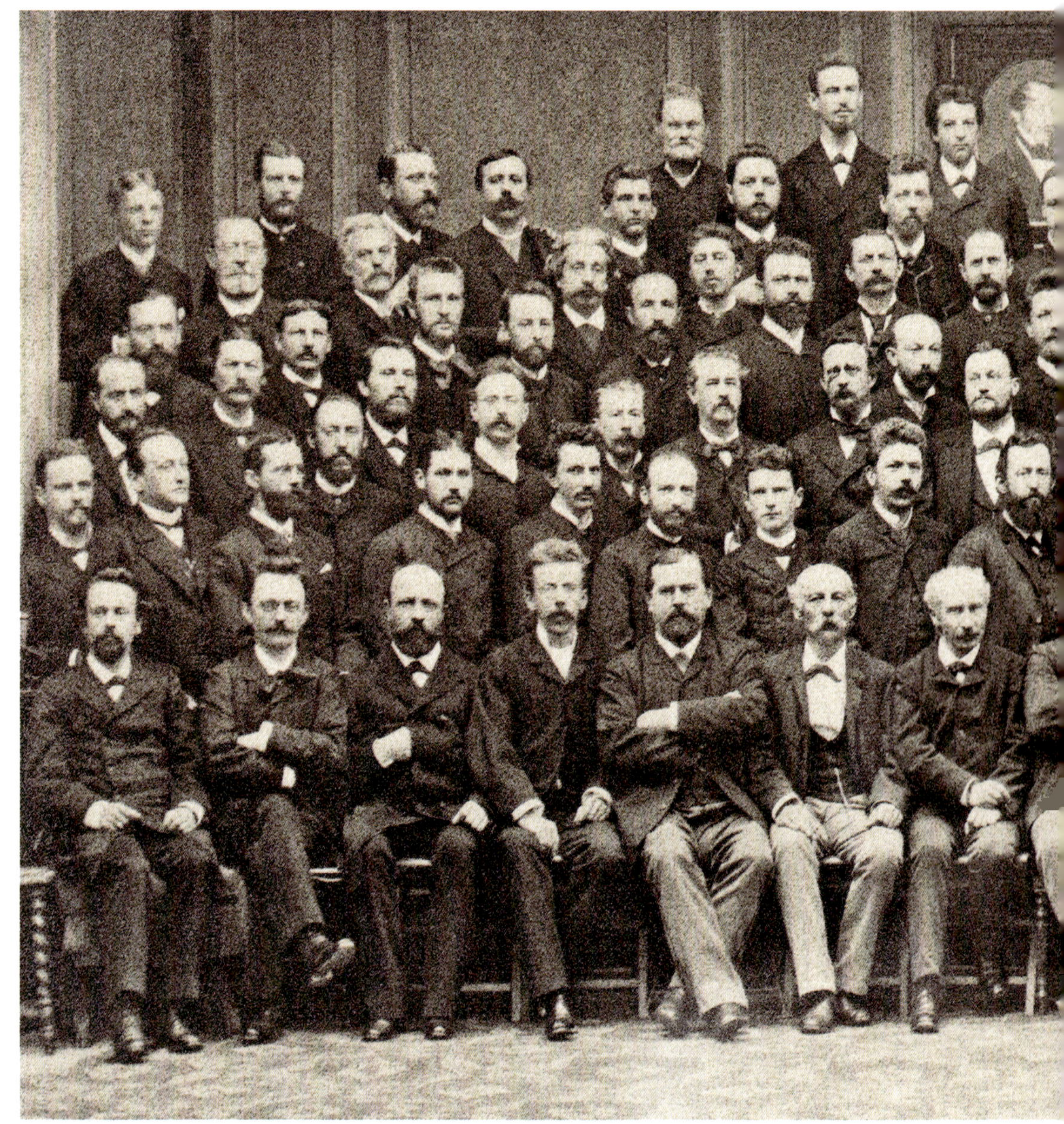

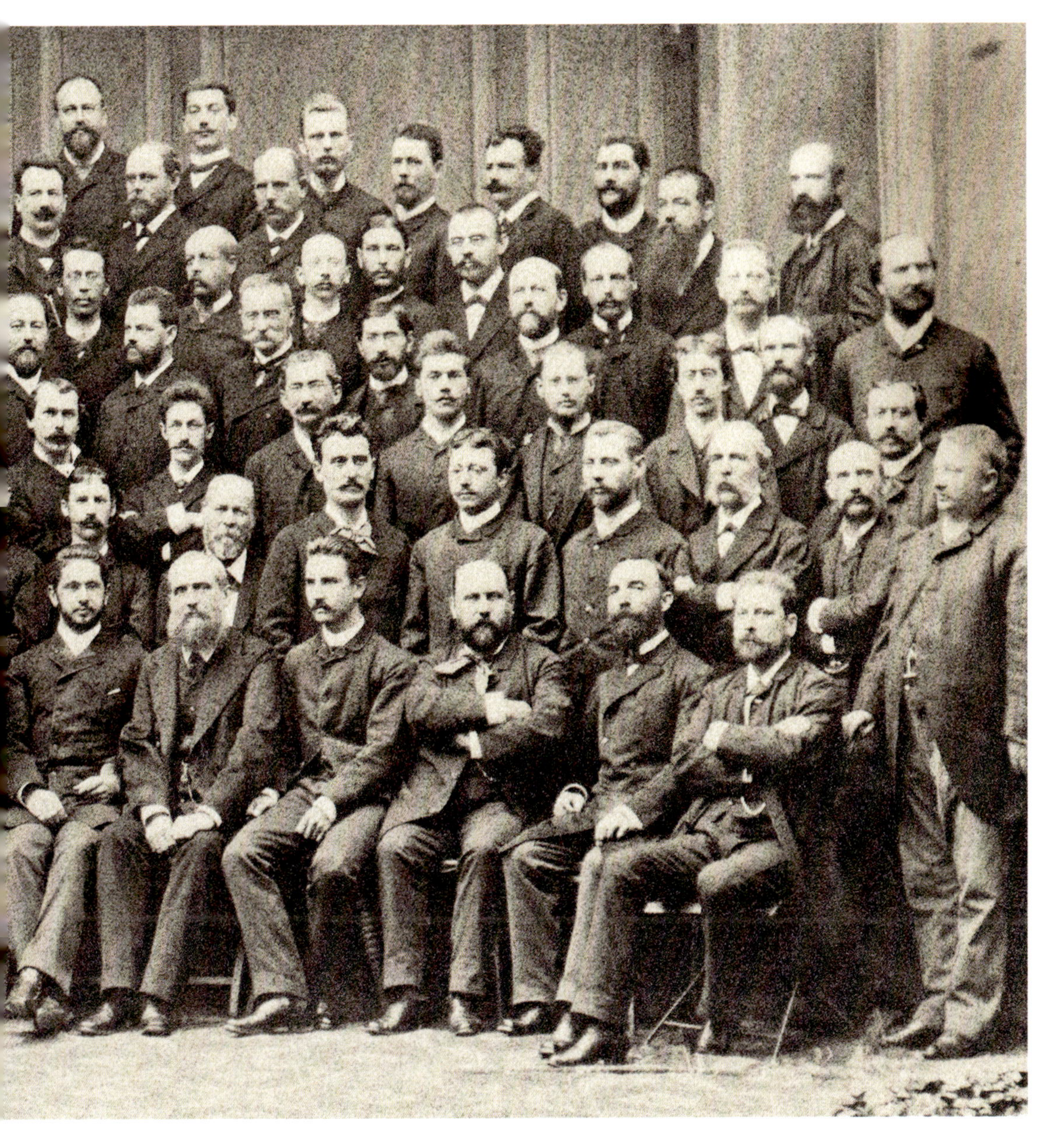

Orchesterfoto aus dem Jahre 1885,
in der ersten Reihe Mitte der stolze
Bartträger Hans Richter

Beschränktheit und reihte das Werk unter die »Musikstücke, die man stinken hört«. Endgültige Anerkennung errang der Russe erst postum, mit der Wiener Erstaufführung seiner 6. Symphonie (*Pathétique*) im März 1895.

Schwierige Annäherung an Brahms

Ein Werk von Johannes Brahms, und zwar die 2. Serenade, erklang zum ersten Mal am 25. März 1863 im Rahmen eines Philharmonischen Konzertes, natürlich mit dem Brahms-Verehrer Otto Dessoff am Pult. Trotz mehrerer Begegnungen des Orchesters mit Brahms außerhalb der Abonnementkonzerte erfolgte die Rezeption seiner Werke schleppend: 1869 wurde die Kantate *Rinaldo* uraufgeführt und erntete durchwegs schlechte Kritiken, zu Ende des Jahres übernahm Brahms selbst die Leitung eines Konzertes, das Dessoff unter Rücktrittsdrohungen niedergelegt hatte. Im Jänner 1871 feierte der Komponist sein Comeback als Solist seines 1. Klavierkonzertes, 1873 dirigierte er seine *Variationen auf ein Thema von Haydn*. 1877 spielten die Philharmoniker erstmals eine Brahms-Symphonie – und gleich eine Uraufführung: Die Zweite, die laut dem Komponisten vom Orchester »mit einer Wollust geübt und gespielt« wurde, stand unter der Leitung von Hans Richter. Dass der im Musikvereinssaal anwesende Komponist sich nicht dem nach jedem Satz (!) aufbrandenden Applaus stellte, wurde ihm angekreidet.

Die Uraufführung der *Tragischen Symphonie* setzte Richter 1880 teils noch gegen den Willen des Orchesters durch – und gegen jenen des Publikums, das scharenweise den Saal verließ. 1881/82 folgten, mit wechselndem Zuspruch, das 2. Klavierkonzert, das Violinkonzert und die 2. Symphonie. Spannungen um Brahms führten auch zum Rücktritt Richters als Abonnementdirigent. In der Saison 1882/83 bewährte sich der Operndirektor Wilhelm Jahn als Nothelfer (und brachte im Februar 1883 übrigens eine Bruckner-Teil-Uraufführung zustande).

Publikum und Orchester waren erst mit der Uraufführung der Dritten Brahms am 2. Dezember 1883, wieder unter dem zurückgekehrten Hans Richter, vollständig für den Komponisten gewonnen. Bis ans Ende seines Lebens blieb er dem Orchester in Freundschaft verbunden. Zum 25-jährigen Bestand der Philharmonischen Abonnementkonzerte 1885 spendete

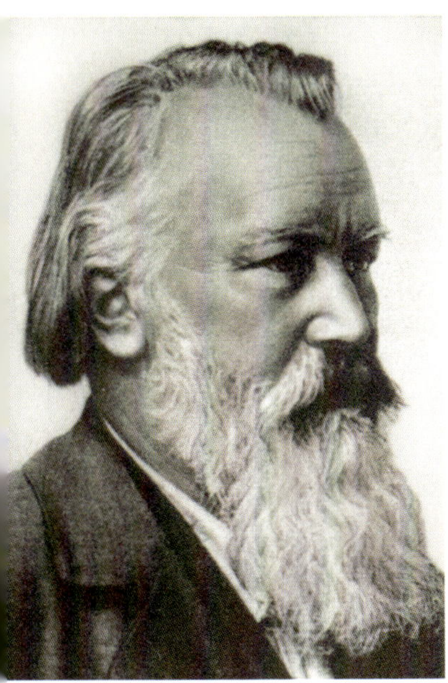

Der Komponist
Johannes Brahms …

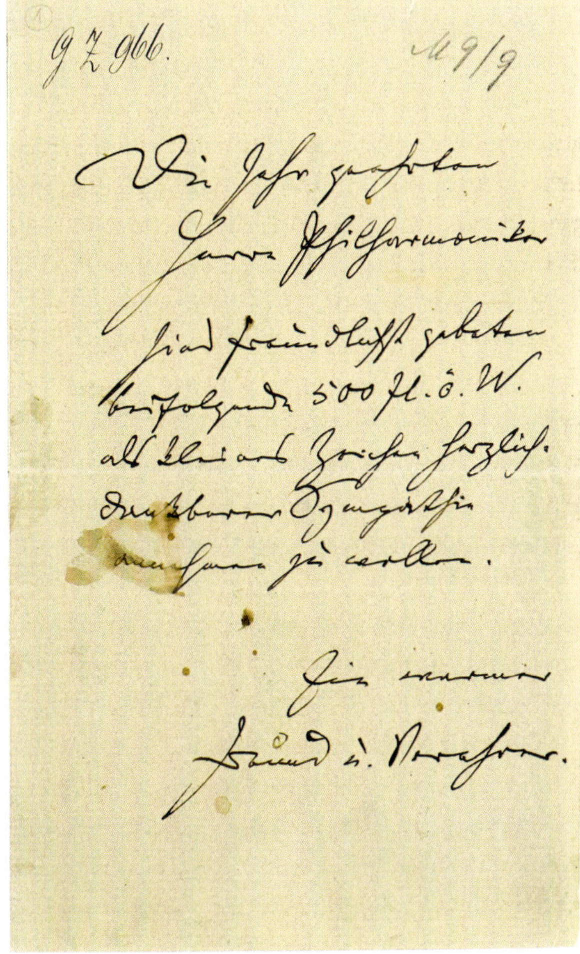

9 Z 966. M 9/9

Die sehr geehrten
Herren Philharmoniker
sind freundlichst gebeten
beifolgende 500 fl. ö. W.
als kleines Zeichen herzlich
dankbarer Sympathie
annehmen zu wollen.

Ein anonymer
Freund d. Orchesters.

… und seine »anonyme«
Spende für das Orchester in
der Höhe von 500 Gulden

Brahms anonym einen Geldbetrag »als kleines Zeichen herzlich-dankbare[r] Sympathie« – doch die Handschrift des »Anonymus« wurde erkannt. Schließlich bereiteten die Philharmoniker dem todkranken Komponisten mit einer Aufführung seiner 4. Symphonie im März 1897 eine allerletzte Freude.

Wo bleibt Bruckner?

Der österreichische Symphoniker Anton Bruckner wurde überhaupt erst gegen Ende seines Lebens von unserem Orchester akzeptiert. Im Dezember 1891 brachte es die umgearbeitete 1. Symphonie zur Uraufführung, ein Jahr später präsentierte man erstmals die zweite Fassung der Achten, die Hanslick als »traumverwirrten Katzenjammerstyl« abtat. Der tief gerührte Bruckner aber bat die Mitglieder »dieses höchsten Kunstvereines in der Musik«, seinen Dank anzunehmen. 1893 schließlich wirkten die Philharmoniker gemeinsam mit dem Wiener Männergesang-Verein bei einer weiteren Bruckner-Uraufführung mit, jener des Chors *Helgoland*. Auch den Einzug seiner *Romantischen Symphonie* ins Abonnementprogramm im Jänner 1896 erlebte Bruckner noch, am 11. Oktober jenes Jahres verstarb er.

Er hatte es zu Lebzeiten nicht immer leicht gehabt mit den von ihm verehrten Philharmonikern. Als Otto Dessoff im September 1874 eine Liste an Novitäten vorschlug, wurden Kompositionen von Julius Zellner, Leo Grill, Robert Fuchs und Robert Volkmann angenommen, durchgefallen ist hingegen Bruckners 3. Symphonie. Nicht besser erging es dem Richard Wagner gewidmeten Werk 1875 und 1877, die Uraufführung erfolgte schließlich im Dezember 1877 unter Bruckners Leitung in einem Gesellschaftskonzert des Musikvereins. An dessen Ende war der Saal völlig »leergespielt«, was Bruckner zu der traurigen Diagnose veranlasste: »Die Leut' wollen nix von mir wissen.«

1881 dirigierte Hans Richter außerhalb der Abonnementkonzerte, aber mit dem Hofopernorchester, die Uraufführung von Bruckners 4., der *Romantischen* Symphonie. Der Komponist war schon in den Proben so kindlich begeistert, dass er Richter mit den Worten »Trinken S' auf mein Wohl ein Krügerl Bier« einen Gulden in die Hand drückte. Diese Münze sollte lebenslang Hans Richters Uhrkette zieren.

Der Komponist Anton Bruckner, einmal im idealisierten Porträt …

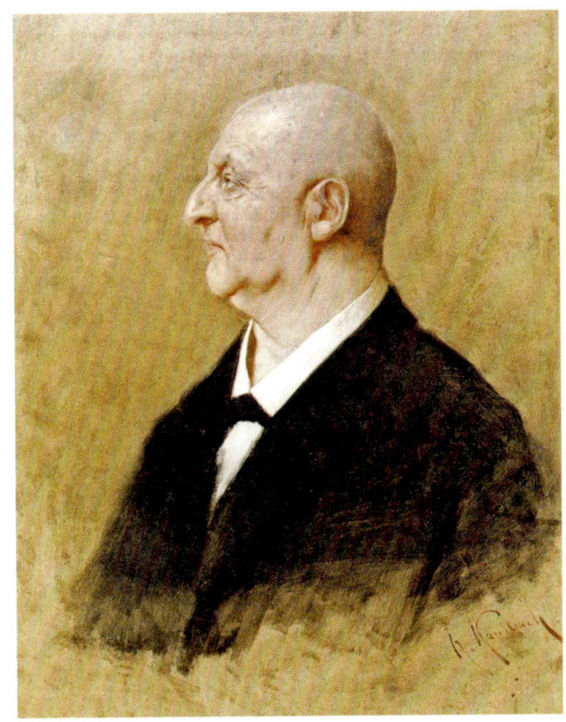

… einmal im Schattenriss: Der Tonschöpfer applaudiert seinem Meisterinterpreten Hans Richter.

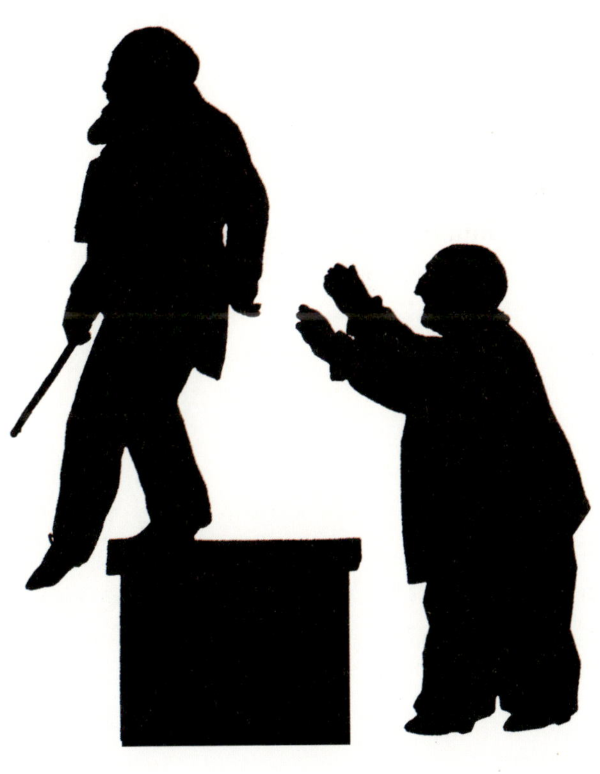

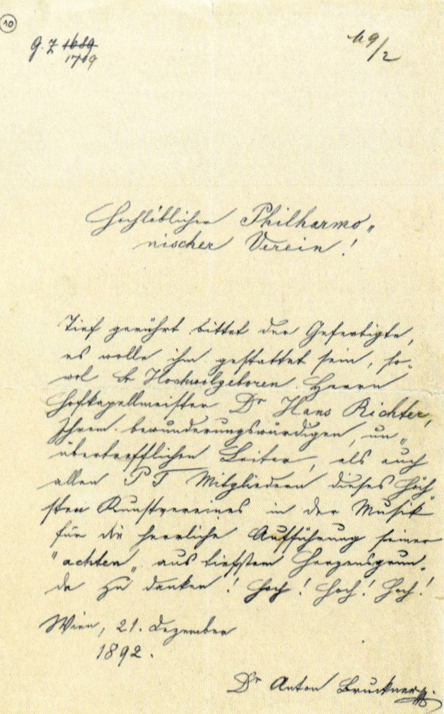

Hochlöblicher Philharmonischer Verein!

Tief gerührt bittet der Gefertigte, es wolle ihm gestattet sein, sowol Sr. Hochwolgeboren Herrn Hofkapellmeister Dr Hans Richter, ihrem bewunderungswürdigen, unübertrefflichen Leiter, als auch allen P.T. Mitgliedern dieser höchsten Kunstcorporation in der Musik für die herrliche Aufführung seiner "achten" aus tiefstem Herzensgrunde da zu danken! Hoch! Hoch! Hoch!

Wien, 21. Dezember 1892.

Dr Anton Bruckner

Bruckner dankt dem Orchester am 21. Dezember 1892 brieflich für die Uraufführung seiner 8. Symphonie unter Hans Richter.

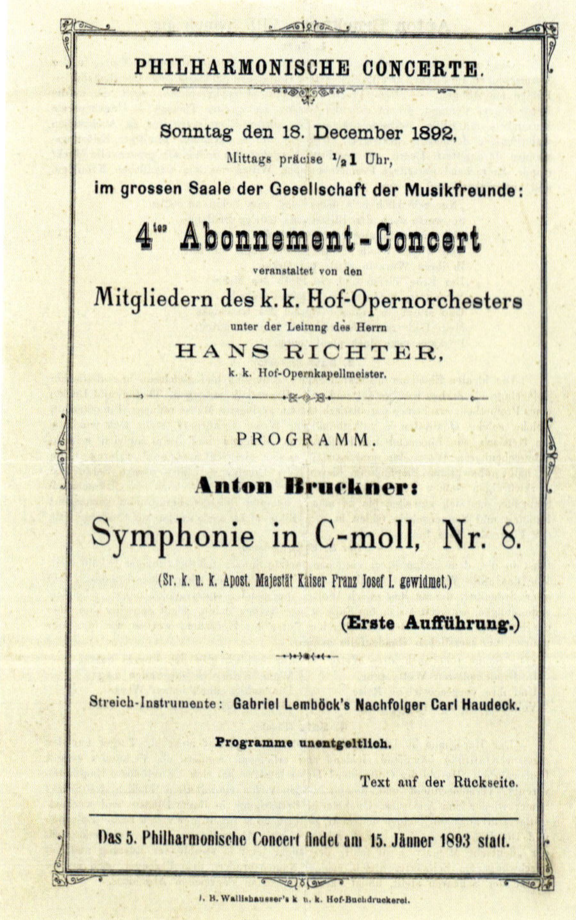

PHILHARMONISCHE CONCERTE.

Sonntag den 18. December 1892,

Mittags präcise 1/2 1 Uhr,

im grossen Saale der Gesellschaft der Musikfreunde:

4tes Abonnement-Concert

veranstaltet von den

Mitgliedern des k. k. Hof-Opernorchesters

unter der Leitung des Herrn

HANS RICHTER,

k. k. Hof-Opernkapellmeister.

PROGRAMM.

Anton Bruckner:

Symphonie in C-moll, Nr. 8.

(Sr. k. u. k. Apost. Majestät Kaiser Franz Josef I. gewidmet.)

(Erste Aufführung.)

Streich-Instrumente: Gabriel Lemböck's Nachfolger Carl Haudeck.

Programme unentgeltlich.

Text auf der Rückseite.

Das 5. Philharmonische Concert findet am 15. Jänner 1893 statt.

J. B. Wallishausser's k. u. k. Hof-Buchdruckerei.

Der Programmzettel der Uraufführung

Operndirektor Wilhelm Jahn leitete 1883 immerhin zwei Sätze aus der Sechsten Bruckner als Uraufführung. Im selben Jahr, das von Richard Wagners Ableben überschattet wurde, fand auch endlich die Wiener Erstaufführung von *Tristan und Isolde* statt – über zwei Dekaden nach dem erfolglosen Versuch einer Wiener Uraufführung.

Im März 1886 kam es unter Richter endlich zur ersten vollständigen Aufführung einer Bruckner-Symphonie in einem Abo-Konzert. Die Siebente feierte einen beachtlichen Erfolg, obwohl der zaghafte Komponist aus Angst vor bösen Kritikerurteilen kurz zuvor noch gegen das Konzert »protestirt« hatte. 1890 folgte die komplette Sechste, aber trotz vereinzelter Versuche, die Versäumnisse bis zum Lebensende Bruckners gutzumachen, kann man mit Hellsberg eine »krasse Vernachlässigung Bruckners« bis zur Jahrhundertwende diagnostizieren.

»Störenfried« Hugo Wolf

Ein glühender Wagnerianer und Brucknerianer war der junge Hugo Wolf. Ebenso emotional war er in der Ablehnung der Werke von Johannes Brahms, den er als »den größten Foppmeister dieses Jahrhunderts« bezeichnete. Ab 1884 machte Wolf seinen Zu- und Abneigungen als Rezensent des *Wiener Salonblatts* Luft, hier verurteilte er auch das Opernrepertoire, das sich nicht auf der Höhe der Orchesterqualität bewegte: »Wien besitzt ein kostbares Gefäß aus einem Orchester, aber dieses Gefäß wird mit Bitterwasser, Essig, Lauge, Scheidewasser und Schwefelsäurezyankali angefüllt.«

Verständlich, dass seine bei den Philharmonikern eingereichte Symphonische Dichtung *Penthesilea* in einer »Novitätenprobe« 1886 keine einzige Stimme erhielt. Mehr noch, in das schallende Gelächter der Musiker nach dem Durchspielen des Werkes soll der Dirigent Richter gesagt haben: »Ich hätte das Stück nicht zu Ende spielen lassen, aber ich wollte mir den Mann anschauen, der es wagt, so über Meister Brahms zu schreiben.«

Die philharmonische Erstaufführung seiner *Penthesilea* im Jänner 1910 unter Felix Weingartner sollte Hugo Wolf nicht mehr erleben: Er verstarb 1903 im Zustand geistiger Umnachtung.

U-Musik und die »Entdeckung« Salzburgs

Im Dezember 1886 lud Hans Richter die Schrammeln ein, bei der Feier anlässlich seines 100. Philharmonischen Konzertes vor dem Orchester aufzuspielen und zwar »die unvergleichlichen Lanner'schen Walzer [...]. Besseres kann ich Ihnen nicht bieten ...« Eduard Strauß machte gegenüber seinem älteren Bruder Johann brieflich seiner Entrüstung Luft, dass Richter nicht die Straußischen Walzer erwähnt hatte! Hans Schrammel bedankte sich für die freundliche Aufnahme mit zwei Widmungen: Für die Wiener Philharmoniker komponierte er den Marsch *Wiener Künstler*, für den Dirigenten einen *Hans-Richter-Marsch*.

Johann Strauß musste sich gedulden, bis die Philharmoniker ein ausschließlich seinen Werken gewidmetes Konzert darbrachten. Zur Feier seines 50-jährigen Komponistenjubiläums fand im Musikverein am 15. Oktober 1894 ein Festkonzert statt, für das der Komponist »heißesten Dank den großen Künstlern« bekundete.

Zwei wichtige Daten der Orchestergeschichte, die ihre Wirkung bis heute entfalten, fallen in die »Goldene Ära«: Im Frühjahr 1877 unternahmen die Philharmoniker ihre erste Reise in ihre spätere »zweite Heimat«: Die zwei Konzerte beim ersten »Salzburger Musikfest« unter Otto Dessoff auf Einladung der Internationalen Mozartstiftung waren ökonomisch nicht relevant, wurden sie doch – gegen Kost und Logis – unentgeltlich gespielt. Doch stellte diese Reise das erste Gastspiel unseres Orchesters dar, und die Veranstaltungen können als Keimzelle der Salzburger Festspiele gelten. Bei der Mozart-Zentenarfeier 1891 trat das Orchester übrigens erstmals unter dem heute gebräuchlichen Namen auf: »Wiener Philharmoniker«.

Und im Herbst 1886 wurde der »Verein Nicolai« gegründet, eine »Kranken-Cassa der Mitglieder des k.k. Hofopern-Orchesters«. Zwar ist dieser Verein zwei Jahrzehnte später in jenem der Philharmoniker aufgegangen, die ab 1887 jährlich veranstalteten Nicolai-Konzerte existieren aber bis heute.

Ein Jahrhundert endet

Die »zweite Ära Richter« dauerte von 1883 bis 1898 und wies eine »nie wieder erreichte Harmonie zwischen der Leitung und den Mitgliedern [auf], welche auf Ausübung ihrer demokratischen Rechte verzichteten, weil sie sich einer überragenden Persönlichkeit anvertrauen wollten« (Hellsberg). Richter konstatierte: »Die Philharmoniker haben nur einen Feind, und dieser steckt nicht in den Journalen und in keiner Musikalienhandlung, sondern in der Körperschaft selbst.« Ob der Verzicht auf Demokratie aber die Lösung ist? Wir denken an den Ausspruch Winston Churchills, dass Demokratie die »schlechteste« Regierungsform sei – abgesehen von all den anderen, die von Zeit zu Zeit versucht wurden …

Hans Richter bestimmte das Repertoire, so auch die aufgeführten Novitäten, zum Beispiel von Jules Massenet, Michail Glinka, Camille Saint-Saëns und Antonín Dvořák. Der tschechische Brahms-Schützling etablierte sich nachhaltig, unter anderem dirigierte er selbst die Wiener Erstaufführung seiner Ballade für Chor, Soli und Orchester *Die Geisterbraut*. Das Tor zum 20. Jahrhundert wurde mit Aufführungen der symphonischen Dichtungen von Richard Strauss ab 1892 aufgestoßen: Bis 1898 scheinen *Don Juan*, *Tod und Verklärung* und *Also sprach Zarathustra* in den Programmen auf.

»An Organisation und Beschaffenheit des Orchesters änderte sich zwischen 1870 und 1900 nichts«, stellt Christian Merlin lapidar fest. Doch der mit dem Jahrhundert endenden »Goldenen Ära« sollte eine Zeit der Reformen und Umwälzungen folgen. Das Ableben der Komponisten Bruckner (1896), Brahms (1897) und Johann Strauß (1899) verhieß das Ende einer Epoche. 1897 schied Wilhelm Jahn nach 17 Jahren (einer erst im 21. Jahrhundert von Ioan Holender übertroffenen Amtsdauer) aus der Staatsoperndirektion.

Zu seinem Nachfolger wurde ein erst 37-jähriger, aus Böhmen stammender Dirigent ernannt, der sich in Prag, Leipzig, Budapest und Hamburg bereits einen Namen gemacht hatte: Gustav Mahler.

Ein Genie als
Hofoperndirektor:
Gustav Mahler

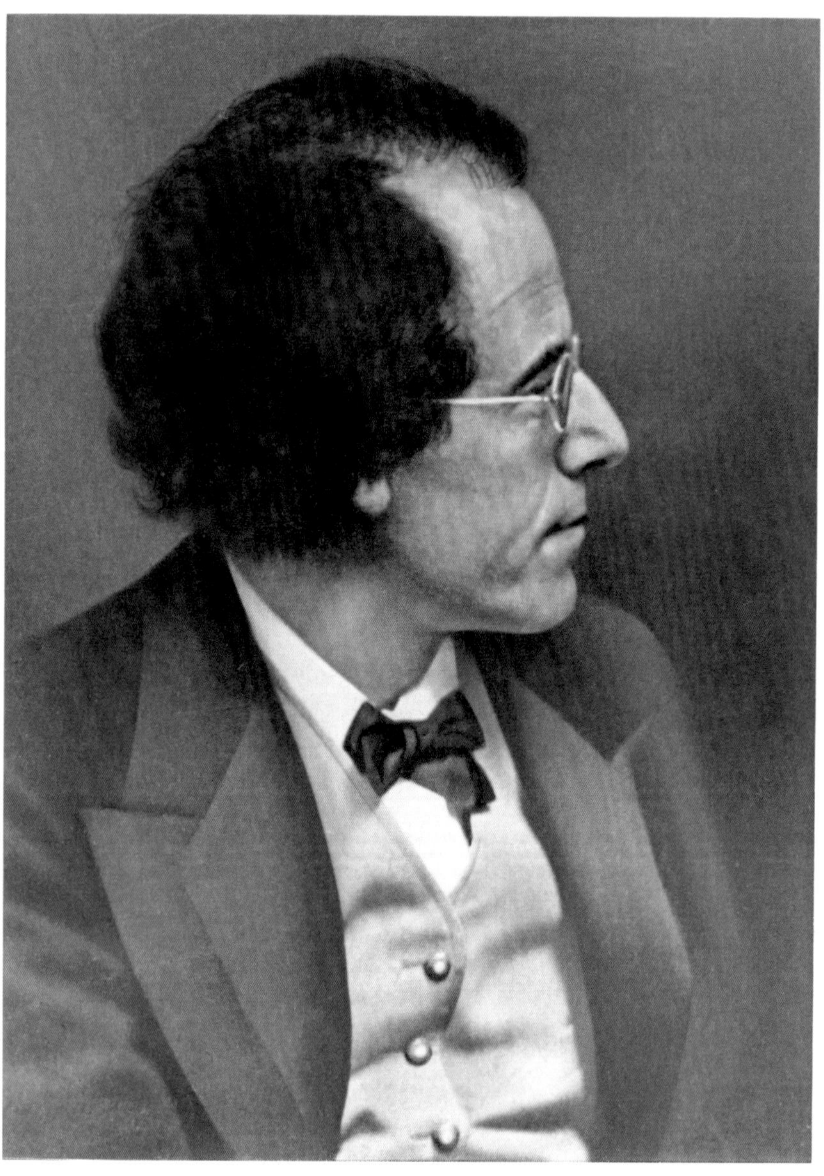

Mahler und die Folgen

Das neue Jahrhundert (1897–1933)

Wohlbekannt ist der Satz: »Wenn die Welt untergeht, ziehe ich nach Wien, dort passiert alles zehn Jahre später.« Das 20. Jahrhundert jedoch begann hier – zumindest musikalisch – drei Jahre früher. Mit kaiserlichem Entschluss vom 8. Oktober 1897 wurde Gustav Mahler zum Direktor der k. u. k. Hofoper bestellt und blieb es bis zum 31. Dezember 1907. Etwa zu derselben Zeit reformierte ein Meisterdirigent die Mailänder Scala: Arturo Toscanini. Unbedingter Herrschaftsanspruch und regelmäßige cholerische Ausbrüche waren beiden gemeinsam. Allerdings kam Toscanini ohne den verzehrenden »Nebenberuf« des Komponisten aus – und erfreute sich einer um fast 40 Jahre längere Lebensspanne als Mahler.

Wien um 1900

Der Komponist Egon Wellesz beschrieb die kulturelle Atmosphäre im Wien der Jahrhundertwende so: »Es ist etwas Geheimnisvolles um das Aufblühen des geistigen Lebens in einem Volk zu Zeiten, da, ungeahnt von den meisten, das Land einer Katastrophe zutreibt. Österreich gab und Wien empfing um die Jahrhundertwende Dichter, Maler, Bildhauer, Architekten und Musiker in einer Fülle, welche diese Epoche zu einer der größten in der Geschichte des Landes, der Geschichte dieser Stadt machte. Das war die Atmosphäre, in der ein Musiker von der Größe Gustav Mahlers die Wiener Oper zur ersten Opernbühne Europas machen konnte, das Orchester zu seinem unfehlbaren Instrument, das Publikum zu seinem Publikum, das sich von ihm von Erlebnis zu Erlebnis forttragen ließ.«

»Wien um 1900« blieb der Inbegriff einer kulturell pulsierenden, multiethnischen Metropole – die Hälfte der in der Hauptstadt lebenden Menschen, so auch der neue Hofoperndirektor, waren nicht hier geboren worden –, für deren musikalischen Aspekt der Name Mahler exemplarisch steht: als charismatischer Dirigent, kühner und entsprechend angefeindeter Operndirektor sowie als Komponist, der von der Jugend vergöttert, von vielen aber krass unterschätzt wurde. Als die Philharmoniker im November 1900 Mahlers 1. Symphonie spielten, ätzte der durch seine Fehlurteile berüchtigte Hanslick über den Komponisten: »Einer von uns beiden muß verrückt sein – ich bin es nicht!«

Im philharmonischen Notenmaterial zu Mahlers 2. Symphonie haben sich einige Spaßvögel verewigt. Die Spielanweisung zu Beginn des 1. Satzes, »Mit durchaus ernstem und feierlichem Ausdruck«, ergänzte ein Geiger mit »... im Gesicht«. Und der »Große Appell« im 5. Satz inspirierte einen Fagottisten zum »Großen Rappel« (= Wutanfall), einen Geiger zum »Sauern Apfel« und einen Cellisten zum »Großen Roß-Apfel«.

Ist Tradition Schlamperei?

Hier interessiert uns weniger das verkannte Komponistengenie als die Person des Hofoperndirektors Mahler, der so manches Erdbeben im Kunsttempel der Hauptstadt auslöste. Mit verkürzten Schlagworten wie »Tradition ist Schlamperei« wird seine Haltung falsch wiedergegeben. In Wahrheit lautete der Satz: »Was ihr Tradition nennt, ist oft nur Schlamperei.« Der erfahrene Musiker wusste genau um die Bedeutung wahrer Traditionen Bescheid, hatte aber kein Mitleid mit mangelhaften Leistungen, verlangte sich selbst und allen seinen Untergebenen das Äußerste ab: So fanden allein in der Saison 1900/01 fast 70 Wagner-Aufführungen an der Wiener Oper statt!

Manche Neuerungen Mahlers waren unumstritten und zweckmäßig. So hatte sein Vorgänger Jahn noch auf einem runden Rohrsessel inmitten des Orchesters gethront, nahe zu den Ausführenden auf der Bühne, aber fast ohne Kontakt zu den Streichern. Mahler erhöhte das Dirigentenpult und rückte es an die heutige Position am Rande des Orchestergrabens.

Mit der Idee eines allabendlichen Frackzwangs für Orchestermusiker – der nicht durchgesetzt wurde – machte sich der »Neue« aber ebenso wenig Freunde wie mit der Pensionierungswelle, die er auslöste: Allein in seiner zweiten Saison 1898/99 wurden 20 Versetzungen in den Ruhestand vorgenommen. Notwendig waren diese wegen der Überalterung des Orchesters, die Merlin schlaglichtartig dokumentiert: Die »Solocelli waren 25 Jahre lang, die Solostellen bei Bratsche, Kontrabass und Flöte 28 Jahre nicht neu besetzt worden«.

Mahler veranlasste eine noch nie dagewesene Fluktuation. In seiner zehnjährigen Amtszeit nahm er 79 Neuengagements im Orchester vor, »darunter waren allerdings auch einige kurze Intermezzi« (Merlin). So schieden zehn der von ihm engagierten 33 Bläser noch vor Ende seiner Ära wieder aus. Zahlreiche von den dauerhaft Bleibenden prägten das Orchester auf besondere Weise, so der spätere Konzertmeister Franz Mairecker, Solocellist Friedrich Buxbaum, Oboist Alexander Wunderer und Solohornist Karl Stiegler. Mahler öffnete auch das Orchester durch das Engagement zahlreicher internationaler Musiker, insbesondere aus Deutschland und Holland. Manches neue Mitglied fand seinen Weg ins Orchester ohne Probespiel, so auch der Posaunist Franz Dreyer, der sich 1902 bei der Uraufführung von Mahlers 3. Symphonie in Krefeld bewährt hatte.

Teils wegen Pensionierungen, teils wegen Streitigkeiten mit dem allmächtigen Direktor kam Mahler ein Harfenist nach dem anderen abhanden, sodass er sein Auge auf Alfred Holy, Mitglied des Königlich-Preußischen Operntheaters Berlin, warf. Als Unterhändler schickte er seinen Assistenten Bruno Walter nach Bayreuth, wo Holy im Festspielorchester mitwirkte. Die Geschichte will es, dass die heimliche Unterredung im Schutze eines Gebüschs stattfand – mit Erfolg: Holy wechselte nach Wien. Der ebenfalls zu den Neuengagierten zählende Dirigent Bruno Walter sollte dem Orchester über die Jahrzehnte besonders ans Herz wachsen. Eigentlich hieß der in Berlin geborene Künstler Bruno Schlesinger, weshalb der Dirigent und spätere Staatsoperndirektor Franz Schalk ihn »Schlesinger von der Vogelweide« zu nennen pflegte …

Kraftproben

Zu einer Kraftprobe mit dem Orchester kam es im Zuge der notwendigen Orchestervergrößerung in der Saison 1901/02. Mahler sicherte den ins Opernorchester Neuengagierten zu, dass sie automatisch auch Philharmoniker würden; doch die Hauptversammlung 1902 sprach sich dagegen aus. Operndirektor Mahler schlug zurück, nicht nur mit Worten (»Für mich gibt es nur ein Hofopernorchester, ich kenne keine Philharmoniker«), sondern

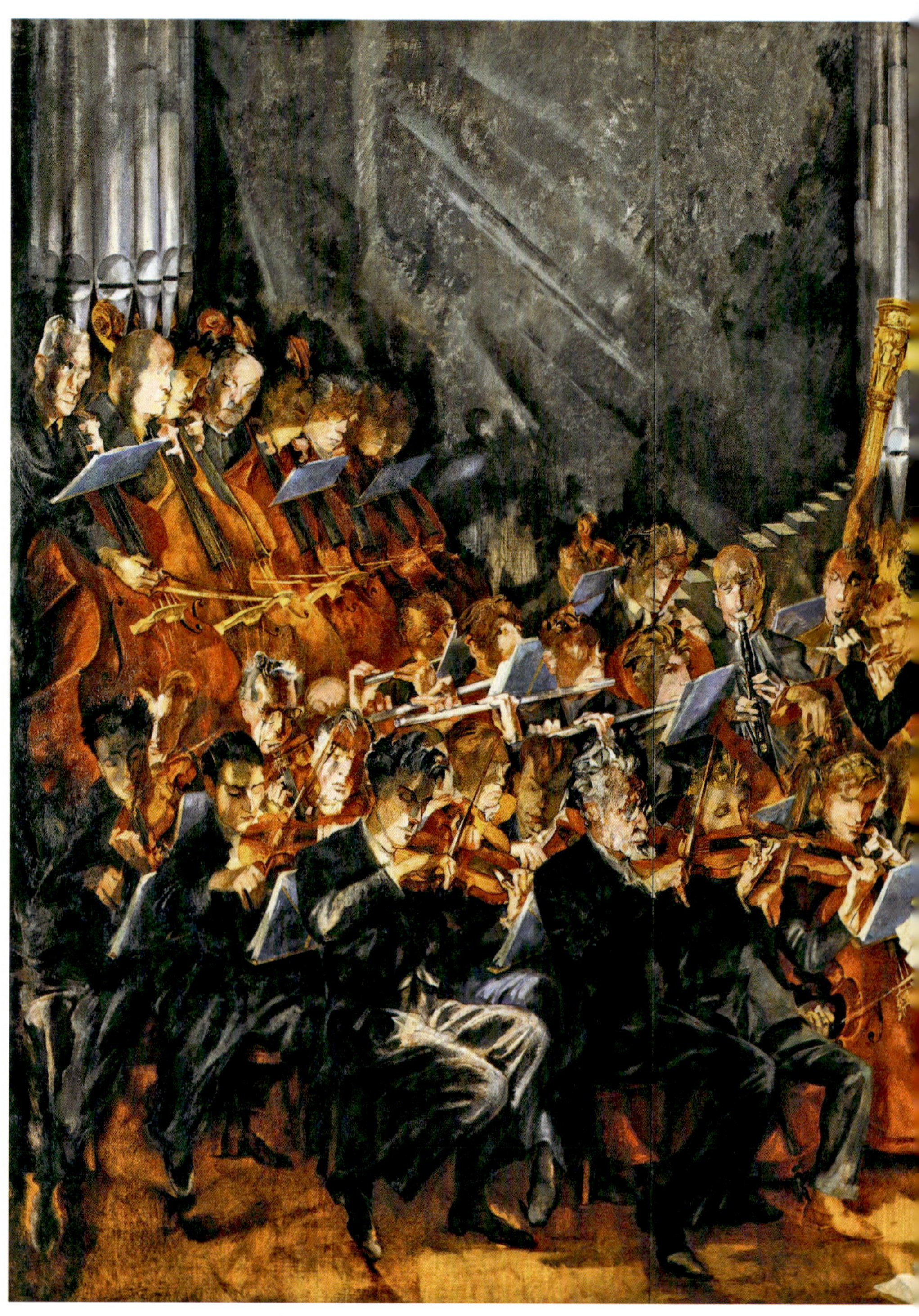

Max Oppenheimer schuf das Gemälde *Das Orchester* zwischen 1935 und 1952 im New Yorker Exil. Gustav Mahler, der hier am Pult steht, aber auch andere Abgebildete wie Konzertmeister Arnold Rosé und Solocellist Friedrich Buxbaum waren zum Zeitpunkt der Fertigstellung längst verstorben.

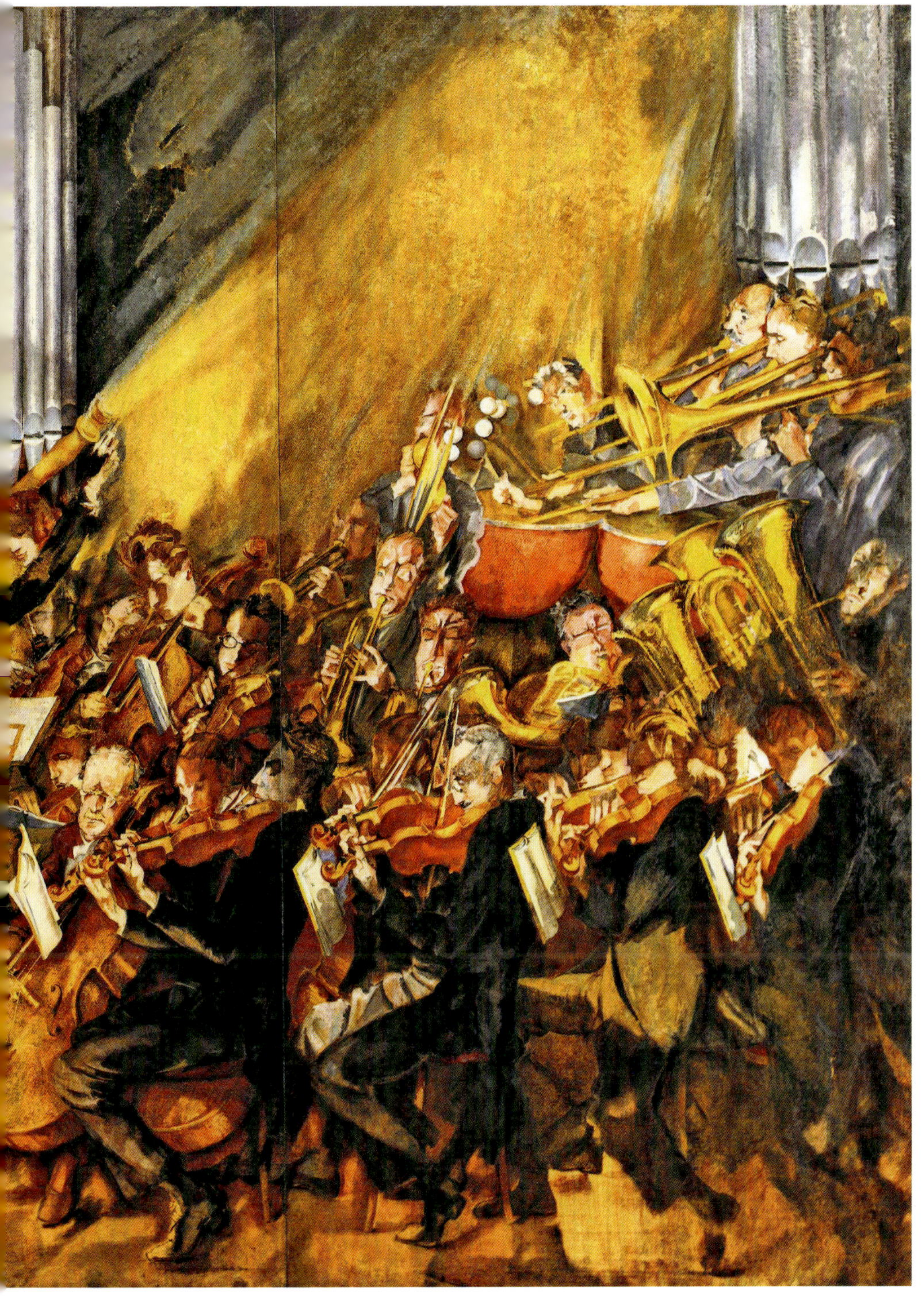

auch mit der handfesten Drohung, dass Philharmoniker für ihre philharmonischen Aktivitäten um Erlaubnis bei der k. u. k. Generalintendanz der Hoftheater ansuchen müssten. Doch diese stellte sich auf die Seite des Orchesters und finanzierte die philharmonische Mitwirkung der Neuengagierten. Dafür wurden die Statuten der Philharmoniker geändert: Zwar blieb der Höchststand der Mitglieder bei 108, die sogenannten »Expektanten« sollten aber ins Orchester eingelassen werden, sobald eine Stelle frei wurde.

Mahler achtete scharf auf Disziplin. Der Oboist Johann Strasky etwa wurde zu einer Geldstrafe verdonnert, weil er sich während einer Ballettaufführung erhoben hatte, um die Beine einer Tänzerin zu begutachten. Strasky war ein Wiener Original. Er besaß eine zahme Ziege, die er an der Leine führte, und hatte sich bereits in der Ära Richter in der Vorstadt Meidling (heute 12. Bezirk) als Dirigent betätigt. In der »Katharinenhalle« gab es zwischen Varietévorstellungen, Zirkusdarbietungen und Ringkämpfen auch Haydns *Schöpfung* und Beethovens Neunte unter Straskys Leitung zu hören! Hans Richter kam der Erfolg des Musikers zu Ohren und er gratulierte. Dieser bedankte sich mit dem Hinweis, er hätte gar nicht gewusst, wie leicht das »Taktschlagen« sei: »Ein einziger falscher Ton mit der Oboe und die ganze Oper hört's. Verdirigiert man sich aber, hört's kein Mensch. Das Staberl macht ja keinen Lärm!« Richters souveräne Antwort: »Das weiß ich längst, aber sagen Sie es nicht weiter!«

Konzertmeister Arnold Rosé erfreute sich als Musiker besonderer Wertschätzung des Direktors, durch die Heirat mit dessen Schwester Justine wurde Rosé 1902 auch Mahlers Schwager. Als »Orchesterinspektor« achtete Rosé im Graben auf Disziplin. Einmal trafen seine strengen Blicke während der Vorstellung den Kontrabassisten Franz Simandl. Dieser zeigte sich ungerührt und meinte lautstark zu seinen Kollegen: »Aber lasst's ihn. Was versteht der Rosé vom Kontrabass …« Einmal verursachte die Aufführung von Mahlers 1. Symphonie unter der Leitung des Komponisten in Brünn einen groben Verstoß: Sechs Musiker, angeführt von Arnold Rosé, nahmen an der Aufführung teil, der Kontrabassist Otto Stix hatte wohl verabsäumt, um Urlaub anzusuchen: Er verließ während eines Philharmonischen Konzertes das Podium, was ihm ein Disziplinarverfahren eintrug.

Mahlers Ungeduld gegenüber den Musikern war legendär (»Wenn einer nicht gleich trifft, was da steht, könnte ich ihn auf der Stelle ermorden«) und

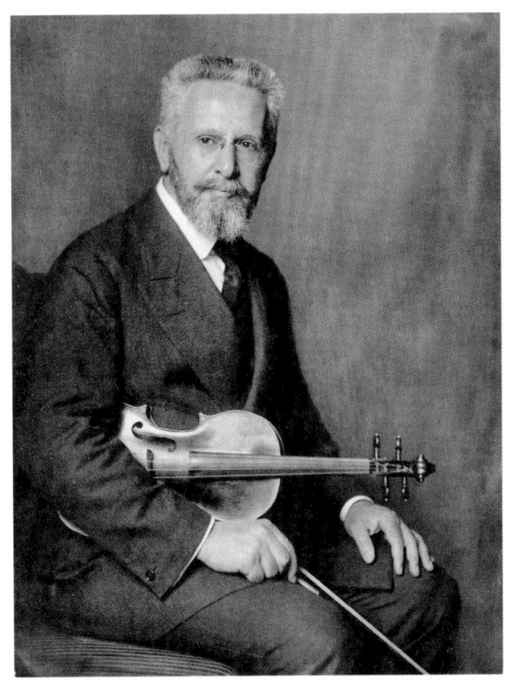

Arnold Rosé, Mahlers Schwager und engster Vertrauter in der Hofoper

auch den Zeitungen bekannt. So las man im *Pester Lloyd* am 16. November 1898, dass »manche Orchestermitglieder durch das ihnen neuerdings häufig zugemutete Übermaß von Proben, [...] vielleicht auch durch ein etwas rüdes Benehmen des temperamentvollen Direktors gegen einzelne Renitente verletzt« seien.

Der Oboist Alexander Wunderer hat das Phänomen Mahler so beschrieben: »Das Verblüffende war, dass so musiziert wurde, wie es in der Partitur stand und dass uns dies als etwas ganz Neues erschien. Man muß den Theaterbetrieb kennen, um zu wissen, wieviel Anteil die Routine, die Schlamperei und die Nachlässigkeit daran haben ... Weiters war bis dahin die Arbeit des Kapellmeisters und Regisseurs zwei getrennte Gebiete; Mahler vereinigte sie in sich, er war alles: Dirigent, Regisseur, Dekorateur, Gesangsmeister und so weiter. Natürlich kam etwas Geschlossenes, Einheitliches zustande, wie man es zuvor nie gehört hatte« (zitiert nach Blaukopf). Offenbar hat Mahlers mittelbarer Nachfolger als Direktor der Oper am Ring, Herbert von Karajan, auch bei dem Anspruch, musikalische und szenische Leitung in seiner Hand zu vereinen, an dem großen Vorgänger Maß genommen.

Mahlers kurze Karriere als Abonnementdirigent

Dem Machtstreben Mahlers wich auch Hans Richter: Nach knapp 200 Philharmonischen Konzerten stand er am 27. März 1898 zum letzten Male am Pult des Orchesters, bevor er – offiziell aus Gesundheitsgründen – ausschied. Der neue Hofoperndirektor wurde zu seinem Nachfolger gewählt. Ein Jahre später abgegebenes Urteil Richters dürfte auf Mahler und seinen »unwienerischen« Präzisionsfanatismus gemünzt sein: »Drillmeister gehören auf's Exerzierfeld.«

Am 6. November 1898 leitete Mahler erstmals ein Philharmonisches Abonnementkonzert, doch was der Beginn einer glanzvollen Zusammenarbeit hätte sein können, endete bereits wenig später. Im Jänner 1902 verabschiedete sich Mahler mit einer Aufführung seiner 4. Symphonie von der Unternehmung. Arbeitsüberlastung und gesundheitliche Probleme mögen zu dem Abschied geführt haben, gewiss aber auch Zwistigkeiten mit dem Orchester, das ihm in der Hofoper unterstellt war.

Hellsberg kratzt an Mahlers Nimbus als Erneuerer, zumindest im Konzertbereich: Man könne bei dessen kurzer Ära vom »konservativsten Programm seit Nicolai sprechen«, denn »mit Dvořák, Goldmark, Mahler und Strauss gelangten nur vier lebende Komponisten zur Aufführung«! Neu war aber gewiss Mahlers Herangehensweise auch an alte Werke, wie eine Rezension der Fünften Beethoven beweist, die am 5. November 1899 erklang: »... das Schicksal ›pocht‹ nicht mehr, es reißt die Pforten ein. Und das ist kein bloßer Überfall, sondern Einbruch in eine neue Empfindungswelt – Beethoven nicht als Vollender der klassischen Entwicklung, wie ihn in seiner erhabenen Ruhe Hans Richter darstellt, sondern der gewaltige Weckrufer eines neuen dramatischen Stils der Tonkunst.« Die Kritik von Robert Hirschfeld in der *Wiener Abendpost* schließt: »Man wird in fürchterlicher dramatischer Spannung erhalten, aus der uns erst die letzten Takte lösen.«

Der Konzertdirigent Mahler schreckte nicht vor Instrumentationsretuschen in Beethoven-Symphonien zurück. Dafür musste er nicht nur Rügen der heimischen Kritik, sondern auch postum den Rüffel eines Kollegen einstecken. Als Mahler nach seinem Weggang aus Wien Konzertchef des New York Philharmonic Orchestra wurde, »exportierte« er seine Eingriffe und notierte auf der ersten Seite der Dirigierpartitur von Beethovens Siebenter mit blauem Stift: »Changes by G. Mahler«. Darunter, geradezu aggressiv hingeworfen, das Urteil über die Änderungen: »Unworthy of such a musician [Eines solchen Musikers unwürdig]. A. Toscanini«.

Mahler war der erste Leiter der Philharmonischen Konzerte, der nicht auch Vorstand des Orchesters wurde. Anstelle des vielbeschäftigten Operndirektors wurde 1898 der Kontrabassist Simandl erster »Obmann« aus den Reihen des Orchesters. Auf ihn folgte der von 1903 bis 1923, über seine Pensionierung hinaus, dienende Flötist Alois Markl.

Ein Höhepunkt in der Orchestergeschichte war die erste Auslandsreise unter der Leitung Gustav Mahlers: Sie brachte die Philharmoniker im Juni 1900 zur Pariser Weltausstellung. Mangelhafte Werbung und eine dementsprechend niedrige Auslastung der Konzerte führten allerdings zu einem finanziellen Debakel, das Mahler nur abwenden konnte, weil er Baron Albert Rothschild eine Deckung des Defizits abrang. Während der besagten Reise kamen Orchester und Dirigent einander wieder näher, doch die Versöhnung war nicht von Dauer.

Als Mahler 1901 die Leitung der Philharmonischen Abonnementkonzerte zurücklegte, rechnete sich Bruno Walter, der erst im April jenes Jahres an der Oper debütiert hatte, Chancen auf die Nachfolge aus. Doch an seiner Stelle »haben sie Hellmesberger, einen Schuhmachermeister ersten Ranges, genommen«, schrieb Walter empört an seinen Vater.

Hellmesbergers Rücktritt

Auch Joseph Hellmesberger war es nicht lange vergönnt, die Philharmonischen Konzerte zu leiten. Der Sohn Georg Hellmesbergers war auch dessen Nachfolger als Konzertmeister, hatte als Konservatoriumslehrer, Ballettdirigent und als Komponist von über 20 Operetten reüssiert, doch als neuem Abonnementdirigenten wurde ihm Mittelmäßigkeit attestiert. Clemens Hellsberg urteilte über den allzu Vielfältigen: »Wer von Beethovens Neunter im Rahmen des Nicolai-Konzertes zur Leitung des *Veilchenmädels* im Carltheater wechselte, konnte wohl nicht an Richter oder Mahler gemessen werden.«

Dem bei Frauen überaus beliebten »feschen Pepi« wurde die Ohrfeigen-Attacke des Vaters einer mit ihm liierten Balletttänzerin zum Verhängnis. Sein Rücktritt im September 1903, knapp vor Beginn der Abonne-

Gustav Mahler (im Zentrum) und seine Orchestermusiker: Erinnerungstafel anlässlich der Paris-Reise 1900

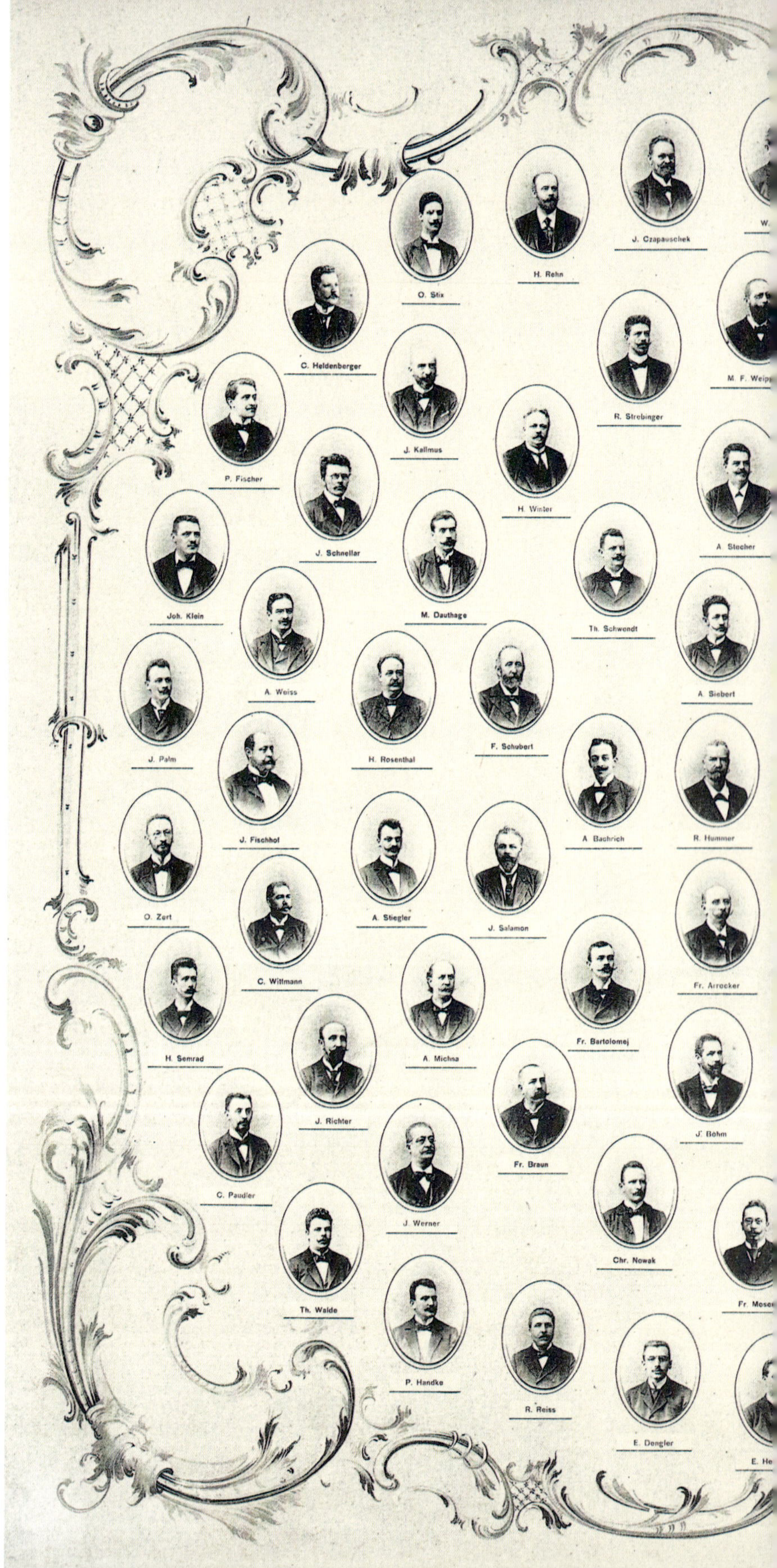

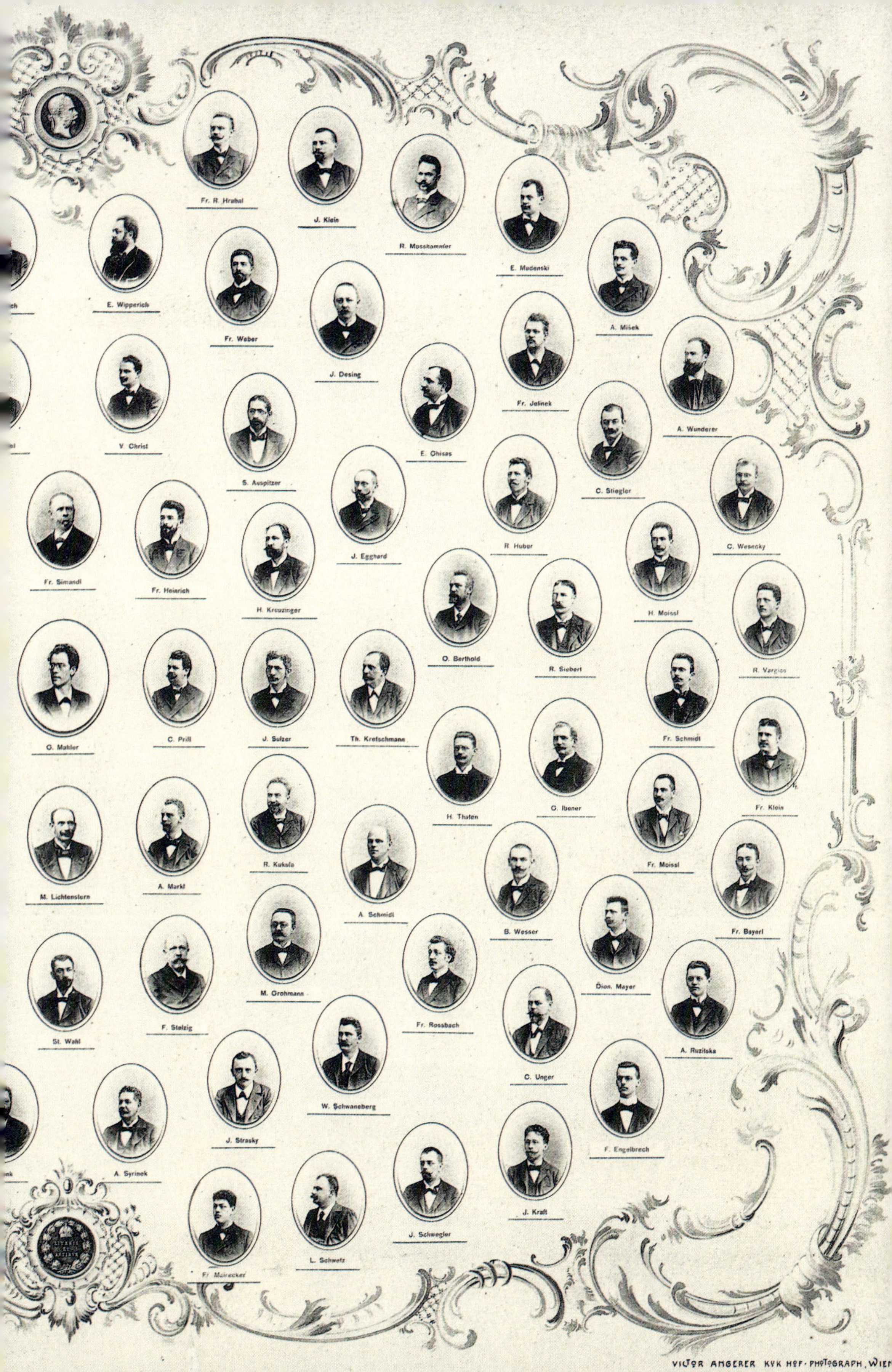

Fr. R. Hrabal
J. Klein
R. Mosshammer
E. Madenski
E. Wipperich
Fr. Weber
J. Desing
A. Mišek
Fr. Jelinek
A. Wunderer
V. Christ
S. Auspitzer
E. Ohisas
C. Stiegler
R. Huber
C. Wesecky
J. Egghard
Fr. Simandl
Fr. Heinrich
H. Kreuzinger
O. Berthold
R. Siebert
H. Moissl
R. Vargios
G. Mahler
C. Prill
J. Sulzer
Th. Kretschmann
Fr. Schmidt
H. Thaten
G. Ibener
Fr. Klein
M. Lichtenstern
A. Markl
R. Kukula
A. Schmidt
Fr. Moissl
B. Wesser
Fr. Bayerl
St. Wahl
F. Stelzig
M. Grohmann
Fr. Rossbach
Dion. Mayer
A. Ruzitska
C. Unger
W. Schwaneberg
J. Strasky
A. Syrinek
F. Engelbrech
J. Kraft
J. Schwegler
L. Schwetz
Fr. Mairecker
VICTOR ANGERER K.K. HOF-PHOTOGRAPH, WIEN

mentsaison, führte zu dem Versuch der Philharmoniker, mit Gastdirigenten zu arbeiten (ein System, das sich erst 1933 dauerhaft etablieren sollte). Bevor wir diese kurze Phase der Orchestergeschichte beleuchten, kehren wir aber nochmals zu Mahler zurück.

Antisemitismus?

Ohne Frage hatte Gustav Mahler auch mit Ressentiments zu kämpfen, die antisemitisch motiviert waren. Zur Erlangung des Direktorenpostens war er immerhin bereit gewesen, zu konvertieren. Diesen Schritt war vor ihm schon Arnold Rosé gegangen, der auch seinen Namen (ursprünglich Rosenblum) geändert hatte.

Doch stoßen wir auf einige widersprüchliche Fakten. In dem »multiethnischen Orchester« (Merlin) spielten zu jener Zeit knapp 18% Juden, die keineswegs geschlossen pro Mahler eingestellt waren, wobei die Ablehnung hauptsächlich den Komponisten betraf. Der legendäre Solocellist Joseph Sulzer etwa, Sohn des Wiener Kantors Salomon Sulzer, lehnte die Werke des Hofoperndirektors rundweg ab. »Wer ist der Komponist Mahler? Niemand kennt ihn«, äußerte Sulzer in einer Komiteesitzung im April 1899 – zu diesem Zeitpunkt waren die ersten beiden Symphonien des »Unbekannten« bereits uraufgeführt worden! Der jüdische Cellist Theobald Kretschmann schrieb 1913, zwei Jahre nach Mahlers Tod, dass er ihn »als feinfühligen Mozartdirigenten und als eine außergewöhnliche Arbeitskraft mit ungeheurem Können bewunderte«. Doch es täte Kretschmann »weh, ihn durch sein Komponieren Irrgänge wandeln zu sehen, die ihn ganz entstellten; es empörte mich gewaltig, daß man seinen Irrtümern auch noch Beifall klatschte und ihn darin bestärkte!« Merlin konstatiert: »Die Parteinahme für oder gegen Mahler entsprach nicht immer den üblichen Konfliktlinien.«

Das beweist auch die folgende Episode: Als der Wiener Stadtrat die Philharmoniker um Teilnahme bei einem Festkonzert zugunsten der Armen Wiens ersuchte, kam nur Mahler als Dirigent infrage. Dieser wurde jedoch von der offen antisemitischen Stadtregierung unter Bürgermeister Karl Lueger abgelehnt. Das Orchester beharrte auf seinem selbstgewählten Dirigenten, das Konzert wurde abgesagt.

Während die jüdische Abstammung des philharmonischen Dirigenten Otto Dessoff niemals ein Thema gewesen war, verhärteten sich die Fronten mit Beginn des neuen Jahrhunderts sowohl in der Wiener Gesellschaft als auch innerhalb des Orchesters zusehends. 1907 verließ Mahler, von den Anfeindungen entnervt, menschlich enttäuscht und gesundheitlich angeschlagen, Wien und die Hofoper. Seine Beziehung zu den Philharmonikern war über weite Strecken sehr angespannt, doch als künstlerisches Urteil kann der Satz gelten, den Mahler gegenüber Alois Markl im Juni 1903 äußerte: dass er, der »alle bedeutenden Orchester der Welt zu hören Gelegenheit hat«, nach Wien immer wieder »mit der Überzeugung« zurückkehre, »daß unser Orchester alle Anderen weit überragt«.

Die erste Gastdirigentenphase

Alle philharmonischen Dirigenten der ersten 60 Jahre (mit Ausnahme des Einspringers Hellmesberger und des gastierenden Komponistensohnes Siegfried Wagner, dem 1896 ehrenhalber ein Nicolai-Konzert anvertraut wurde) waren auch Kapellmeister der Hofoper gewesen. Im Herbst 1903 suchten die Philharmoniker zur Rettung ihrer Konzertsaison kurzfristig prominente Dirigentennamen und fanden zunächst bezeichnenderweise zwei Schüler von Otto Dessoff: Arthur Nikisch, der 1874 bis 1877 Primgeiger des Orchesters gewesen war, und den Grazer Ernst von Schuch, der sich in Dresden um die Opern von Richard Strauss besonders verdient machte.

Auch Meister Strauss selbst wurde für Konzerte gewonnen: 1906 begann er seine fast 40 Jahre währende Zusammenarbeit mit dem Orchester. Auf Hofopernkapellmeister Franz Schalk wurde mehrmals zurückgegriffen – »Gemeinsam mit Richard Strauss leitete er eine philharmonische Saison und bot damit im Konzertsaal einen Vorgeschmack der späteren Doppeldirektion Strauss/Schalk an der Wiener Staatsoper«, so Blaukopf –, doch musste sich der treue Schalk schon damals damit abfinden, dass er für die Philharmoniker nur zweite Wahl und eher als Einspringer willkommen war.

Einige prominente Namen unter den Abonnementdirigenten jener Jahre sind: Felix Mottl, ehemaliger Schüler des Wiener Konservatoriums, der neue Kompositionen von Hans Pfitzner, Max von Schillings, Edward Elgar und insbesondere *Ein Heldenleben* von Richard Strauss aufs Programm setzte; Karl Muck, der im Rahmen des Nicolai-Konzertes 1906 erstmals mit den Philharmonikern Bruckners Neunte aufführte; Bruno Walter, der endlich zu seinem philharmonischen Debüt im Rahmen des Nicolai-Konzertes 1907 kam.

In diesem Jahr wurde auch ein neuer Direktor für die Hofoper bestellt. Die Wahl fiel auf Felix Weingartner, der noch nie die Wiener Philharmoniker dirigiert hatte, bei der Hauptversammlung im Mai 1908 aber mit der Leitung der Abonnementkonzerte ab der Saison 1908/09 betraut wurde. Damit hatte das Prinzip eines festen Abonnementdirigenten in Gestalt des Operndirektors wieder die Oberhand gewonnen.

Ein Urteil von Julius Korngold, dem Nachfolger Eduard Hanslicks in der *Neuen Freien Presse* (und Vater des Komponisten-Wunderkindes Erich Wolfgang Korngold), zeigt, dass man am Jahrhundertbeginn der Idee wechselnder Dirigenten kritisch gegenüberstand. Sie könnten bedrohlich für die Identität des Philharmonischen Orchesters sein, »das, weil es einen bestimmten Charakter hat und durch ihn erstarkt, ihn nicht gefährden darf«.

Die Ära Weingartner

In das »Wendejahr« 1908 fällt nicht nur die Rückkehr zum System des festen Abonnementdirigenten, sondern auch die Gründung des Vereins Wiener Philharmoniker, dessen Zweck die Kranken- und Altersversorgung der Orchestermusiker war. Diese Organisationsform gilt für unser Orchester noch heute.

Die Ära Weingartner dauerte bis 1927. Die »großen Drei« in den Annalen unserer Institution waren – die Reihenfolge ergibt sich sowohl zahlenmäßig als auch nach der Amtsdauer – Hans Richter (193 Abonnementkonzerte, 22 Jahre), Felix Weingartner (156, 19 Jahre) und Otto Dessoff (129, 15 Jahre). Doch rechnet man die Tourneen, außerordentlichen Konzerte sowie die 1917 eingeführten öffentlichen Generalproben zu den »Philharmonischen« unter Weingartners Leitung dazu, geht er klar als meistbeschäftigter Dirigent der Wiener Philharmoniker in Führung. Karl Böhm attestierte dem älteren Kollegen: »Für die Orchestermusiker war er der ideale Dirigent. Seine Zeichengebung war einfach; seine Gebärde zweckmäßig, aber kein

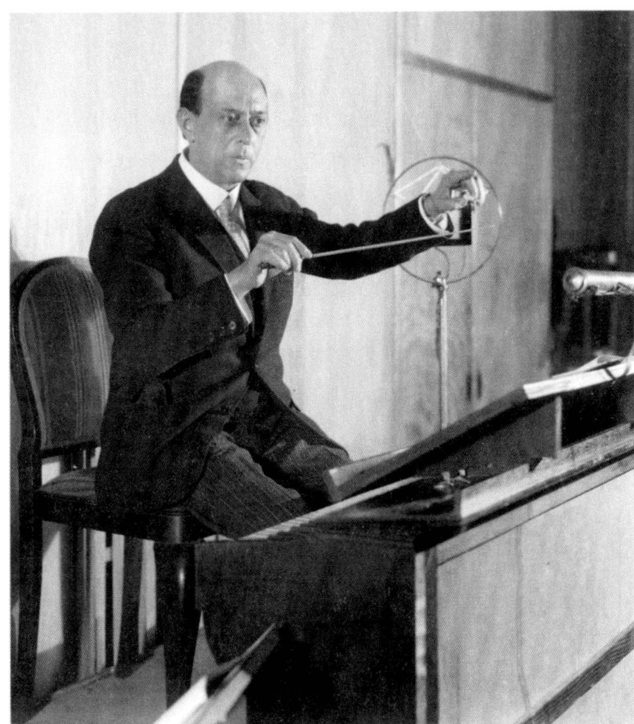

Arnold Schönberg war ein seltener Gast als Leiter des Orchesters …

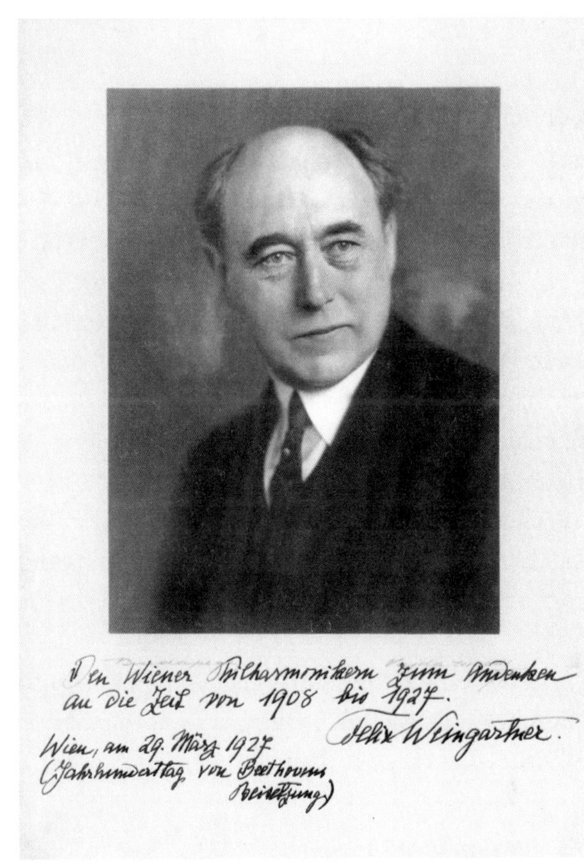

… Felix Weingartner hingegen der meistbeschäftigte Philharmoniker-Dirigent.

bloßes Taktschlagen, sondern der Phrase wie dem Ausdruck angepaßt« … und damit hat Böhm auch seine eigene Dirigierweise charakterisiert!

In Weingartners Zeit fällt die Mitwirkung der Philharmoniker bei den ersten »Wiener Musikfestwochen« 1912 (aus denen die Wiener Festwochen hervorgehen sollten) und, im selben Jahr, die postume Uraufführung von Gustav Mahlers 9. Symphonie unter der Leitung des »Mahler-Apostels« Bruno Walter. Das Salzburger Musikfest des Jahres 1914 hingegen konnte nicht stattfinden: Der Erste Weltkrieg raste durch Europa, 26 Philharmoniker mussten einrücken, der Trompeter Adolf Wunderer (Bruder des späteren Vorstandes Alexander Wunderer) fand den »Heldentod«.

Eine der raren Auslandsreisen der Kriegsjahre führte in die neutrale Schweiz, wo das »Zauberorchester« optimistisch gefeiert wurde: Es »sei uns beschieden, den Tag zu erleben, da auch die, die sich heute noch Feinde nennen, in Begeisterung der höchsten künstlerischen Kultur, die mit den Philharmonikern aus Oesterreich kommt, zujubeln werden«.

Die unmittelbare Nachkriegszeit zeigt uns ein in Oper und Konzert unvermindert aktives Orchester. Von den vielen Höhepunkten sei nur die Begegnung mit Arnold Schönberg hervorgehoben: Er dirigierte 1920 zwei Aufführungen seiner *Gurrelieder* und überbot sich in schriftlichen Lobeshymnen: »Erwählte, Auserwählte der Kunst, wie Sie, meine Herren, machen auch solche, die selbst gern gewählt werden, zu ihrem Wähler und so lassen Sie mich auf meinen Stimmzettel schreiben: Die Wiener Philharmoniker.«

Weingartner wäre nach dem Ersten Weltkrieg beinahe der Generalissimus des Wiener Musiklebens geworden, war er vorübergehend doch als Leiter von Staats- und Volksoper im Gespräch. Doch musste er sich mit der Volksoper »begnügen«, während sein Rivale Richard Strauss das Amt im größeren Hause erhielt. Immerhin sollte Weingartner als zweimaliger Staatsoperndirektor (1907–1911 und 1935/36) und als Volksoperndirektor (1919–1924) in die Geschichte eingehen.

Zweimal Südamerika

Im Rahmen seiner jeweils dreijährigen Verträge mit den Wiener Philharmonikern führte Weingartner das Orchester auch von Mitte Juni bis Mitte September 1922 auf dessen erste Südamerika-Tournee. Staatsopern-

Kodirektor Franz Schalk gestaltete einen leichteren Spielplan, der von einem »Rumpforchester« bewältigt werden konnte.

Mit welch infantiler Begeisterung die Philharmoniker den Äquator »entdeckten«, führt Alexander Witeschnik aus: »Als sich das Orchester auf dieser ersten Südamerika-Tournee dem Äquator näherte, geriet die ganze Besatzung in Faschingslaune. Die Champagnerpfropfen knallten, es gab ein üppiges Festmahl sowie ein philharmonisches Varieté, bei dem sich Jacques van Lier und Friedrich Buxbaum als Meisterkomiker produzierten [...]. Aprilscherze machten die Runde. Einem fahrtmüden Kollegen wurde versichert: ›Sei froh, wenn das Schiff den Äquator passiert hat, dann fahren wir viel rascher, denn dann geht's bergab.‹ Und einem ängstlichen Kollegen wurde geraten: ›Versteck deine vielen Zigaretten, am Äquator ist strengste Gepäckskontrolle!‹ Die größte Attraktion aber war die Suche des Äquators mit Hilfe eines Fernglases. Ein findiger Philharmoniker hatte hinter der Linse seines Feldstechers einen Zwirnsfaden gezogen. Er reichte das Glas allen Neugierigen herum, und, siehe da, der nullte Breitengrad war deutlich auszunehmen. So haben die Wiener Philharmoniker den Äquator entdeckt.«

Felix Weingartner schildert seriösere Reiseeindrücke in seiner Autobiografie: »Es überkam mich eine seltsame Freude, als ich auf der Fahrt in mein Hotel, in den Straßen der tropischen Stadt mit mächtigen Lettern ›Wiener Philharmoniker‹ angekündigt las. Ein erwartungsvolles Publikum füllte das Teatro Municipal bis zum letzten Platz. Die zahlreichen stattlichen Erscheinungen und Charakterköpfe des Orchesters, das trotz der Leiden des Krieges eine würdevolle Haltung bewahrt hatte, wirkten überraschend und suggestiv, noch ehe eine Note erklungen war. Wir durften eine Reihe von künstlerischen Festen feiern, die meine auf diese Reise gesetzten Hoffnungen voll erfüllten.« Eine Hoffnung Weingartners, die enttäuscht wurde, war jene auf eine persönliche Wiedereinladung, doch davon später.

Am 19. Juli 1922 gaben die Wiener Philharmoniker ihr erstes Konzert außerhalb Europas, 33 weitere sowie vier Opernvorstellungen, Wagners *Ring des Nibelungen* im Teatro Colón, folgten. Bei einer Probe im Opernhaus von Buenos Aires stellte der Oboist Johann Strasky fest, dass Weingartner den *Donauwalzer* sehr hastig dirigierte, und wandte sich mit einer verschlüsselten Botschaft an diesen: »Das Parkett hat eine gefährliche Akustik. Hier herinnen klingen die Walzer viel zu schnell.« Weingartner lächelte, verstand und mäßigte das Tempo beim abendlichen Konzert.

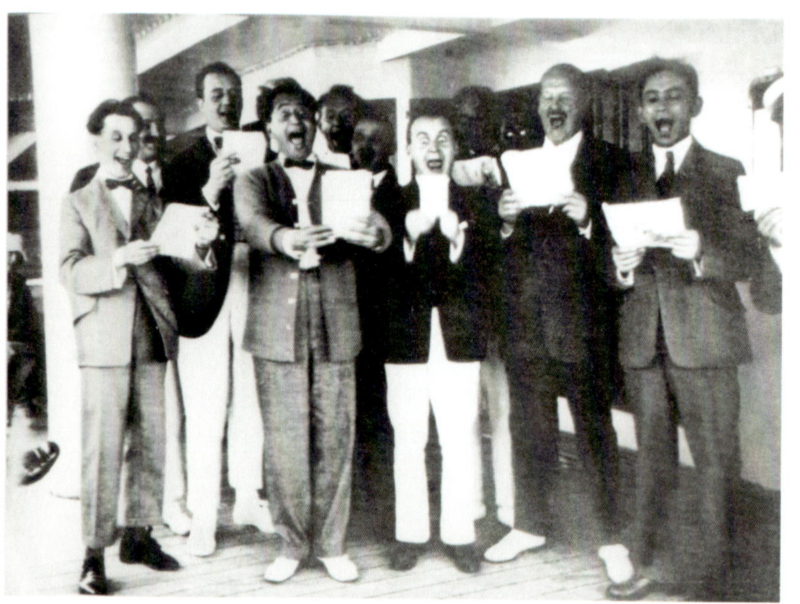

Ausgelassene Stimmung an Bord. Unterwegs zum ersten Südamerika-Gastspiel singen Josef Geringer, Jacques van Lier, Victor Polatschek und Friedrich Buxbaum (erste Reihe).

Im Jahr darauf scharen sich die Philharmoniker, nunmehr seriös, vor dem Teatro Municipal in Rio de Janeiro um den Dirigenten Richard Strauss.

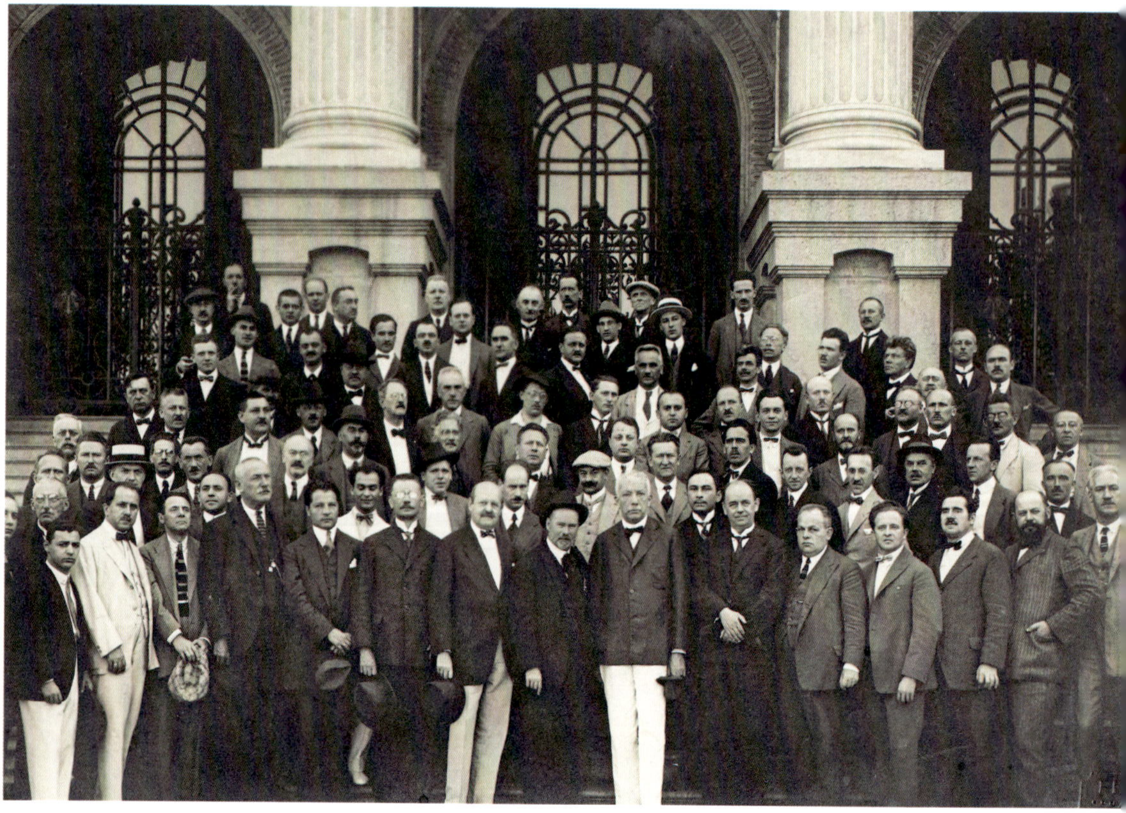

Ein Kollege, der Bratschist Eugen Hüttner, ließ sich in Argentinien als Geigenlehrer nieder, was der Geiger Daniel Falk in seinem Tagebuch fantasievoll kommentierte: »Hüttner bleibt in Amerika; sein noch in Wien gefaßter Plan bei seinem Onkel in einer Fabrik in Nordamerika zu arbeiten, wird bei dieser ›Gelegenheit‹ verwirklicht. Er reitet zu Pferd mit einem Bekannten von Süd- nach Nordamerika, durch Felder und Wälder. Glück auf!« Der Geschichte vorgreifend, sei darauf hingewiesen, dass Daniel Falk selbst im Jahre 1940 vor dem NS-Terror nach Amerika flüchtete und sich in New York niederließ.

Im Jahr darauf wurde das Südamerika-Unternehmen wiederholt, auf Wunsch der Veranstalter aber mit einem neuen Dirigenten. Ausgerechnet Weingartners Erzfeind, Operndirektor Richard Strauss, leitete nun die Philharmoniker – und hatte nicht nur Freude mit dem Orchester, in dem zuletzt Mahler, zweieinhalb Jahrzehnte zuvor, personell »aufgeräumt« hatte. Strauss schrieb an Schalk: »Ich habe in den jetzigen Konzerten reichlich Gelegenheit, die Schwächen unseres Orchesters zu studieren …« Man veranlasste 17 Neuaufnahmen in den folgenden drei Jahren, die zu einer abermaligen Verjüngung des Orchesters führten.

Erstmals wurde ein Werk Anton Bruckners in Buenos Aires gespielt. »War er Österreicher?«, erkundigte sich ein begeisterter Besucher nach dem Konzert beim Hornisten Karl Stiegler. »Sogar Oberösterreicher!«, erwiderte dieser stolz. »Sehen Sie, so komponieren bei uns die Bauern.«

Von der zweiten Südamerika-Tournee 1923 berichtet auch Hugo Burghauser eine hübsche Anekdote. Nach 32 Konzerten unter Richard Strauss stand noch ein Auftritt in Bahia bevor, doch der Meister »war als Operndirektor bereits von Wien reklamiert worden und entschloß sich seinem Wiener Amt zuliebe, das letzte Konzert auszulassen. Er fuhr einfach weiter, während das Orchester pflichtgemäß in einer Freiluftarena unter dem Sternenhimmel des Südkreuzes spielte. Als Dirigent fungierte Alexander Wunderer, der trotz Spitzbart und Glatze als ›Ricardo Strauss‹ einen stürmischen Erfolg erntete.«

Doch es ist nicht nur Erfreuliches zu berichten: Drei Philharmoniker überlebten die Tournee nicht. Der Geiger Karl Knoll schied durch Selbstmord aus dem Leben, der Klarinettist Franz Behrends und der Kontrabassist Eduard Madensky wurden durch Lungenentzündungen dahingerafft.

Lebensfreundschaft mit Richard Strauss

Schon 1902, vier Jahre bevor er das Orchester dirigierte, nannte es Strauss »das beste und schönst klingende Europas«. Seinem Philharmoniker-Debüt beim Salzburger Mozartfest 1906 folgte am 16. Dezember desselben Jahres sein erstes Abonnementkonzert – mit Bruckner, dem er nicht sehr zugetan war. Nach mehreren gemeinsamen Konzerten lud der Komponist die Philharmoniker im Juni 1910 zur Richard-Strauss-Woche nach München, wo sie erstmals *Don Juan* unter der Leitung von dessen Schöpfer spielten.

Das Engagement von Strauss an die Staatsoper 1919 ging nicht ohne Anfeindungen vonseiten des Orchesters ab, doch bald kam es zur Versöhnung. An die Uraufführung der Wiener Fassung von *Ariadne auf Naxos* (1916) reihte sich eine weitere Strauss-Weltpremiere, die der Komponist als »eines der schönsten Ruhmesblätter in der Geschichte des Orchesters« bezeichnete: *Die Frau ohne Schatten* (1919). Die Uraufführungen unter anderem der *Bürger als Edelmann-Suite* (1920) und des Balletts *Schlagobers* (1924) folgten.

Im Sommer 1922 nahmen die Wiener Philharmoniker zum ersten Mal an den Salzburger Festspielen teil, deren »Kunstrat« neben Max Reinhardt, Franz Schalk, dem *Jedermann*-Autor Hugo von Hofmannsthal und dem Ausstatter Alfred Roller auch Richard Strauss angehörte. Er dirigierte in jenem Sommer Aufführungen von Mozarts *Don Giovanni* und *Così fan tutte*.

Mit dem Orchester stand Strauss auf freundschaftlichem Fuße. Er schätzte auch die Produkte des Nebenberufswinzers Franz Mairecker, den er aus der Gruppe der Primgeigen ans Konzertmeisterpult geholt hatte. Einmal unterbrach Strauss eine Probe mit dem an Mairecker gerichteten Satz: »Herr Konzertmeister, ich hab kan Wein mehr.«

Auch nach seiner Demission als Operndirektor 1924 blieb Richard Strauss als meistgepflegter moderner Komponist und vielbeschäftigter Dirigent in Wien und Salzburg präsent; und auch mit dem Ball der Wiener Philharmoniker ist sein Name untrennbar verbunden.

Der erste Philharmonikerball

Selbstbewusstsein, oder, wie es der seit 1923 amtierende Vorstand Alexander Wunderer formulierte, »Standes-Bewusstsein«, sollte mit der Initiative zur Schau gestellt werden: Die Philharmoniker luden »Mitglieder der Regierung, die Spitzen der Behörden, der Gemeinde, der Kunst und Wissenschaft, der Finanzwelt und des Bürgertums zu ihrem Repräsentationsfest und empfinden damit, dass sie in ihrer gesellschaftlichen Bedeutung allen großen Institutionen gleichwertig sind«.

Der erste Philharmonikerball fand am 4. März 1924 statt, natürlich im Wiener Musikverein. Die bis heute bei jeder Eröffnung gespielte *Fanfare* hatte man bei Richard Strauss in Auftrag gegeben, er widmete sie »den lieben, herrlichen Wiener Philharmonikern«. Weingartner schäumte im Vorfeld, dirigierte aber trotzdem den berühmtesten aller Walzer, *An der schönen blauen Donau.* Der Dichter (und zweimalige Burgtheater-Direktor) Anton Wildgans verfasste einen *Vorspruch zum Fest* im Ballbüchlein, welches als Damenspende überreicht wurde. Der erste Vers sei, als zeitlose Huldigung an die Wiener Philharmoniker, hier wiedergegeben:

> Euch liebt die Heimat und euch ehrt die Welt!
> Wann immer wir des Besten uns besinnen,
> Nach dem man eines Volkes Reichtum zählt,
> Da können wir getrost mit euch beginnen.

Der Reingewinn des Balles, 60 Millionen Kronen (in der neuen, wenige Tage zuvor eingeführten Währung 6000 Schilling, rund die doppelte Jahresgage eines Orchestermusikers), wurde dem Nicolai-Fonds zugeführt. Bis 1931 existierten die Philharmonikerbälle – beim vorläufig letzten dirigierte Strauss persönlich die Uraufführung seines Orchesterstücks *Kampf und Sieg* –, bis die immer kritischere Wirtschaftslage die Abhaltung verunmöglichte. Erst nach dem Zweiten Weltkrieg wurde die Tradition wieder aufgenommen.

Das Ende der Ära Weingartner

Felix Weingartner galt als einer der überragenden Beethoven-Interpreten seiner Zeit. Auch die Werke von Brahms zählten zu seinem Kompetenzbereich. Für Bruckner, französisches und slawisches Repertoire setzte er sich weniger ein. Hingegen fanden sich wiederholt eigene Werke auf den Programmen. Zu seinem Missfallen musste er sich in der Gunst des Publikums wie des Orchesters dem verstorbenen Gustav Mahler und dem sehr lebendigen Richard Strauss geschlagen geben.

Novitäten waren, abgesehen von Strauss-Werken, nicht sehr dicht gesät. Im Februar 1925 – die Abonnementkonzerte waren noch fest in der Hand Weingartners – stand Franz Schalk bei der ersten Aufführung von Strawinskys *Le sacre du printemps* am Pult – der Skandal blieb nicht aus, auch weil die Vorbereitung zu wünschen übrig ließ.

Im Juni/Juli 1925 fand eine ausgedehnte Deutschland-Tournee statt, die laut Hellsberg »der Propaganda für den Anschluss Österreichs an die Weimarer Republik diente«. Sie stand ausgerechnet unter der Leitung zweier Dirigenten, denen der später vollzogene »Anschluss« die Arbeit in Österreich verunmöglichte: Erich Kleiber und Bruno Walter. Im Mai 1927 verabschiedete sich Felix Weingartner, um Konservatoriums- und Konzertdirektor in Basel zu werden, dirigierte allerdings bis 1937 noch mehrmals das Orchester.

Eine kurze Ära Furtwängler

Es war das Verdienst Alexander Wunderers, mit Wilhelm Furtwängler einen der Großen für drei Jahre als Abonnementdirigent zu binden. Allerdings war der nunmehrige »Ständige Dirigent« durchaus sprunghaft in seinen Terminzusagen und »nebenbei« auch Chefdirigent der Berliner Philharmoniker, weshalb es gut war, Franz Schalk als »Mitdirigenten« in der Hinterhand zu haben. Nach dem Abgang von Richard Strauss leitete Schalk die Wiener Staatsoper bis 1929 alleine. Als er zum Generalmusikdirektor ernannt wurde, meinte er: »Direktor meinetwegen, aber lassen Sie den ›General‹ weg, vielleicht bleibt dann mehr Musik übrig.« Die berühmten letzten Worte des 1931 Verstorbenen, »Achtet mir auf meine Philharmoni-

ie Philharmoniker mit ranz Schalk in Salzburg 928)

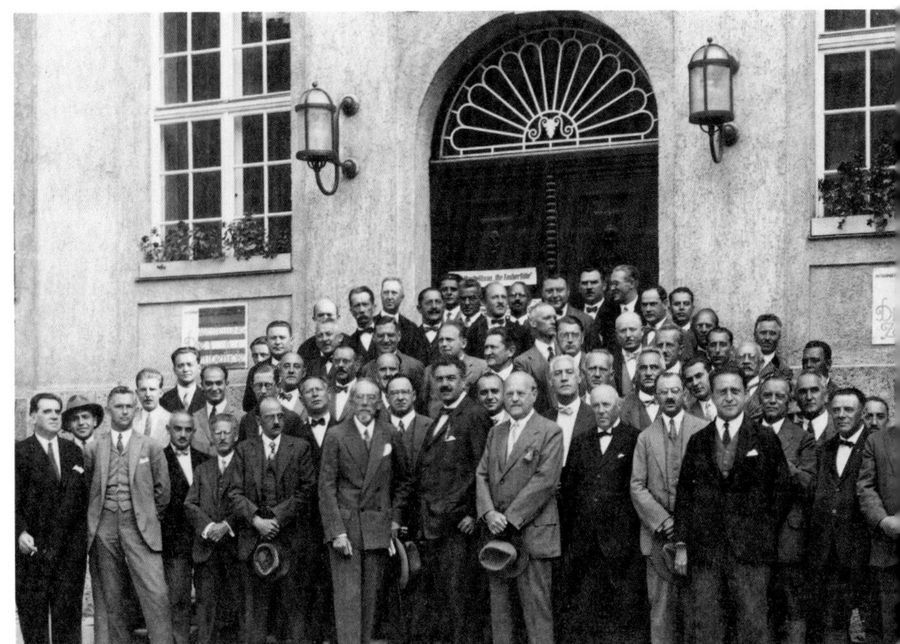

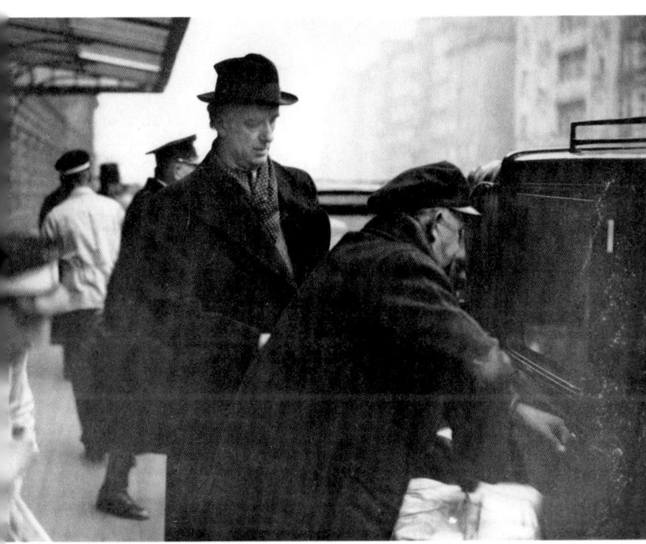

Ständig unterwegs: der viel beschäftigte Wilhelm Furtwängler am Bahnhof

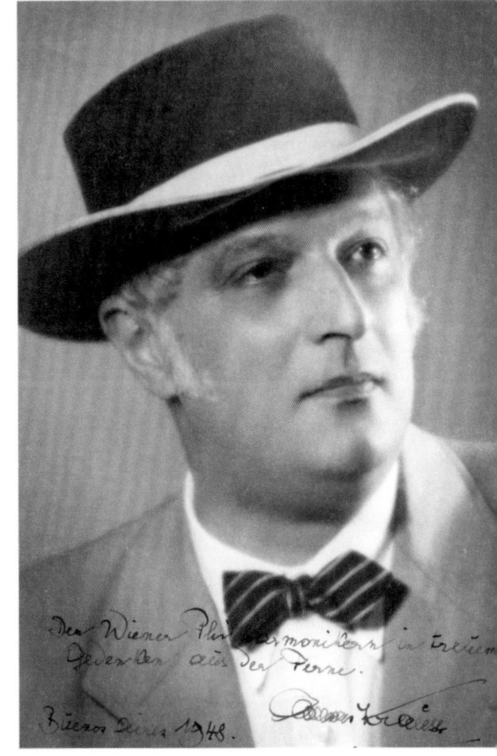

Operndirektor und letzter Chefdirigent der Wiener Philharmoniker: Clemens Krauss

ker«, zieren die Franz-Schalk-Medaille. Dieses Ehrenzeichen wird seit 1963 von den Wiener Philharmonikern an Persönlichkeiten verliehen, die sich besondere Verdienste um das Orchester erworben haben.

Furtwängler profilierte sich rasch als Wiener Publikumsliebling und wichtiger Reisedirigent, der das Orchester unter anderem nach Budapest, in mehrere deutsche Städte und nach London führte. Pläne, den »Ständigen Dirigenten« der Philharmonischen Konzerte ab 1930 für weitere drei Jahre zu binden sowie ihn zum Wiener Operndirektor zu machen, scheiterten indes am Widerstand seines Stammsitzes Berlin.

Der letzte feste Abonnementdirigent: Clemens Krauss

Man fand eine »alte« Lösung. Seit dem Ausscheiden Weingartners aus der Hofoper 1911 waren die Ämter des Operndirektors und des Abonnementdirigenten nicht mehr in einer Hand gewesen. Nun wurde man beim neuen Staatsoperndirektor fündig, dem erst 36-jährigen Clemens Krauss, der bereits 1924 erstmals die Philharmoniker dirigiert hatte. Er war ehemaliger Meisterschüler des Wiener Konservatoriums und Intimus von Richard Strauss, der an seiner Ernennung mitgewirkt hatte. Von der Frankfurter Oper kommend, handelte sich Krauss prompt den Spitznamen »Frankfurtwängler« ein. Das »Original« behielt sich mit dem jährlichen Nicolai-Konzert übrigens einen Fuß in der Tür; bis in sein Todesjahr 1954 dirigierte es Furtwängler mit wenigen Ausnahmen.

Mit einer ausgeprägten Hinwendung zur Moderne, sowohl in der Staatsoper als auch bei den Philharmonischen Konzerten, verspielte Krauss viele Sympathien, beim Publikum und auch beim Orchester selbst. Eine vielsagende Anekdote bezieht sich auf den Cellisten Oskar Saubermann, der anlässlich der *Wozzeck*-Erstaufführung (März 1930) unter der Leitung des Hausherrn meinte: »Bei der Oper müssen sie nach dem 1. Akt frische Freikarten ausgeben!«

Zu einem Verkaufsrückgang kam es auch bei den Abonnementkonzerten, woran zu einem Teil die Weltwirtschaftskrise, fraglos aber auch der fortschrittliche Kurs verantwortlich war: Über ein Drittel zeitgenössischer Werke standen auf dem Programm, darunter die *Rhapsodie für Orchester und Saxophon* von Debussy, *Pacific 231* von Arthur Honegger, Schönbergs *Verklärte Nacht*, Bergs *Lyrische Suite* und – mit nicht geringerer Erschütterung als bei der Erstaufführung unter Schalk – *Le sacre du printemps.* Auch Prokofjew und Hindemith trafen nicht den Geschmack eines Publikums, das um die Jahrhundertwende Mahlers Symphonien ausgezischt hatte …

Krauss zog einen klaren Strich und verließ Wien 1934, um Direktor der Berliner Staatsoper und später (1937–1944) Generalintendant in München zu werden. Damit diente er sich – ohne je NSDAP-Mitglied gewesen zu sein – den neuen Machthabern in Deutschland an, was man ihm in Österreich lange nicht verzieh. Von 1935 bis 1938 wurde er auch nicht zu den Salzburger Festspielen eingeladen und kehrte zu den Philharmonikern erst zurück, als Österreich zu existieren aufgehört hatte.

Merlin resümiert, dass in Krauss »einer der mutigsten und modernsten künstlerischen Leiter der Wiener Philharmoniker« zu sehen sei. Und: »Es ist durchaus eine paradoxe Situation, dass ein Orchester, das sich so sehr auf seine wienerische Identität beruft, seinen einzigen echten Wiener Chefdirigenten mit der größten Feindseligkeit behandelt hat.« Umgekehrt wusste Krauss, was er den »Wienern« zu verdanken hatte: »Daß die mir durch das Orchester der Wiener Philharmoniker überlieferten Tempi und Phrasierungen der Symphonien von Johannes Brahms von diesem selbst gewollt waren, ist wohl nicht anzuzweifeln.«

Blaukopf sieht mit dem Ende der kurzen Ära Krauss auch einen Endpunkt in der Repertoire-Aufgeschlossenheit des Orchesters: »Die Wiener Philharmoniker waren eigentlich schon mit dem Abgang von Clemens Krauss aus der Musikgeschichte des 20. Jahrhunderts ausgetreten, und die Kunstpolitik des Dritten Reichs tat ein Übriges, um das Repertoire auf das Altbewährte zu fixieren.«

Obwohl man sich bis in die 1950er-Jahre nicht vollends vom Gedanken eines »Hauptdirigenten« verabschiedete, brach nach Krauss für die Wiener Philharmoniker eine Ära an, die bis heute andauert: jene der Gastdirigenten. Der Architekt dieses neuen Systems hieß Hugo Burghauser.

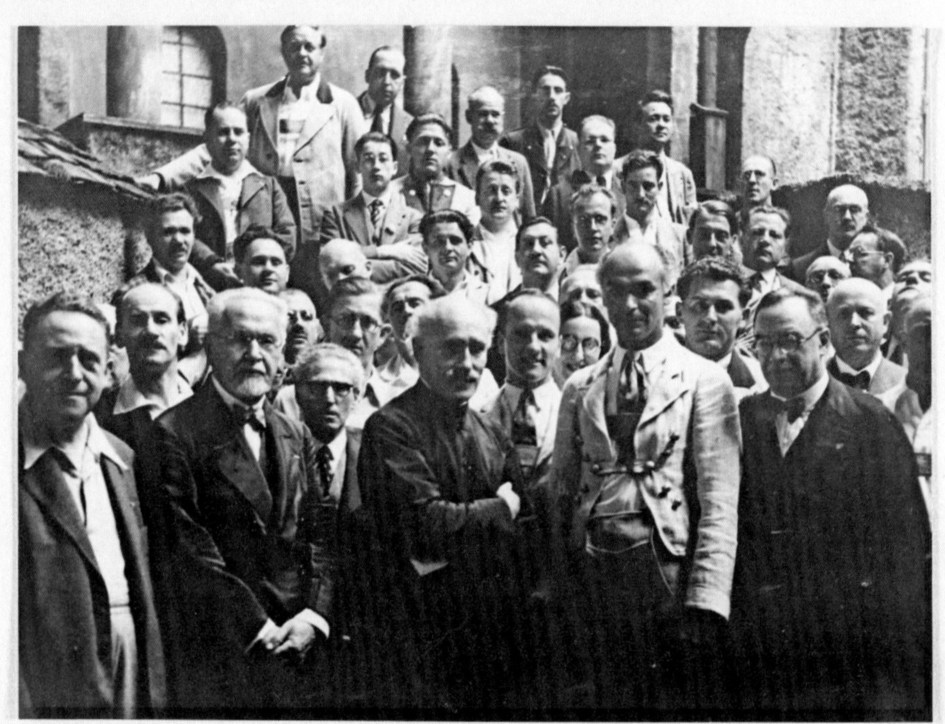

Arturo Toscanini (Mitte) und sein Orchester. Zu seiner Rechten Arnold Rosé, zu seiner Linken (in heller Jacke) Hugo Burghauser

Last der Geschichte und Aufbruch in eine neue Zeit

Faschismus, Krieg und Wiederaufbau (1933–1955)

Hugo Burghauser, Fagottist und Philharmonikervorstand der Jahre 1933 bis 1938, »regierte« mit großen Visionen, zu deren Durchsetzung er autoritäres Gehabe und Kompetenzüberschreitungen nicht scheute. So verfasste er – ohne Legitimation durch das Orchester – ein an das Unterrichtsministerium gerichtetes Memorandum zur Absetzung des Staatsoperndirektors Clemens Krauss.

Der Eintritt Arturo Toscaninis bei den Salzburger Festspielen 1934 war ebenfalls einer Initiative Burghausers zu verdanken. Da den Philharmonikern damals aber noch kein Mitspracherecht bei den Festspielen zustand, trug ihm dieser eigenmächtige Schritt eine vorübergehende Außerdienststellung samt Disziplinaruntersuchung ein, bis er durch den Unterrichtsminister und späteren Bundeskanzler Kurt Schuschnigg rehabilitiert wurde.

Mit der Verhinderung der Uraufführung von Ernst Kreneks Oper *Karl V.* (die erst 1984, unter der Leitung des einstmals von den Nationalsozialisten vertriebenen Dirigenten Erich Leinsdorf zur Erstaufführung an der Wiener Staatsoper kam) spielte Burghauser der »Kulturpolitik« der braunen Machthaber Deutschlands in die Hände. Zwar stand er als Mitglied der »Vaterländischen Front« in erbitterter Opposition zu den Nationalsozialisten, doch war er zugleich Exponent des in Österreich bis 1938 herrschenden totalitären Systems, das selbst faschistische Merkmale trug.

Vorboten und Nachwirkungen

Die Jahre 1938 und 1945 gelten als Anfangs- beziehungsweise Endpunkt des Nationalsozialismus in Österreich. Die »Machtergreifung« der Nationalsozialisten in Berlin 1933 wurde in Österreich allerdings sofort und nicht erst mit dem »Anschluss« im März 1938 fühlbar, prägte die Stimmung und provozierte Sympathie oder Abwehr.

Noch 1933 wurde die NSDAP in Österreich verboten, doch illegale Parteimitglieder wie Wilhelm Jerger und Helmut Wobisch saßen, Seite an Seite mit Juden, unter den Wiener Philharmonikern. Kontrabassist Jerger war ab 1932 NSDAP-Mitglied und wurde nach dem »Anschluss« von den Machthabern sofort als kommissarischer Leiter des Orchesters eingesetzt. Zwischen Dezember 1939 und Mai 1945 war Jerger der erste und letzte Orchestervorstand, der »von oben« bestimmt wurde. Über ihn, der seinen slawischen Namen geändert hatte, kursierte der Witz: »Hast du gehört, der Jerger hat sich in Deutschland einen Namen gemacht.« – »So?« – »Ja, er hat früher Jeržabek geheißen!«

Auch Trompeter Wobisch war ein »schweres Kaliber« (Oliver Rathkolb), ab 1933 bei der NSDAP, ab 1943 SS-Mitglied im Range eines Unterscharführers. Seine große Zeit im Orchester kam erst deutlich nach dem Krieg. Angesichts der überraschenden Machtfülle einiger »Ehemaliger« im freien Österreich und des schleppenden Prozesses der Aufarbeitung, der erst in den 1980er-Jahren in Gang kam, lässt sich 1945 kein »Endpunkt« festsetzen.

Manche Fakten stimmen nachdenklich, ohne dass wir sie als gezielte Vorbereitung der nationalsozialistischen Gräuel interpretieren dürfen: Die Geiger Daniel Falk, Josef Geringer und Heinrich Schwarz (dieser verstarb schon 1935) waren im September 1920 die letzten Juden gewesen, die ins Orchester aufgenommen wurden – mit der Ausnahme von Ricardo Odnoposoff, einem Sonderfall, von dem noch die Rede sein wird. Bereits Jahre vor dem »Anschluss« war der Anteil der Juden im Orchester auf ein historisches Tief gesunken: 1935 betrug er nur mehr 12%.

Ein Einzelschicksal? Der Klarinettist Viktor Schmidl ging 1936, nur 37-jährig, wegen eines Augenleidens in Frühpension. Ein weiterer Grund für den freiwilligen Rückzug dürfte gewesen sein, dass er, »der Auskunft seines Sohnes Peter zufolge, als Sozialdemokrat die politische Atmosphäre im Orchester in diesen vom Austrofaschismus geprägten Jahren nicht mehr ertrug« (Merlin). Es ist also nicht abwegig, Schmidl zu den ersten Opfern des Faschismus in unserem Orchester zu zählen.

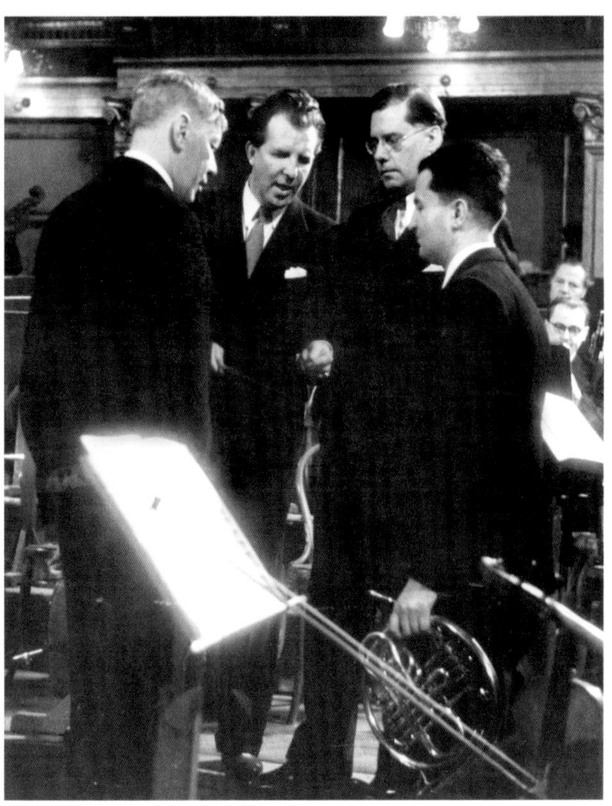

1942 im Musikverein:
Hans Knappertsbusch,
Wilhelm Jerger, Karl Böhm.
Rechts im Bild Hornist
Leopold Kainz …

… und noch ein Parteimitglied:
Helmut Wobisch

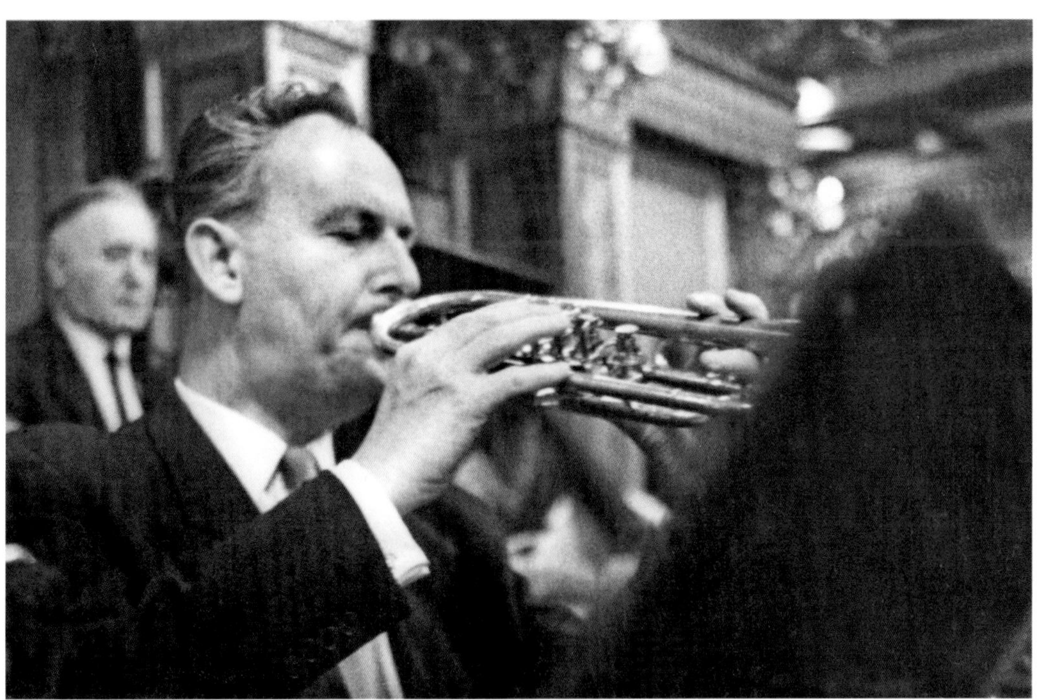

Der »Maestro assoluto«

Der neue Vorstand Burghauser wusste die Politik der ihm verhassten Nazis zum Vorteil der Philharmoniker zu nützen. Er prägte die beginnende Ära der Gastdirigenten mit der Einladung in Deutschland nicht geduldeter Dirigenten wie Bruno Walter und Otto Klemperer. Letzterer war wegen exorbitanter Gagenforderungen nur selten Gast des Orchesters, schenkte diesem aber ein besonderes Kompliment: »Gespielt wird in aller Welt, musiziert nur in Wien.« Auch Carl Schuricht und der 26-jährige Herbert von Karajan zählten zu den Dirigenten, die in den 1930er-Jahren neu hinzukamen. (1937 debütierte Karajan mit *Tristan und Isolde* übrigens auch an der Wiener Staatsoper.)

Das spektakulärste Debüt aber war jenes von Arturo Toscanini bei einem »Außerordentlichen Philharmonischen Konzert« im Oktober 1933. Toscanini, geboren am 25. März 1867 und damit fast auf den Tag genau 25 Jahre jünger als unser Orchester, galt als Präzisionsfanatiker. Dennoch wurde er von dem Orchester, das Pultdiktatoren sonst nicht goutiert, sofort ins Herz geschlossen. Der Italiener erwiderte die Gefühle und nannte es »miei cari Filarmonici di Vienna che ho imparato a aprezzare e amare« (»meine lieben Wiener Philharmoniker, die ich schätzen und lieben gelernt habe«). Auch Salzburg prägte der »Maestro assoluto« »als antinationalsozialistisches Schaufenster. Versteckt hinter diesem lobenswerten Ziel stand aber noch ein anderes: Hollywood an der Salzach, […] oder Salzburg als die Heimat der Stars und Snobs« (Stephen Gallup).

Die Chronik zählt 32 Salzburger und eine Wiener Opernaufführung (*Fidelio*) unter Toscanini sowie 46 von ihm geleitete Konzerte der Philharmoniker. »Da diese 79 Auftritte mit rund 120 Proben verbunden waren, dirigierte er die Philharmoniker ca. 200-mal – genug, um sie in jenen vier Jahren zu ›seinem‹ Orchester zu machen.« (Hellsberg)

Ehrenmitglieder und Probenverweigerer

Der ehemalige philharmonische Cellist Franz Schmidt leitete 1935 ein nur seinen Werken gewidmetes Konzert. Er sowie der Pianist Wilhelm Backhaus, Bruno Walter, Arturo Toscanini und Richard Strauss wurden zu

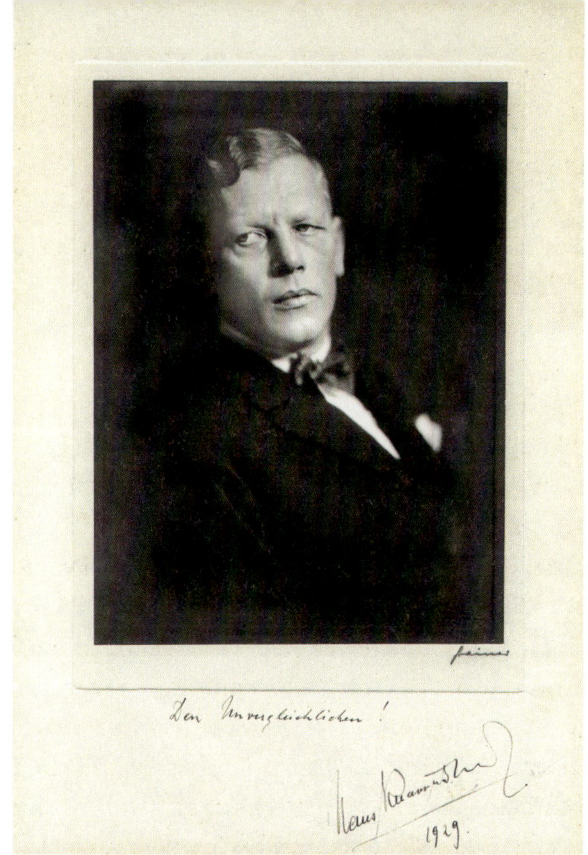

Hans Knappertsbusch widmete den Wiener Philharmonikern sein Foto 1929: »Den Unvergleichlichen«.

Ehrenmitgliedern des Orchesters ernannt. Felix Weingartner kehrte wieder und tat dem Männerorchester das Unglaubliche an: Er schickte zu einer Konzertprobe in Padua seine Frau, die Dirigentin Carmen Studer, als Vertretung, was Burghauser als »Terror« bezeichnete.

Auch Hans Knappertsbusch zählte zu den geschätzten Dirigenten jener Zeit. »Kna« war in Deutschland keineswegs verboten, lebte dank seiner saloppen Art aber in ständiger Spannung mit den Nationalsozialisten. Knappertsbusch-Anekdoten sind Legion: Er nannte *Parsifal* die »Bayreuther Lokalposse«, meinte nach einem Furtwängler-Konzert in Salzburg auf die Frage, wie es ihm gefallen habe: »Leider gut!« und wuchs den Philharmonikern besonders durch seine Abscheu vor Proben ans Herz. Vor einem Konzert in Düsseldorf mit Bruckners Vierter sollte er eine Probe abhalten, meinte aber gelassen: »Sie kennen das Werk, ich kenne den Saal, das genügt. Wir sehen einander heute Abend!«

Nicht nur eine Steigerung der Zahl außerordentlicher Konzerte in Wien und Salzburg zwischen 1934 und 1937 gelang Burghauser (Solistenkonzerte mit Sergej Rachmaninow, Bronislaw Huberman und Fritz Kreisler zählten zu den Höhepunkten), sondern auch »die Vereinigung der künstlerischen Antipoden Toscanini und Furtwängler, den peinlich genauen Interpreten dessen, was in den Noten steht, und den mystischen Entdecker dessen, was nicht in den Noten steht, in einem Jahresprogramm« (Blaukopf).

Toscanini sagt ab

Die engere Bindung Furtwänglers an Salzburg und die Philharmoniker alarmierte Bruno Walter, und er sandte am 4. Februar 1938 aus St. Moritz einen Brief an den »Carissimo amico Toscanini«: »Die Ausstrahlung Furtwänglers ist – zumindest für mich – politisch, persönlich und künstlerisch unerträglich, insbesondere in Salzburg. [...] Furtwängler hat nur einen Gedanken: sich selbst, seinen Ruhm, seinen Erfolg. Er ist ein begabter Mann mit persönlichem Gewicht, aber einem bösen Herzen, was sich auch in seinem Musizieren ausdrückt. [...] in der Tat handelt es sich um eine Intrige Furtwänglers gegen Sie, gegen mich, gegen den Geist Salzburgs, und es ist nötig, davon zu wissen und entsprechend im höheren Interesse zu handeln« (zitiert nach Harvey Sachs).

Bereits unmittelbar nach Bekanntwerden des »Berchtesgadener Abkommens«, das Hitler im Februar 1938 dem österreichischen Kanzler Schuschnigg diktiert hatte und das unter anderem zur Wiedergenehmigung der Nationalsozialistischen Partei in Österreich führte, sagte Toscanini seine Mitwirkung an den Salzburger Festspielen ab. Dass auch glühende Demokraten Ausnahmen machen können, hatte Toscanini 1934 bewiesen, als er zum Gedenken an den von Nationalsozialisten ermordeten, aber dennoch antidemokratischen österreichischen Bundeskanzler Engelbert Dollfuß in der Wiener Staatsoper Verdis *Requiem* dirigiert hatte. Nun aber blieb der Dirigent hart – und kehrte auch nach 1945 nicht mehr ans Pult der Philharmoniker zurück.

Der gut vorbereitete »Anschluss«

Auch die Arbeit der Philharmoniker als Filmorchester ist unter die »Kontinuitäten« zu buchen, die vor 1938 begonnen hatten und bis nach 1945 dauerten. Der philharmonische Geiger Franz Bartolomey erinnerte sich: »Am Tag des

Einmarsches der deutschen Truppen in Österreich waren wir für Musikaufnahmen auf dem Rosenhügel* bestellt – rund 60 Musiker unseres Orchesters saßen zur Aufnahme bereit in der Dekoration, doch es war niemand zu konzentrierter Arbeit fähig. Marschmusik tönte aus allen Lautsprechern.«

Der Opernregisseur Carl Ebert schilderte die dramatischen Tage des 11. und 12. März 1938, an welchen die nationalsozialistische Machtergreifung in Österreich vollzogen wurde, in einem Brief, der in der ungläubigen Frage mündet: »… wo kommen so plötzlich diese Tausenden von Fähnchen her?« Der Umsturz – mitsamt der Verteilung der Hakenkreuzfähnchen – war gut vorbereitet. Burghauser wurde umgehend seines Amtes enthoben, der »Neue« Wilhelm Jerger wählte Otto Strasser als Geschäftsführer.

Sofortige Säuberungen

Obwohl die »Nürnberger Rassengesetze« in Österreich erst am 28. Mai in Kraft traten, begann Staatsoperndirektor Erwin Kerber in vorauseilendem Gehorsam sofort, die »rassisch« nicht genehmen Personen durch Suspendierung und darauffolgende Pensionierung aus der Oper zu entfernen. Da es aber statutenmäßig festgehalten war (und ist), dass nur Angehörige des Staatsopernorchesters auch Mitglieder der Wiener Philharmoniker sein dürfen, hatte dies auch den Ausschluss aus dem Verein zufolge. Merlin stellt fest, »dass die Philharmoniker keinerlei Anstrengungen unternommen haben, um ihre Vereinskollegen etwa durch Statutenänderung zumindest vorübergehend zu halten«. Immerhin wurden 1939, als einzige Aktion zugunsten der Ausgegrenzten, den Kollegen Abfertigungen zugesprochen.

Nach Entfernung von neun »Volljuden« wurden 13 »Mischlinge« und »Versippte«, also mit »Rassejüdinnen« verheiratete Musiker, ins Visier genommen. Einen Sonderfall bildete der in Buenos Aires geborene Konzertmeister Richard (Ricardo) Odnoposoff, der als »Ausländer ohne Ariernachweis« galt. Er war 1933 von Clemens Krauss ohne Probespiel auf die Konzertmeisterposition in der Staatsoper gesetzt worden. Da es ihm »trotz aller Bemühungen« nicht gelang, den »Nachweis seiner arischen Abstammung in Russland« zu erbringen, schied der junge Virtuose im beiderseitigen Einver-

* Filmstudio in Wien

ständnis aus dem Dienst. Er startete eine internationale Solokarriere, sein Nachfolger wurde Willi Boskovsky. 1956 ließ sich Odnoposoff als Lehrer an der Musikakademie wieder in Wien nieder. (Erst in unserem Jahrtausend sollte die Staatsoper wieder einen Konzertmeister mit südamerikanischen Wurzeln bekommen: Der brasilianisch-deutsche Geiger José Maria Blumenschein trat am 1. September 2016 die Nachfolge Rainer Küchls an.)

Die »Furtwängler-Liste«

Im August 1938 schickte Wilhelm Furtwängler an Staatsoperndirektor Kerber ein Schreiben (auch »Furtwängler-Liste« genannt), das um »Weiterbelassung« von neun Musikern ersuchte. Auf der Liste befand sich Hugo Burghauser, der schon am 12. März von Jerger mit der Einweisung nach Dachau bedroht worden war; von seiner Frau, der jüdischen Ballettmeisterin und Regisseurin Margarethe Wallmann, ließ er sich noch 1938 scheiden. Weiters auf der Liste: der Geiger Theodor Hess, der Hornist Gottfried Freiberg, der Posaunist Josef Hadraba, der Klarinettist Rudolf Jettel, die Cellisten Richard Krotschak (Solo) und Karl Maurer sowie die Solobratschisten Ernst Morawec und Otto Rieger. Der Bratschist Erich Weis, der Geiger Leopold Föderl und der Paukist Arthur Schurig, obwohl »volljüdisch-versippt« und daher ebenfalls bedroht, fanden sich nicht auf der Liste. Weis verblieb, obwohl »Mischling«, dank Naheverhältnis zur NSDAP im Orchester, Schurig wurde mit Berufsverbot belegt, konnte sich aber mit Substitutendiensten im Orchester zunächst über Wasser halten. Föderls Exklusion »dürfte ein Fall von Intrigen und Mobbing gewesen sein« (Mayrhofer). Doch auch die mit »Sondergenehmigungen« im Orchester Verbliebenen standen permanent unter Druck und waren »von einer Gleichberechtigung mit dem Rest der Philharmoniker [...] jedenfalls weit entfernt« (Mayrhofer).

Ohne die Maßnahmen der »Vertreibungsbürokratie« und die persönlichen Martyrien hier in allen Einzelheiten nachvollziehen zu können (dies leistet das Buch *Orchestrierte Vertreibung* von Bernadette Mayrhofer und Fritz Trümpi), sollen ein paar Schlaglichter auf die Schicksale der Verfolgten geworfen werden.

Die Ermordeten

Auch zwei in Wien verstorbene Personen sind als Opfer der Gewalt zu betrachten: Anton Weiss wurde 1940, nach mehreren Delogierungen, 64-jährig von einem Schlaganfall dahingerafft. Paul Fischer musste sich nach 39 Dienstjahren mit einer stark verminderten (Zwangs-)Pension einverstanden erklären, wurde delogiert und erkrankte schwer. 1942 starb er mit 66 Jahren im jüdischen Krankenhaus in der Malzgasse. Sein »verwahrlostes Grab am Kahlenberger Friedhof wurde [Jahre später] durch Zufall von einem pensionierten Mitglied der Wiener Philharmoniker [Horst Münster] entdeckt und […] wird seither im Auftrag der Wiener Philharmoniker gepflegt« (Mayrhofer).

Im Oktober versuchte Wilhelm Jerger mit einem Schreiben an den General-Kulturreferenten Walter Thomas fünf jüdische Kollegen vor der Deportation ins Konzentrationslager zu bewahren (Abb. nächste Seite). Der Versuch scheiterte – alle wurden sie Opfer des Holocaust.

Moriz Glattauer wurde pensioniert, delogiert und in eine »jüdische Sammelwohnung« umgesiedelt, landete schließlich im Lager Theresienstadt, wo der 73-Jährige 1943 starb; seine Frau Anna wurde im Jahr darauf in Auschwitz ermordet.

Nach vier erzwungenen Übersiedlungen wurde das Ehepaar Viktor und Elsa Robitsek 1941 nach Łodz deportiert, wo sie ein Jahr später ums Leben kamen.

Max Starkmann, nach 27 Dienstjahren zwangspensioniert, unternahm im Sommer 1938 einen Versuch, im Orchester der Oper Stockholm unterzukommen – die Bewerbung wurde abgewiesen. Auch in seinem Falle folgte auf mehrere Delogierungen die Deportation, gemeinsam mit seiner Frau Elsa, in einem Massentransport. Sofort nach ihrer Ankunft im Vernichtungslager Maly Trostinec im Oktober 1942 wurden die beiden exekutiert.

Konzertmeister Julius Stwertka, 1902 noch von Gustav Mahler aus Hamburg an die Wiener Staatsoper geholt, war 1938 bereits im Ruhestand. Der einflussreiche Lehrer (die vertriebenen Geiger Daniel Falk und Josef Geringer zählten zu seinen Schülern) wurde ebenfalls mehrmals delogiert und 1942 nach Theresienstadt deportiert, wo er mit einem Streichquartett zur »Freizeitgestaltung« spielte. Noch im selben Jahr verstarb er, seine Frau und die beiden Kinder endeten in Auschwitz.

23.Oktober 41.

Herrn Generalreferenten
Walter T h o m a s ,
W i e n I.
Ballhausplatz 2.

Herr Generalreferent,

zu meinem Bedauern muß ich nochmals mit einer Bitte zu Ihnen kommen.

Es handelt sich um 5 ehemalige jüdische Mitglieder, die fast ein Menschenalter der Staatsoper und den Philharmonikern angehört haben. Ich würde bitten, in Anbetracht der langjährigen Verdienste - Tyroler war lange Zeit Leitungsmitglied der Philharmoniker und bekam seinerzeit den Ehrenring der Gemeinde Wien, Stvertka war bis zu seiner Pensionierung im Jahre 1937 Konzertmeister der Staatsoper und der Philharmoniker, sowie Professor an der Akademie. Eine Reihe von Geigern im Orchester sind seine Schüler.

Ich wäre Ihnen dankbar, wenn sich, was diese 5 alten Mitglieder betrifft, eine Regelung in der Frage der Verschikkung in die Wege leiten ließe und gebe Ihnen nachstehend die Namen bekannt:

68 Armin Israel Tyroler, IX., Georg Sigelgasse 9/8
64 1/2 Viktor Israel Robitschek, Pension Zenz, VIII., Alserstr.21.
(54) 61 Max Israel Starkmann, II., Rembrandtstrasse 6/7
71 Moritz Israel Glattauer, I., Annagasse 3 I.St.
69 Julius Israel Stwertka, III., Udetgasse 4.

Heil Hitler!

Ihr

sehr ergebener

Jerger

Der vergebliche Versuch des Vorstandes Wilhelm Jerger, seine Kollegen vor dem Konzentrationslager zu bewahren

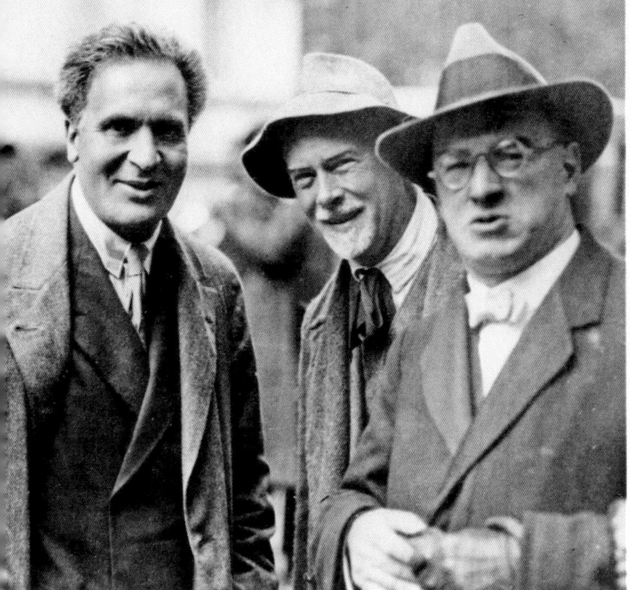

Moriz Glattauer

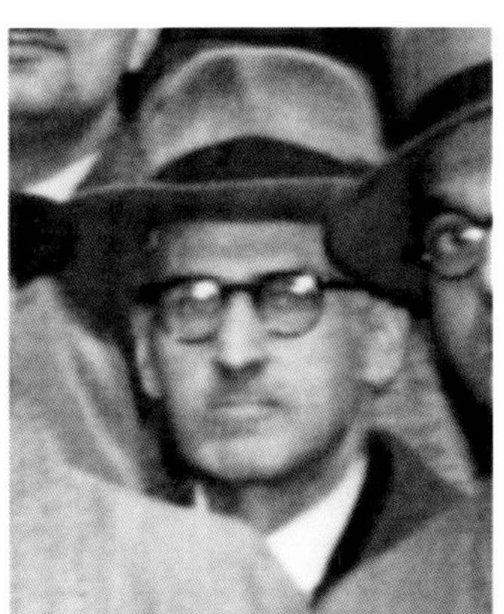

'uno Walter, Alexander
'underer und Anton Weiss,
ktor Robitsek (rechts),
llius Stwertka (unten)

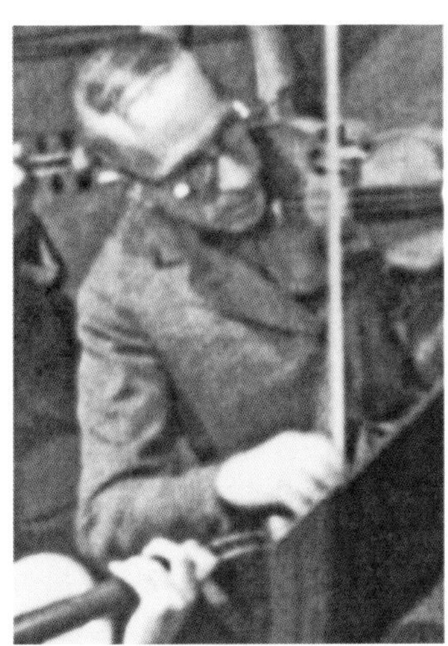

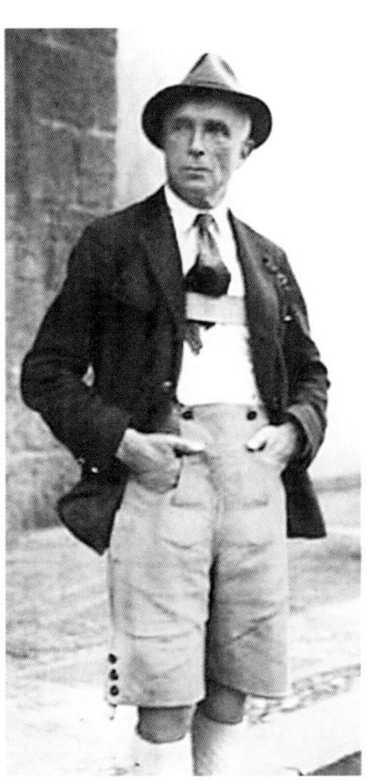

Armin Tyroler

Der Oboist Armin Tyroler, ebenfalls noch von Mahler engagiert, war eine hochgeachtete Persönlichkeit. Für sein soziales Engagement wurde er unter anderem als erstes Orchestermitglied 1933 mit dem Ehrenring der Stadt Wien ausgezeichnet. Er half 1938 »wesentlich bei der Finanzierung der Flucht seiner Tochter und ihrer Familie« (Trümpi) aus Wien, sich selbst konnte Tyroler nicht retten. Gemeinsam mit Stwertka wurde er nach Theresienstadt deportiert, wo er noch musizierte, bis er, 71-jährig, nach Auschwitz gebracht und dort 1944 vergast wurde.

Die Vertriebenen

Acht Philharmoniker – wenn man Odnoposoff nicht hinzurechnet – konnten ihr Leben durch Flucht retten. Auf die entwürdigenden und finanziell stark belastenden Prozeduren, denen sich die »Auswanderer« unterziehen mussten, folgte die ungesicherte Position in den Ankunftsländern, wo man Flüchtlinge keineswegs immer mit offenen Armen empfing. Die Schweiz betrachtete sich als bloßes Transitland (auf Anregung der Schweizer Regierung wurde auch der berüchtigte »J-Stempel« zur Kennzeichnung der Reisepässe deutscher Juden eingeführt), in Großbritannien herrschte ein generelles Arbeitsverbot für zugewanderte Musiker, in den USA eine halbjährige Berufssperre.

Hugo Burghauser flüchtete über Budapest, Zagreb, Mailand (wo er bei Toscanini Unterschlupf fand) und Paris nach New York. Dort stellte er »die Wirkungskraft seiner künstlerischen und politischen Persönlichkeit in den Dienst verschiedener exilpolitischer Aktivitäten bürgerlich-konservativer Exilorganisationen« (Mayrhofer), darunter der »Austrian Action«, und musizierte mit den vertriebenen Geigern Ludwig Wittels, Berthold Salander und Josef Geringer bei den selbst gegründeten »Salzburg Players«. Das Exilantenmotto »Hitler's First Victim Fights for Freedom« wurde übrigens nach dem Krieg zur »Schuldabwehr« (Trümpi) der im Lande Verbliebenen missbraucht. Burghauser arbeitete als Musiker und Lehrer in Toronto, kam dank seiner guten Kontakte zu Toscanini beim von diesem geleiteten NBC Symphony Orchestra in New York unter und wurde schließlich von 1943 bis zu seiner Pensionierung 1965 Mitglied des Orchesters der Metropolitan Opera.

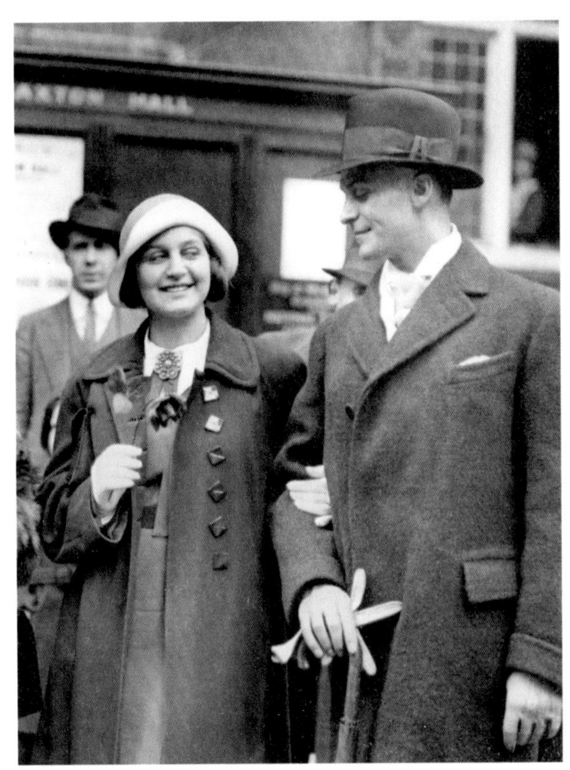

Ein Bild aus besseren Tagen: Hochzeit Hugo Burghausers mit Margarethe Wallmann

Salander konnte, dank der Unterstützung durch den deutsch-amerikanischen Bankier Gerald F. Warburg, mit einem der letzten Flüchtlingstransporte im Mai 1941 Österreich verlassen. Er vermochte im New Yorker Exil nicht Fuß zu fassen, erkrankte chronisch und verstarb 1959. Falk, Geringer und Wittels kamen immerhin im Orchester der Metropolitan Opera unter. Bei dem ehemaligen Wunderkind Wittels wirkten sich die erlittenen Kränkungen in völliger Berufsunfähigkeit und einer tödlichen Krankheit aus, er verstarb 1956. Falk, der bei seinem Ausreiseantrag 1938 als »Reiseziel: alle Städte der Welt« angegeben hatte, und Geringer verstarben beide hochbetagt in New York. Geringer war es gelungen, den Schrecken des KZ zu entrinnen: Seine Freundschaft ausgerechnet mit dem Nazi-Vorstand Jerger (unter dessen Leitung er auch mehrmals konzertiert hatte), der 1939 Geringers Freilassung aus Dachau erwirkt hatte, rettete sein Leben.

Die Galionsfiguren: Buxbaum und Rosé

Zwei »Galionsfiguren« (Merlin) des Orchesters waren die ersten, die 1938 aus ihm entfernt wurden. Der fast 70-jährige Solocellist Friedrich Buxbaum flüchtete im Herbst 1938 nach London, der langjährige Konzertmeister Arnold Rosé folgte, bereits 75-jährig, im Jahre 1939. Erst mit der von dem Dirigenten Sir Adrian Boult unterstützten Neugründung des Rosé-Quartetts fanden sie wieder ein musikalisches Standbein. Man spielte an Wochentagen die »Lunch-Time-Concerts« in der National Gallery und auch Exilveranstaltungen zum 100-Jahr-Jubiläum der Philharmoniker im Frühjahr 1942.

Rosé, seit 1881 Konzertmeister der Hof- beziehungsweise Staatsoper, war »nach 57 Jahren Oper, 56 Jahren Quartett und 44 Jahren Hofmusikkapelle in den Ruhestand versunken, ohne Sang und Klang«, wie er dem befreundeten Geiger Carl Flesch schrieb. Noch 1935 war er zum Ehrenmitglied der Philharmoniker ernannt worden, nun distanzierte sich auch der vermeintliche Freund Richard Strauss von ihm, Rosés Frau Justine verstarb im August 1938. Von Toscanini und Bruno Walter finanziell unterstützt, konnte er sich in London über Wasser halten, bis ihm die Quartett-Auftritte neuen Lebensmut gaben. Rosé verstarb 1946 in London. Er erfuhr noch von der Ermordung Starkmanns, Robitseks und vor allem seiner Tochter Alma, eineinhalb Jahre, nachdem sie 1944 in Auschwitz-Birkenau zu Tode gekommen war. »Buxbaum berichtete ihm auch, dass eine überwältigende Mehrheit der Nationalsozialisten weiterhin im Verband der Wiener Philharmoniker tätig sein konnte.« (Mayrhofer)

Buxbaum erlebte noch das England-Gastspiel der Philharmoniker unter Bruno Walter im September 1947. »Ziel dieser Good-will-Tournee war es, die Reputation Österreichs zu verbessern […] sowie das philharmonische Orchester selbst international zu rehabilitieren« (Mayrhofer). Walter sprach die gerne zitierten Worte von der »Weltgeschichte«, welche die Philharmoniker mit dieser Reise geschrieben hätten, und auch der Jude Buxbaum durfte wieder »seinen alten Platz im Orchester« einnehmen, wozu ihn Vorstand Alfred Boskovsky freundlich einlud. Burghauser überliefert die Worte, mit denen sich »Bux« bei den alten Kollegen einfand: »Ich hab' euch stimmen hören. Es klang wunderbar rein. Ganz judenrein.«

Das Rosé-Quartett:
Paul Fischer, Arnold
Rosé, Friedrich Buxbaum,
Anton Ruzitska

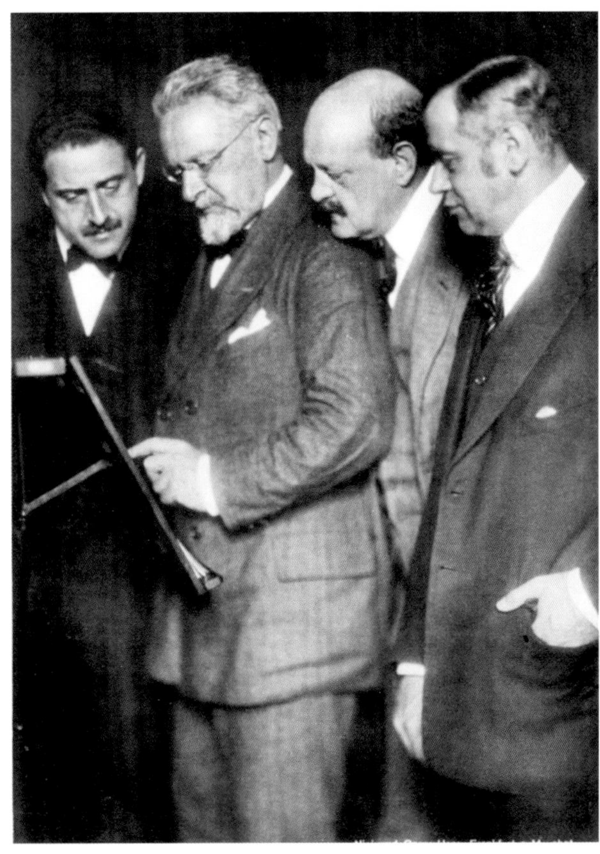

Rosé mit
Max Starkmann und
Josef Geringer

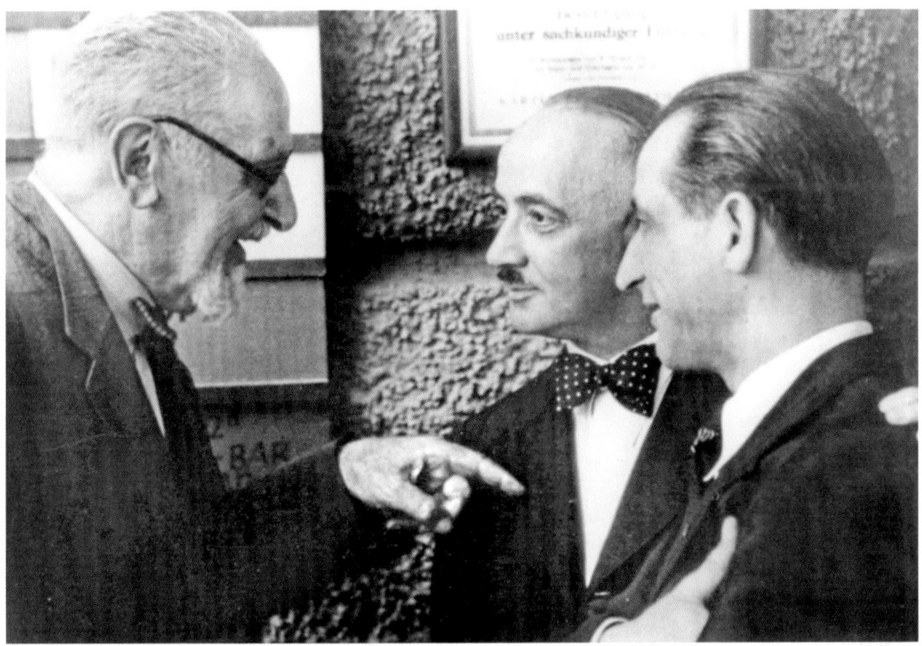

Im Jahr darauf leitete Wilhelm Furtwängler (der, so Mayrhofer, »nach Ablauf seines Berufsverbotes ab November 1947 wieder seine unantastbare dominierende Rolle als Dirigent – insbesondere als Reisedirigent der Wiener Philharmoniker inne« hatte) die London-Tournee des Orchesters. Er erteilte Buxbaum, der wieder zur Mitwirkung eingeladen gewesen war, eine Absage: Der 79-jährige Cellist litt unter Alterszittern. Tief getroffen davon, dass er nach Furtwänglers Meinung »ein Fehler in dem schönen Gewebe dieses herrlichen Orchesters zu sein scheine«, erlag Buxbaum am folgenden Tag einem Herzschlag. Erst sechs Jahre später konnte sich das Orchester dazu durchringen, der Witwe Buxbaums Pensionszahlungen zu genehmigen.

»Sonderfälle«: Jettel und Föderl

Rudolf Jettel, ein Hausmeistersohn, der sich über den Dienst bei Unterhaltungskapellen zum Soloklarinettisten der Philharmoniker, Komponisten und hochgeschätzten Lehrer einer Generation von Musikern emporgearbeitet hatte, stand auf Furtwänglers Liste und wurde, obwohl mit einer Jüdin verheiratet, vorläufig im Dienst belassen. »Was geht mich der Krieg an? Ich scheiß auf den Krieg!« Dies hatte Rudolf Jettel angesichts der Gagenreduktionen zugunsten der »Winterhilfe Danzig« im September 1939 öffentlich geäußert. Der Schlagwerker Georg Raimund und der Hornist Leopold Kainz (Gründer der »Betriebszelle Oper«, des Sammelbeckens für illegale Nazis, und nun Obmann des Staatsopernorchesters) denunzierten Jettel bei Operndirektor Kerber, der den »Übeltäter« umgehend suspendierte. Nach wenigen Tagen wurde Jettel wieder ins Orchester zurückgeholt, da Furtwängler auf seine Mitwirkung bei *Till Eulenspiegel* von Richard Strauss bestand.

Für den Rest seiner philharmonischen Karriere blieb Jettel auf Distanz zu den Kollegen, die ihn beinahe um die Existenz gebracht hätten. Dennoch hat er es nicht bereut, ein Mitte der 30er-Jahre an ihn herangetragenes Angebot ausgeschlagen zu haben: der »Radio Waltz King« Marek Weber lud ihn ein, beim NBC Orchestra Unterhaltungsmusik zu spielen. Als Jettel und Weber einander nach dem Krieg begegneten, meinte der Dirigent: »Mein Saxophonist ist steinreich geworden!« Der Musiker erwiderte: »Alexander Girardi hat schon gesagt, man kann keine goldenen Grießnockerln essen. Und so ist es auch bei mir!«

Der ebenso brillante Geiger Leopold Föderl hingegen fehlte auf der rettenden Liste Furtwänglers und wurde bereits vor dem »Anschluss« suspendiert: Burghauser hatte ihn als »Nihilisten« und »Anarchisten« beschimpft, weil er eine überlange Probe unter Furtwängler beanstandet hatte. Seine »direkte Art und seine liberale politische Einstellung« (Mayrhofer) machten ihn sowohl für die Austrofaschisten als auch für die Nationalsozialisten untragbar. Föderl flüchtete und wurde Dirigent und Lehrer in Chicago. Seine Rückkehr nach 1945 wurde ihm jedoch schwer gemacht, während »eine recht bedeutende Anzahl der ›Kollegen‹, die mich aus der Heimat jagten, nach wie vor in Amt und Würden sind«, wie Föderl 1947 in einem Brief schrieb. In demselben Jahr geweckte Hoffnungen, als Dirigent an die Staatsoper im Theater an der Wien engagiert zu werden, wurden von Direktor Franz Salmhofer zunichtegemacht. 1954 ließ sich Föderl als Violinpädagoge der Musikakademie in Wien nieder, wo er 1959 verstarb.

Neuorientierung

Die Opferbilanz ist niederschmetternd: 17 Philharmoniker, davon 13 aktive und vier Pensionisten, wurden Opfer des Regimes. Neun gingen ins Exil, fünf wurden in Konzentrationslagern ermordet, zwei starben in Wien, einer verblieb hier. Nicht nur die Säuberungen, auch die allgemeine Orientierung in Richtung NS-Deutschland wurde schnell vollzogen: Man reiste mit Wilhelm Furtwängler im April 1938 nach Berlin, man bootete Artur Rodziński aus und vertraute dafür Knappertsbusch das Abonnementkonzert im Mai an, man konzertierte mit Richard Strauss, der in NS-Deutschland bereitwillig für Bruno Walter und Arturo Toscanini eingesprungen war. Abermals unter Furtwängler gastierten die »Wiener« beim NSDAP-Parteitag in Nürnberg mit den *Meistersingern* – Adolf Hitler zeigte sich begeistert.

Das Schreckgespenst einer Auflösung des Vereins Wiener Philharmoniker als Vereinigung mit versicherungsähnlichem Charakter zog im Dezember 1938 schnell vorüber; härter war der Kampf um die freie Dirigentenwahl, die Joseph Goebbels ein Dorn im Auge war. Der dominierende Furtwängler zeigte sich auch hier hilfreich, ebenso wie ab 1940 der neue Reichsstatthalter Wiens, Baldur von Schirach. Eine Satzungsänderung wurde befohlen, der Vereinszweck hatte auf »Pflege der Orchestermusik in höchster Vollendung« zu lauten. Jerger bestätigte diese programmatische Rückwendung: Nicht »Zeitgenossen zu fördern, sondern das Beste und Schönste der Gesamtorchesterliteratur in vollendeter Form aufzuführen«, sei Aufgabe des Orchesters – und ist es wohl bis heute geblieben.

Dirigentenkontinuität

Während Österreich dem »Tausendjährigen Reich« angehörte, fanden 57 Philharmonische Konzerte statt. Blickt man über das Jahr 1945 hinaus, so zeigt sich eine erstaunliche Kontinuität der beschäftigten Dirigenten. Furtwängler, Chefdirigent der Berliner und ab 1940 »ständiger Dirigent« der Wiener Philharmoniker, war 1938 bis 1954 der Meistbeschäftigte mit 55 Abonnementkonzerten, gefolgt von Knappertsbusch (28), der bis 1963 zumindest ein Konzert pro Saison dirigierte. Krauss kehrte erst 1944 zurück ins Abonnement (zehn Jahre hatte die Versöhnung gedauert!) und dirigierte nach Ablauf des Berufsverbots (1947) bis zu seinem Tode (1954) 16-mal. Karl Böhm, von Furtwängler akzeptiert, kam auf zwölf, Karajan, von Furtwängler gehasst, auf vier Abo-Konzerte ab seinem Debüt im Jänner 1946. Im März erhielt der »belastete« Karajan jedoch Berufsverbot, ein »Philharmonisches« mit ihm musste wenige Stunden vor der Generalprobe abgesagt werden.

Beim ersten Musikvereinskonzert Furtwänglers nach der Aufhebung seines Berufsverbots im November 1947 kam es zu einem Handgemenge, währenddessen der russische Posten vor dem Hotel Imperial einen Warnschuss abgab. Der von politischen Aktivisten besetzte Saal wurde geräumt, mit einer Stunde Verspätung konnte das Konzert stattfinden.

Zum Bruch mit Karajan kam es 1950, als Furtwängler Bachs *Matthäus-Passion* im Musikverein, die er abgegeben hatte, wieder für sich reklamierte, nachdem Karajan die Einstudierung übernommen hatte. Furtwängler drohte – nicht zum ersten Mal –, nie mehr in Wien aufzutreten, worauf die Philharmoniker auf Karajan verzichteten; dieser sollte das Orchester erst sechs Jahre später wieder dirigieren.

Trotz der politischen Umbrüche kann man die Jahre 1938 bis 1954 als Einheit in der Orchestergeschichte, als die »Ära Furtwängler« betrachten. Auch die anderen erwähnten Dirigenten, die allesamt mehr oder weniger ein Naheverhältnis zum NS-Regime hatten, überstanden die angebliche Zeitenwende am Pult der Philharmoniker unangefochten. Böhm, der letzte Staatsoperndirektor der NS-Zeit, wurde auch der erste Direktor des Hauses im freien Österreich. Ihm sollte es zufallen, Beethovens *Fidelio* am 5. November 1955 im neu errichteten Operngebäude zu dirigieren.

Auch der Nazi-Sympathisant Willem Mengelberg wurde in den 1930ern mehrmals zu Abonnementkonzerten eingeladen. Von den Philharmonikern wurde er »Bemängelberg« genannt, weil er gerne die Musiker schulmeisterte. So wies er den Klarinettisten Leopold Wlach an, sein Instrument in Spielpausen nicht senkrecht aufs Knie zu stellen, sondern waagerecht zu legen. Das ließ der selbstbewusste Wlach (der nach 1945 auf der Liste der »Unersetzlichen« stand) nicht auf sich sitzen: »Meister, ich schreibe Ihnen ja auch nicht vor, wie Sie den Taktstock halten sollen, wenn Sie *nicht* dirigieren!«

Die Hundertjahrfeier

In einem vierwöchigen Fest mit nicht weniger als zwölf Konzerten besann man sich 1942 der Gründung unseres Orchesters durch Nicolai. Böhm, Knappertsbusch, Strauss, Krauss und natürlich Furtwängler dirigierten, Letzterer hielt auch eine legendäre Rede am 28. März im Wiener Musikverein. Viel zitiert sind seine Worte: »Wenn ein amerikanisches Orchester im höchsten Sinne das darstellt, was für Geld, für sehr viel Geld, zu haben ist, so sind unsere Philharmoniker etwas, das – so wie sie sind – für kein Geld der Welt zu schaffen, zu haben, zu ersetzen wäre.«

Dass Furtwängler damit den »amerikanischen« Orchestern die Tradition (die New Yorker wurden ebenfalls 1842 gegründet!) und den Wienern die guten Gagen absprach, fällt weniger ins Gewicht; bedeutsamer ist die Stellungnahme gegen Ideen, die Wiener so wie die Berliner Philharmoniker unter staatliche Kuratel zu stellen: »Gerade im neuen Deutschland möge man sich bewusst sein, welch unvergleichlichen Schatz man in den Wiener Philharmonikern besitzt und wie man mit ihnen zugleich die Verpflichtung übernommen hat, dieses Gut zu hegen und weiterhin wirkend zu machen.«

Man überreichte Baldur von Schirach aus nachvollziehbarer Dankbarkeit den Ehrenring. Weniger nachvollziehbar ist, dass 25 Jahre später, nach-

(42)

Wien 18. Februar 1942.

Meine lieben Philharmoniker!

Zu Ihrem schönen Feste kann ich heute nur mit herzlichen Worten gratulieren.
Die klingende Gabe, die ich den lieben Freunden und Kunstgenossen zum seltenen
Jubelfeste zugedacht hatte, kann, so eifrig ich mich darum bemühte, zum gewünschten
Termin leider nicht fertig werden. Gedanke setzt sich nicht mehr so rasch in
Melodie um, wie bei den großen alten Meistern. Ich bitte deshalb
um Geduld, bis mein Geschenk seiner Empfänger würdig ist, auf daß es
in Ihrer Erinnerung der lebendige Ausdruck meiner Liebe und Bewunderung bleibe.
Die Philharmoniker preisen heißt Geigen nach Athen tragen. Doch schätze
ich das Piano der Bläser, den Glanz ihres Forte und die unerbittliche
Pauke nicht minder.
Ihre künstlerischen Leistungen werden von den begeisterten Zuhörern
der ganzen Welt bejubelt. Ich möchte mein Lob heute nur in
zwei kurze Sätze fassen: „Nur wer die Wiener Philharmoniker
dirigiert hat, weiss, was sie – sind"!
Doch das bleibt unser eigenstes Geheimnis!
Ihr versteht mich schon: Ihr – wie ein Stück!
Mit tausend guten Wünschen

Ihr dankbar getreuester

Dr. Richard Strauss.

»Geburtstagsbrief« von
Richard Strauss an das
Orchester (1942)

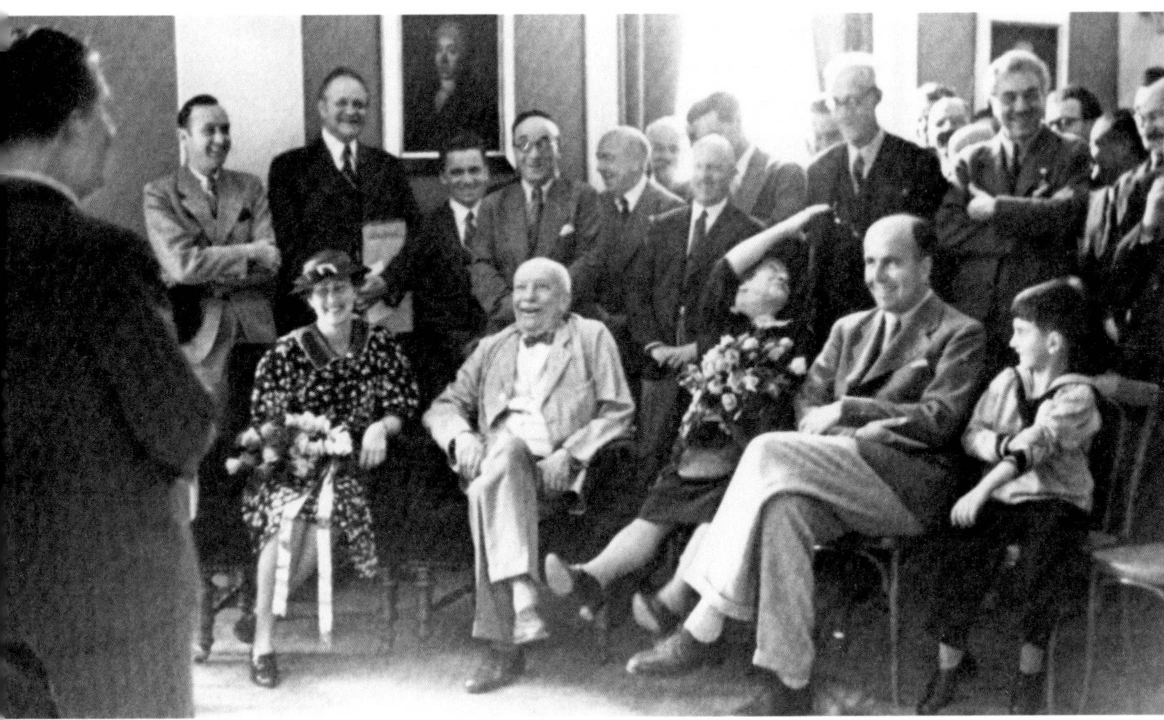

Geburtstagsfeier für den Meister 1939: Richard Strauss zwischen Schwiegertochter Alice und Ehefrau Pauline, daneben Sohn Franz und Enkel Christian

dem Schirach aus der Kriegsverbrecherhaft entlassen worden war, ein Abgesandter der Philharmoniker ihm ein Duplikat des Ehrenringes überbrachte! Es ist nicht mehr feststellbar, auf wen diese Initiative zurückging, sie bleibt jedenfalls ein Schandfleck in der Nachkriegsgeschichte des Orchesters.

Als Akt der Auflehnung (oder doch als Versehen?) kann es gelten, dass eine 1942 erschienene Orchestergeschichte die »nichtarischen« Mitglieder aufzählte, ohne sie zu kennzeichnen; dies wurde nach Drucklegung durch einen Beilagezettel »korrigiert«, schließlich wurde der Band verboten.

Abschied von Strauss und Pfitzner

Richard Strauss sandte einen freundschaftlichen »Geburtstagsbrief« an das Orchester: »Die Philharmoniker preisen, heißt Geigen nach Wien tragen. Doch schätze ich das Piano der Bläser, den Glanz ihrer Harfen und die unerbittliche Pauke nicht minder. […] Ich möchte mein Lob heute nur in zwei kurze Sätze fassen: Nur wer die Wiener Philharmoniker dirigiert hat, weiß, was sie – sind! Doch das bleibt unser eigenstes Geheimniß! Ihr versteht mich schon: hier – wie am Pult!«

Strauss feierte mit den Philharmonikern seinen 75. und seinen 80. Geburtstag (1939 beziehungsweise 1944), wobei er auch eigene Werke dirigierte. Als letzte Freundschaftsbezeigung übersandte er dem Orchester 1949, knapp vor seinem Tode, das letzte Skizzenblatt zur Tondichtung *Donau*, mit der Entschuldigung, dass er sein »Donauversprechen« nicht mehr erfüllen konnte.

Im März 1949 wurde Hans Pfitzner zum Ehrenmitglied der Philharmoniker ernannt. Der Vorstand wollte dem greisen Komponisten den Lebensabend in Wien ermöglichen und erhielt dafür ein kostbares Geschenk: die Originalpartitur seiner Oper *Palestrina*. Schon im Mai verstarb Pfitzner, das Autograf bleibt eines der Prunkstücke des Philharmonikerarchivs.

»Propaganda-Instrument Wiener Philharmoniker«

Unter diesem Titel listet Hellsberg die »zweckgebundenen« Veranstaltungen auf, an denen das Orchester in der NS-Zeit teilgenommen hat: 424 Konzerte zugunsten von NS-Organisationen und für Wehrmachtsangehörige in den besetzten Ländern. Diese Aktivitäten intensivierten sich mit zunehmender Kriegsdauer, auch um die Orchestermitglieder vor dem Dienst an der Front zu bewahren. Das »fleißigste« Orchester des »Großdeutschen Reichs« erreichte sogar eine Vergrößerung seines Mitgliederstandes in der Oper.

In diesen Zusammenhang gehören auch die ab 31. Dezember 1939 unter Clemens Krauss stattfindenden Neujahrskonzerte, die durch das Vorgaukeln einer heilen Walzerwelt die Augen vom Krieg abwenden sollten. Laut der *Kleinen Volkszeitung* war es die Aufgabe der Wiener Philharmoniker, dass sie der Bevölkerung »künstlerische Ereignisse ersten Ranges schenken und damit der arbeitenden Heimat Halt und Erbauung geben und sie stärken sollen in dieser Zeit erhöhter Sorgen und Nöte«. Diese Aufgabe erfüllten sie ab nun auch am Neujahrsmorgen.

Ende und Neubeginn

Nach Ausrufung des »totalen Krieges« und der Schließung der Staatsoper 1944 (die letzte Vorstellung am Hause war bezeichnenderweise Wagners *Götterdämmerung*) kam es auch zur Einberufung von Orchestermitgliedern. Einen beispiellosen Einschnitt bedeutete die Zerstörung des Opernhauses am siebenten Jahrestag des »Anschlusses«, dem 12. März 1945, durch einen Luftangriff. Dem fließend Russisch sprechenden Konzertmeister und kommissarischen Leiter Fritz Sedlak gelang es, sein Orchester als »Volkssturmeinheit ohne Waffe« von Kampfeinsätzen fernzuhalten; als »Luftschutzkeller-Gemeinschaft« wurden die Musiker nur zu Räumungsarbeiten und Dienst an Verwundeten herangezogen.

»Um den Bomben zu entgehen, zogen die Philharmoniker mitsamt ihren Instrumenten, Archivmaterialien und Noten in die Kellerräume des Burgtheaters. Ein Teil der Noten wurde im Weingut des Konzertmeisters Franz Mairecker untergebracht«, resümiert Merlin die dramatischen letzten Kriegstage. Nach dem Brand des Burgtheaters im April 1945 wurden die Kostbarkeiten wieder in den Musikverein transportiert, wo am 27. April bereits das erste Konzert stattfand. Am Pult: Clemens Krauss, der als einziger namhafter Dirigent in Wien verblieben war und die letzten Konzerte im »Deutschen Reich« dirigiert hatte – ein weiteres Indiz für die Kontinuität auch über die »Stunde null« hinaus. »So kam es, dass er, der Österreich 1933 den Rücken gekehrt hatte, das erste Philharmonische Konzert im befreiten Österreich dirigierte«, und zwar »Schuberts *Unvollendete* als Bekenntnis zur Heimat, die 3. *Leonoren*-Ouvertüre als Fanfare der Befreiung von der Tyrannei und die 5. Symphonie Tschaikowskys als Verneigung vor den Befreiern« (Blaukopf).

Das Jahrzehnt nach Kriegsende war durch intensive Konzert- und Opernarbeit (im Theater an der Wien und in der Volksoper, den »Ausweichquartieren« der zerstörten Staatsoper), aber auch durch intensive Reisetätigkeit im Dienste eines »neu erwachenden« Österreich gekennzeichnet. Neben den (wie vor 1945) bestimmenden Namen Furtwängler und Knappertsbusch nahmen mit Josef Krips, Erich Leinsdorf und Bruno Walter auch einige zuvor »Verfemte« den Platz am Dirigentenpult ein.

Die Verweigerung der Verantwortung

Die Philharmoniker wiesen 1945 knapp 50% NSDAP-Mitglieder auf. Nur fünf Musiker, darunter Wilhelm Jerger, wurden sofort entlassen. Dem Orchester kam es laut Fritz Trümpi auf »unbedingte Schadloshaltung der NSDAP-Mitglieder in den eigenen Reihen« an, die Mehrzahl dieser »ca. 60 Mitglieder« (Merlin) wurde geschützt. Brieflichen Einladungen an die vertriebenen Musiker, ihre Plätze im Orchester wieder einzunehmen, leistete kein Einziger Folge.

Es galt, wie die Zeitung *Neues Österreich* meldete, »ein peinliches Kapitel zu liquidieren« und einen »Trennungsstrich gegenüber dem Gestern« zu ziehen, weshalb sich das Orchester auch zur Abhaltung von Konzerten verpflichten würde, »deren Reinerträgnis den Angehörigen jener Männer aus ihren Reihen zufließt, die 1938 dem Nationalsozialismus zum Opfer fielen«. Mit dieser »Verpflichtung« sollten es die Philharmoniker, wie sich bald zeigte, nicht allzu ernst nehmen.

Auffallend der Anteil von »Ehemaligen« im Komitee des Jahres 1948: »… insgesamt sieben der 13 aufgeführten Funktionäre wiesen eine entsprechende politische Vergangenheit auf.« Zwei Jahre zuvor hatte Leopold Wlach den Satz geäußert: »Jetzt müssen wir noch kuschen, aber bald wird die Zeit kommen, wo wir wieder reden können.« Er sollte recht behalten. Helmut Wobisch kehrte »nach einem kurzzeitigen Ausschluss aus dem Verein per 1. April 1951 in diesen zurück und stieg schon 1952 zum stellvertretenden Geschäftsführer und 1953 zum Geschäftsführer auf« (Trümpi). Seine Trompeterstelle war in seiner Abwesenheit nicht besetzt worden. 1969 gründete der für Orchestertourneen, Konzert- und Plattenverträge überaus erfolgreich tätige Manager das Musikfestival Carinthischer Sommer.

Im Windschatten Wobischs (den Leonard Bernstein übrigens als seinen »Lieblingsnazi« bezeichnete) kehrten auch »zahlreiche NSDAP-Kameraden im Juni 1952 ins Komitee zurück« (Trümpi), darunter der berüchtigte Leopold Kainz. Zu dem ausgeschlossenen Wilhelm Jerger pflegten die Philharmoniker weiterhin enge Beziehungen, gewährten ihm umstandslos rückwirkende Pensionszahlungen und verliehen ihm 1967 die Franz-Schalk-Medaille. Ehemalige Nationalsozialisten, darunter auch Vorstand Otto Strasser, »bildeten bis weit in die 1960er Jahre hinein mitunter sogar die Mehrheit der Komiteemitglieder« (Trümpi).

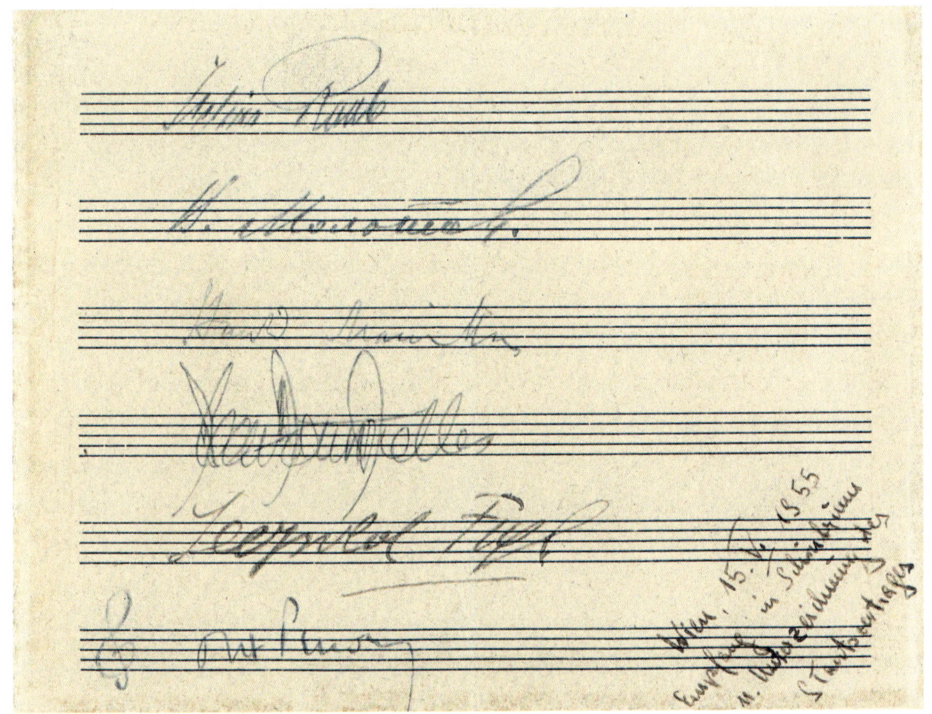

Bei der Unterzeichnung des Staatsvertrages am 15. Mai 1955 sammelte der Bratschist Kurt Anders die Autogramme der Außenminister und des Bundeskanzlers Julius Raab auf einem Notenblatt.

Die Gräben verliefen mitten durchs Orchester: Als der Paukist und ehemalige »Parteigenosse« Hans Gärtner in einer Hauptversammlung eine spöttische Bemerkung machte, wies ihn Josef Hadraba, der nur dank einer Sondergenehmigung die NS-Jahre im Orchester überstanden hatte, mit den Worten zurecht: »Sind Sie ruhig, Sie frecher Nazi!« Der hohe Prozentsatz an »Ehemaligen« bei den Philharmonikern brachte gerade bei der Reiseplanung Probleme, führte aber »keineswegs zu einem Überdenken ihrer ›Entnazifizierungs‹-Auffassung« (Trümpi). Vielmehr lautete der Grundsatz, »daß die Wr. Philharmoniker entweder geschlossen auf Reisen gehen oder gar nicht«. Der versöhnungsbereite Bruno Walter (mit dem man sich »trotz der Emigrantenhetze in Frankreich und England« wieder angefreundet hatte) akzeptierte dies, der unbeugsame Toscanini nicht – man nahm in Kauf, dass er nicht mehr ans Pult des Orchesters zurückkehrte.

Dagegen wurde 1946 ausgerechnet der »verbotene« Herbert von Karajan eingeladen, ein (später abgesagtes) Konzert für den »KZ-Verband« zu dirigieren. Von 61 Konzerten, welche die Philharmoniker zwischen 1945 und 1955 »zugunsten von karitativen, diplomatischen und staatlichen Zwecken abhielten, [...] galten gerade einmal zwei [...] Organisationen von ›KZ-Häftlingen‹«, ein weiteres dem »Landesverband Wien ehemaliger politisch verfolgter Antifaschisten« (Trümpi). Man kann es positiv formulieren: Das Orchester verhielt sich »zukunftsorientiert«, und nichts anderes als ein vorbehaltloses Bekenntnis zum »neuen Österreich« wurde von offizieller Seite verlangt. Kritischer betrachtet, dienten die Philharmoniker vor und nach 1945 der Propaganda, nun aber für ein freies Land.

Zu den Schätzen, die im Notenarchiv der Staatsoper lagern, zählt auch das *Fidelio*-Orchestermaterial, das noch aus der Mahler-Zeit stammt. Der 1937 engagierte Konzertmeister Wolfgang Schneiderhan vermerkte in seiner Stimme, dass Beethovens Freiheitsoper anlässlich des Besuches von Hermann Göring am 27. März 1938 in der Staatsoper gespielt wurde. 1946 notierte Schneiderhan darunter: »Wäre er nie gekommen.« Dieser fromme Wunsch konnte die Tragödie nicht ungeschehen machen ...

Symbolische Gesten

Bereits 1948 taucht die Idee einer Tournee durch Nordamerika auf, doch erst Anfang der 1950er-Jahre konkretisierten sich die Pläne, die auch dem Schallplattenvertrieb in den USA dienen sollten. Die Wunschdirigenten Furtwängler und Karajan erwiesen sich wegen ihrer Vergangenheit als »untragbar«. Nach dem Ableben Furtwänglers 1954 fiel die Wahl schließlich auf die politisch unproblematischen Dirigenten Carl Schuricht und André Cluytens.

Eine strategische Entscheidung war es, den exilierten Kollegen Burghauser, Falk, Geringer, Salander und Wittels die Nicolai-Medaille zu überreichen. Buxbaum hatte die Ehrung schon 1947 in England erhalten. Diesen »symbolischen Gesten« stand die »grundsätzliche Verweigerungshaltung der Philharmoniker« gegenüber, »den aus Österreich Vertriebenen [...] auch materielle Unterstützungsleistungen zukommen zu lassen« (Trümpi). Die Zahlung von Entschädigungen im Vorfeld der Amerika-Tournee begründete Vorstand Hermann Obermeyer damit, dass »wir in Amerika eine Zeit lang ja hauptsächlich in jüdischen Händen« sind, womit wohl die US-Medien gemeint waren. Legitime Pensionsansuchen wie das von Ludwig Wittels wurden als »ganz gemeine, niederträchtige Erpressung« gewertet, während Obermeyer den gebrochenen Berthold Salander wissen ließ: »… persönlich haben Sie es doch eigentlich sehr schön gehabt, keine Bombenangriffe…«

Der Mutter Hans Charwats, des einzigen an der Front gefallenen Philharmonikers, wurde lebenslänglich die volle Pension eines aktiven Mitglieds zugestanden – ein menschlicher Akt. Jedoch, so Trümpi: »Eine vergleichbare Lösung ist für keinen einzigen der im Nationalsozialismus verfolgten Musiker überliefert.«

Laut der Diagnose Trümpis ist mit dem Einzug ehemaliger Nationalsozialisten in die Leitungsgremien der Philharmoniker nicht nur »das teilweise Zurückkehren antisemitischer Überzeugungen«, sondern auch ein »Ausblenden jeglicher ursächlicher Zusammenhänge zwischen Exil und vorangegangener Verfolgung« festzustellen. Die Strategie der »Schuldabwehr« traf sich bedauerlicherweise mit dem offiziellen Geschichtsbild Nachkriegsösterreichs und wurde von dem Versöhnungswillen zahlreicher überlebender Opfer des Nationalsozialismus bestärkt.

Aufarbeitung

Eine konsequente Aufarbeitung der jüngeren Orchestergeschichte kam erst zur Mitte der 1980er-Jahre in Gang. Die umstrittene Figur des Bundespräsidenten Kurt Waldheim, der sich in exemplarisch ungenügender Form seiner Vergangenheit »gestellt« (also diese öffentlich verdrängt) hatte, brachte erstmals das gängige Selbstbild Österreichs als »Hitlers erstes Opfer« ins Wanken. Clemens Hellsberg, Leiter des Historischen Archivs und nachmaliger Vorstand, veröffentlichte 1988 in einem Programmheft die erste Liste der verfolgten und ermordeten Kollegen. Mit seinem 1992 erschienenen Band *Demokratie der Könige* legte er eine gewichtige Arbeit nach.

Akte von hohem Symbolwert wie das Israel-Gastspiel 1988 (in dessen Rahmen der Philharmonikervorstand Werner Resel im »Jerusalem Peace Forest« Bäume für die im Nationalsozialismus ermordeten Kollegen pflanzte) und das Philharmoniker-Konzert in Mauthausen im Mai 2000 mit Beethovens 9. Symphonie unter Simon Rattle dokumentierten die Richtung, in die das Traditionsorchester aufzubrechen gewillt war.

Doch die Debatte wurde durch Publikationen des Grünen-Abgeordneten Harald Walser, der 2012 gegen Vorstand Clemens Hellsberg polemisierte, neu angefacht. Dieser hätte bewusst Lücken in seiner Darstellung der NS-Zeit gelassen, insbesondere durch die Unterschlagung der Episode der neuerlichen Ehrenring-Verleihung an Baldur von Schirach und der Ursprünge des Neujahrskonzertes als Propagandainstrument in der NS-Zeit. Walsers Anwürfe gipfelten in der Frage: »Wann stellen sich die Wiener Philharmoniker endlich ohne Wenn und Aber ihrer Geschichte in der NS-Zeit?«

Die Reaktion folgte prompt. Die bereits länger in diesem Bereich forschenden HistorikerInnen Oliver Rathkolb, Bernadette Mayrhofer und Fritz Trümpi wurden offiziell mit der Aufarbeitung jener Jahre beauftragt, der sie sich schon länger gewidmet hatten. Die Websitepräsentation ihrer Ergebnisse fand im März 2013 statt. Im selben Jahr wurden von den Philharmonikern in Zusammenarbeit mit dem Jewish Welcome Service Nachkommen von Vertriebenen und Ermordeten nach Wien eingeladen. Die Herkunft des Gemäldes *Port-en-Bessin* von Paul Signac, das den Philharmonikern 1940 geschenkt worden war, wurde ab 2014 genauer erforscht, das geraubte Kunstwerk mittlerweile restituiert. Silvia Kargl und Friedemann Pestel begannen ihre intensive, stets neue Erkenntnisse zutage fördernde Arbeit im Historischen Archiv der Philharmoniker.

Zeit für einen »Schlussstrich«?

Auch international wurden Zeichen gesetzt und diese Zeichen mit Inhalt erfüllt. Ein mehrtägiges Symposium, zu dem Joel Bells »Chumir Foundation for Ethics in Leadership« im Februar 2014 in New York einlud, war ein solches Zeichen, das viel Beachtung fand. Im Rahmen des Festivals »Vienna: City of Dreams« an der Carnegie Hall, bei dem die Philharmoniker gastierten, wurde »Wiens Geschichte und Vermächtnis der letzten 150 Jahre« diskutiert und mit prominenten Teilnehmern – darunter Hellsberg und Rathkolb – der Frage nachgegangen, »wie die kulturbewusste, kreative Gesellschaft Wiens ihre moralische Orientierung verlor«.

Oliver von Wrochem schreibt in dem Band *Nationalsozialistische Täterschaften*, dass »die Auseinandersetzung mit nationalsozialistischer Täterschaft in Deutschland noch lange nicht abgeschlossen« sei. Das Leid der Opfer und ihrer Nachkommen lässt es nicht zu, einen »Schlussstrich« im Sinne des Vergessens zu ziehen. Die »Last der Geschichte«, die im Titel dieses Kapitels angesprochen wird, kennt kein »Ablaufdatum«, solange Menschen am Schicksal anderer Menschen Anteil nehmen.

Konzertmeister Rainer Honeck (stehend) stimmt sein Orchester ein.

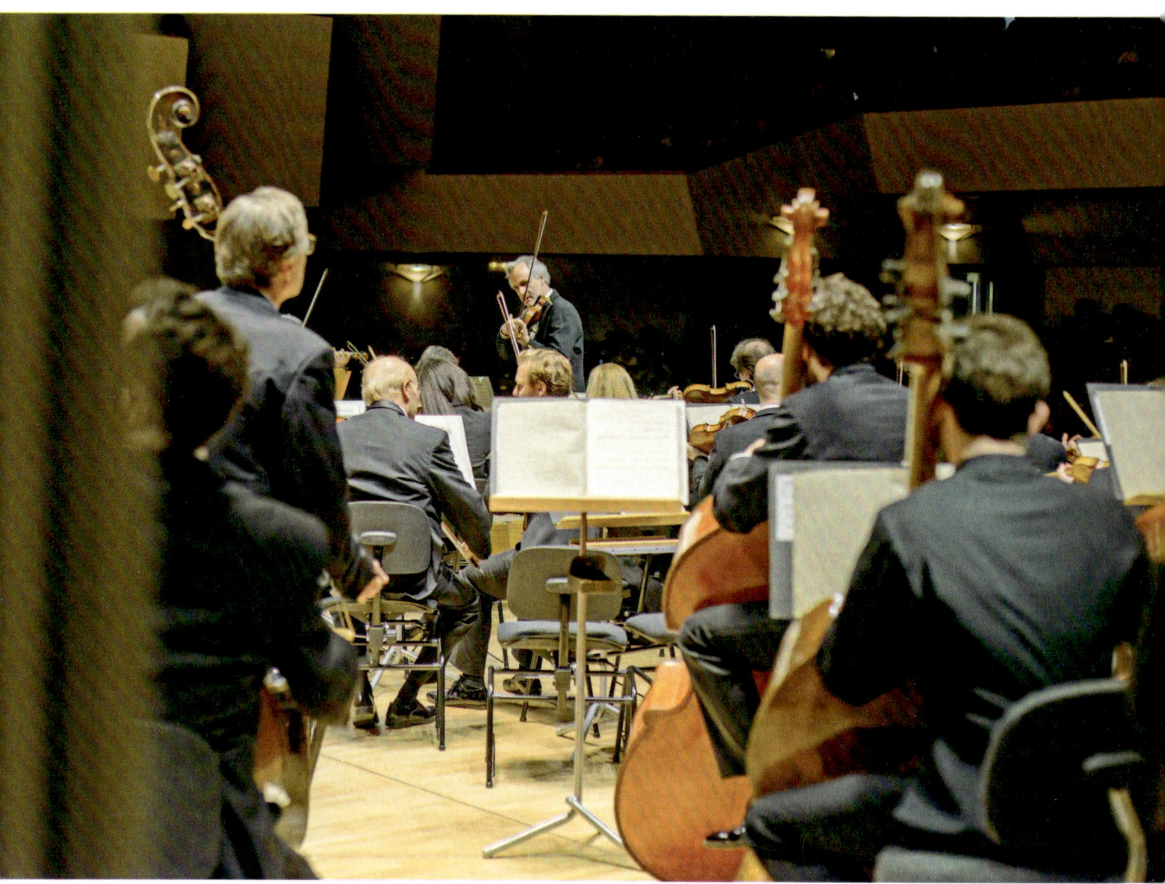

Klang und Tradition

Was die Wiener Philharmoniker ausmacht

Wollte man das Wesen der Wiener Philharmoniker, ihr »Alleinstellungsmerkmal«, in zwei Worte fassen, so wären es diese: Klang und Tradition. So eng sind sie verbunden, dass man auch von einer spezifischen »Klangtradition« sprechen könnte. Wenn wir aber versuchen, ihr auf den Grund zu gehen, überschreiten wir die Grenzen vom allgemein Wahrnehmbaren zum Mythos. Ist der »Wiener Klang« selbst ein Mythos? Zum Teil gewiss. Aber Mythen sind wahr, weil sie Wahrheiten enthalten, die sich der wissenschaftlichen Analyse entziehen.

Versucht wurde eine solche in einer groß angelegten Studie von Dr. Matthias Bertsch vom Institut für Wiener Klangstil. Rund 1000 Personen nahmen 2001 an einem »klingenden Fragebogen« teil. Die Ergebnisse, die je nach Vorbildung und Hörerfahrung der Testpersonen stark variierten und sich nicht auf einen Nenner bringen lassen, sind unter http://drtrumpet.eu/wbny/ nachlesbar.

»Ein einziges Musikinstrument von unendlicher Schmiegsamkeit«

Versuchen wir, mit Worten von Kennern des Orchesters dem Geheimnis des »Wiener Klangs« näher zu kommen. Der DECCA-Aufnahmeleiter John Culshaw würdigte Mitte der 1960er (als er noch keine Frauen im Orchester vorfand) »den Instinkt, durch den hundert Männer zu einem einzigen Musikinstrument von unendlicher Schmiegsamkeit werden, den Sinn, durch den diese Männer einhellig und unverzüglich die Kontur einer Phrase, die Sanftheit eines Crescendo fühlen. Das wird erreicht durch die Kenntnis dessen, was der Nachbar tut, und durch das Zusammenwirken mit ihm. Es ist eine Tradition, die von Generation zu Generation weitergegeben wird. Diese Tradition hat kein materielles Substrat. Sie kann nicht anders als in oberflächlichen Worten analysiert und darum auch nicht nachgeahmt werden.«

Christian Thielemann äußerte zum Thema Philharmonikerball einen Satz, der auch auf wienerisch-philharmonisches Musizieren anwendbar ist: »Das ist das Wesentliche, was man in Wien immer wieder erfährt: Man kann die Tradition neu leben.« Und ein Absatz aus Thielemanns Vorwort zu Franz Bartolomeys Familienerinnerungen ergänzt: »Die Bedeutung dieser Musiziertraditionen kann man gar nicht hoch genug einschätzen. Es ist das Unterbewusstsein eines Orchesters, das letztlich in seinem einzigartigen Klang und spezifischen Spielweisen zum Ausdruck kommt – und einen Dirigenten ungeheuer inspiriert. Bei einem Orchester, das – wie die Wiener – Oper und Konzert auf höchstem Niveau musiziert, ist dieses blinde Vertrauen der einzelnen Musiker untereinander unabdingbar, und es trägt zum ›familiären Geist‹, den ich an den Wiener Philharmonikern so bewundere, ganz wesentlich bei.«

Learning by doing

Einstmals wurden junge Musiker des Hofopernorchesters an dienstfreien Abenden in den Graben gesetzt, damit sie lernen, zuhören, beobachten. Immer noch findet der wichtigste Teil der Ausbildung zum Philharmoniker im Orchester selbst statt. »Sophie ist mir sofort aufgefallen«, erinnert sich Dirigent Christoph Eschenbach an den ersten Orchesterauftritt der neu engagierten Fagottistin Sophie Dartigalongue in Tokio 2016, »als eminente Musikerin, die dauernd nach links und rechts hörte: Was machen die anderen, wie spiele ich mit ihnen zusammen?« (Merz) Ein anderes Beispiel: Auch die schon erfahrenere Soloharfenistin Anneleen Lenaerts orientiert sich an den anderen Musikern beziehungsweise am angestrebten Gesamtklang: »Inzwischen denke ich bei manchen Stellen an die Bläser, an Kontrabässe, an Geigen – und versuche, den Harfenklang entsprechend zu modellieren.«

Der Cellist Csaba Bornemisza erinnert sich an seine Anfänge im Staatsopernorchester: »In den ersten Monaten orientiert man sich an den älteren Kollegen, verfolgt deren Phrasierung und Tongebung so lange, bis man unbewusst Teil des Ganzen geworden ist, mit dem Orchester mitfühlt und mitatmet.« Das war eine Generation zuvor nicht anders, wie der ehemalige Solocellist Franz Bartolomey schreibt: »Ich selbst habe mir von meinem Solo-Kollegen Robert Scheiwein vieles in Privatstunden erläutern lassen. Ich war bereit, sein Wissen um die Spieltradition anzunehmen, ihm zu glauben, wenn er bei bestimmten Passagen im großen Cello-Solo der *Frau ohne Schatten* zu mir sagte: ›Das gehört ganz einfach so.‹«

Das singende Orchester

Laut Franz Bartolomey ist »das im Orchestergraben erworbene Reaktionsvermögen eine der philharmonischen Trumpfkarten«. In der Oper, wo kein Übermaß an Proben, dafür aber manch mittelprächtiger Repertoire-Kapellmeister herrscht, heißt es, besonders wachsam zu sein!

Dank dem täglichen Operndienst orientiert unser Orchester Klang und Phrasierung am natürlichsten Instrument überhaupt – der menschlichen Stimme. Dieses Miteinander wird von Sängern und Orchestermusikern gleichermaßen geschätzt. Der Wiener Kammersänger Kurt Rydl hält fest: »Sie verstehen es, mit den Sängern zu atmen«, und Bartolomey ergänzt, dass sich die Philharmoniker den »vielgerühmten Klang […], insbesondere jenen der Streicher, durch unser Begleiten der menschlichen Stimme« erarbeiten.

Das ständig präsente Klangideal der menschlichen Stimme bringt die Wiener Philharmoniker auch zum »Gesang«, wenn keine Sänger mitwirken. Staatsoperndirektor Dominique Meyer ist überzeugt: »Die Dirigenten, die hier [an der Wiener Staatsoper] reüssieren, sind jene, die das Orchester singen lassen.«

Echtes Singen des Orchesters wird, selten aber doch, von Komponisten gefordert (etwa in der *Bauernpolka* von Johann Strauß Sohn), aber die Philharmoniker kennen auch andere vokale Traditionen, etwa im *Rosenkavalier*. Zu Beginn des 3. Aufzugs, wenn Baron Ochs fragt: »… was woll'n die Maikäfer da?«, antworten vier Kellner: »Servier'n, Euer Gnaden«. Im Plattenstudio forderte Erich Kleiber die Musiker auf, die Stelle mitzusingen. Die Aufnahme wurde – wohlgemerkt nicht deshalb! – 1954 mit dem Deutschen Schallplattenpreis und dem Grand Prix du disque ausgezeichnet, das Mitsingen wurde lange beibehalten. Etwas weiter in demselben Akt haben die Philharmoniker laut Ochs-Darsteller Rydl »bei einem Sechzehntel-Lauf, der den Auftritt der Annina begleitet, immer mitgesungen. Dank den Schallplatten hat sich das über die ganze Welt verbreitet, und jetzt machen es alle Orchester von Los Angeles bis Korea«, bekundet der weitgereiste Bass.

Die tiefen Streicher

Bleiben wir in den Klangtiefen. Sekundgeiger Helmut Zehetner rollt das Klanggeheimnis »von unten« auf. Seiner Meinung nach erkennt man die Philharmoniker »an den Kontrabässen. Selbstverständlich an der Oboe, den Hörnern. Aber der obertonreiche Klang kommt von der Spielweise der Bässe, die einen intensiven Ton erlaubt. Auf dem kann sich alles andere aufbauen.« Ein Grund für den »intensiven Ton« mag die Bogenhaltung sein: Während der »Französische Bogen« mit dem Handrücken nach oben geführt wird, kann der in Wien übliche, in der Hand liegende »Deutsche Bogen« (nach dem prägenden Spieler der Mahler-Zeit auch »Simandl-Bogen« genannt) auch der tiefen E-Saite drucklos einen schwebend-klaren Klang entlocken.

Franz Simandl war, wie einige seiner Kollegen und Nachfolger, geborener Tscheche, als Spieler und Lehrer (1913 waren alle Kontrabassisten der Philharmoniker Simandl-Schüler!) eine überragende Figur am alles überragenden Instrument. Die Kontrabässe liefern nämlich nicht nur ein Klangfundament, sie dominieren auch optisch, stehen sie doch fast immer vor der Rückwand, dem Dirigenten vis-à-vis.

Das nächsthöhere Streichinstrument, das Violoncello, kommt dem Klang der menschlichen Stimme am nächsten. Keine Episode beweist dies schlagender als jener *Lohengrin*-Abend unter Hans Richter, bei dem Hofoperntenor Hermann Winkelmann vor dem letzten Aufzug seine Stimmreserven aufgebraucht hatte. Darum »sang« der Solocellist Joseph Sulzer auf seinem Instrument die Gralserzählung, während Winkelmann auf der Bühne »entsprechend gestikulierte«, wie Sulzer in seiner Autobiografie schrieb. Sulzer war ein schillernder Charakter, der wegen zahlreicher Privatstunden notorisch verspätet zu Proben und Vorstellungen erschien. Eines Abends bat er den Konzertmeister Joseph Hellmesberger, ihn früher zu entlassen, weil seine Frau der Entbindung entgegensehe. Hellmesberger antwortete schnippisch: »Lassen Sie sich Zeit, lieber Sulzer, Ihr Kind kommt doch sicher zu spät.«

38 Jahre Solocellist – nur übertroffen von dem noch ein Jahr länger amtierenden Franz Bartolomey – war Friedrich Buxbaum. Einmal wurde er von einem Musikalienhändler gebeten, ein Cello auszuprobieren. Er erwiderte: »Soll ich es zum Ankauf oder zum Verkauf spielen?« Ebenfalls ein Spaßvogel war der Komponistenbruder Rudolf Hindemith, den Richard Strauss 1921 zum Solocellisten machte. Hindemith brachte es zuwege, »während einer unendlich faden *Lohengrin*-Vorstellung mit einer Orange vom Pult aus nach aufgestellten Cellodämpfern Kegel zu schieben« (Strasser 1981).

Richard Krotschak wurde 1934 Solocellist, sein Schüler Bartolomey »erbte« die Stelle 1973 samt dem Löwenkopf-Cello, auf dem Krotschak unter der Leitung von Strauss dessen *Don Quixote* gespielt hatte. Bartolomey meinte über seinen Lehrer: »Er ist kein Analytiker. Die große Kantilene mit einem kräftigen, aber nie forcierten Ton und ruhigem Vibrato steht für ihn im Vordergrund.« Dies ist wohl bis heute ein Spezifikum des Wiener Streicherklangs, der laut Bornemisza »durch die besondere Art der Tonformung, der Bogengeschwindigkeit und der Strichart erzeugt wird«. Und als »Wiener Charme« bezeichnet er die »ganz besondere gestalterische Freiheit«.

»Wiener Schule«

Über Generationen bestehende Lehrer-Schüler-Verhältnisse sind ein Grundpfeiler der philharmonischen Tradition. Ein trockener Zahlenvergleich: 1974 stammten 54% der philharmonischen Geiger aus dem Unterricht von zwei Professoren, die selbst Philharmoniker waren: Franz Samohyl und Ernst Morawec. 2011 schienen unter den Lehrern von 47 Geigern 12-mal Samohyl und 23-mal Alfred Staar auf, die auch je drei Bratschisten unterrichtet hatten.

Dass Morawec 1923 bis 1956 Solobratschist war und ebenso viele Geiger wie Bratschisten ausgebildet hat, zeigt die Durchlässigkeit zwischen den beiden Instrumentengruppen, für die es noch knapp nach dem Zweiten Weltkrieg keine gesonderte Ausbildung gab. (Umgekehrt übernahm Arnold Rosé in der Oper wie im Konzert regelmäßig Bratschensoli.) Morawec war ein strenger Lehrer, von dem das Bonmot überliefert ist: »Eine Reihe falscher Töne ist noch keine chromatische Skala!«

Das Ideal von Franz Samohyl, unter anderen Lehrer der Konzertmeister Rainer Küchl und Werner Hink, war eine »solistische Ausbildung, durch die der künftige Musiker die Fähigkeit erwirbt, technische Probleme, auch im Orchesterspiel, zu lösen« (Blaukopf). Samohyl ging in seiner pädagogischen Tätigkeit so auf, dass er seine Mitgliedschaft im Verein Wiener Philharmoniker aufgab, um sich auf Oper und Lehre zu konzentrieren. Alfred Staar, aus dessen Schule unter anderen Konzertmeister Rainer Honeck stammt, wollte seinen Schülern mitgeben, »wie schön es ist, im Orchester zu spielen«.

Die wienerische Violintradition reicht natürlich wesentlich weiter zurück als zwei oder drei Generationen. Es gibt eine direkte Linie von Morawec über Rosé zurück zu Joseph Hellmesberger senior sowie einen weiteren Zweig, der von Walter Barylli und Willi Boskovsky über die Konzertmeister Mairecker, Stwertka und Grün zu Joseph Böhm führt, der als »Vater« der Wiener Violinschule gilt. Böhm wurde 1795 in Budapest geboren und erlernte seine Kunst bei einem Franzosen (Pierre Rode), der seinerseits Schüler eines Italieners (Giovanni Battista Viotti) war. Auch der Tscheche Otakar Ševčík (Absolvent des Prager Konservatoriums wie der Kontrabassist Simandl und der Klarinettist Bartolomey) prägte den Wiener Stil. Gelten diese internationalen Vermischungen als Argument gegen eine »Wiener« Schule? Dieser Frage wenden wir uns am Schluss des Kapitels zu.

Was ein(e) Konzertmeister(in) tut

Der Mann (seit 2008 bei den Philharmonikern auch die Frau) auf dieser exponierten Position ist Stimmführer der Ersten Violinen, verantwortlich für die Violinsoli und die direkte Kommunikation mit dem Dirigenten. Der Konzertmeister hat, gerade im Falle der Philharmoniker, auch die spezifische Spieltradition eines Orchesters zu repräsentieren und weiterzugeben. »Wenn Rainer Honeck spricht, geht es immer um den Stil«, erinnert sich Dominique Meyer an so manches Probespiel in der Staatsoper.

Dieser Orientierungsfigur für das gesamte Orchester obliegt es auch, in Ausnahmesituationen zu reagieren. Strasser (1981) berichtet: »Ich habe erlebt, daß geigenden Solisten, wie etwa Ginette Neveu und Wolfgang Schneiderhan, im Konzert eine Saite sprang. Jedesmal gab ihnen der Konzertmeister Walter Barylli seine Orchestergeige.« In größerem Stil greift der Konzertmeister ein, wenn ein Dirigent die Übersicht verliert. So geschehen, als Richard Wagner im Mai 1875 *Siegfrieds Trauermarsch* leitete. Bläser und Streicher begannen auseinanderzudriften, »worauf sich [Joseph] Hellmesberger [senior] vom Sitz erhob und mit Energie Takt und Tempo weisend, die Ordnung wiederherstellte«.

Ansonsten war und ist es bei den Philharmonikern nicht üblich, dass sich der Konzertmeister bei Soli von seinem Platz erhebt (ebenso wenig, dass er einen gesonderten Auftritt nach dem Platznehmen des Orchesters erhält). Der 1868 eingetretene Konzertmeister Jakob Grün bekam es mit der spitzen Zunge von Joseph Hellmesberger junior zu tun, als er diesen fragte, ob er das Violinsolo in Beethovens *Missa solemnis* im Sitzen oder im Stehen spielen solle. Die Antwort: »Bleiben S' sitzen und lassen S' das Solo stehen.« Auch Hellmesbergers Satz »Grün ist gut für die Augen, aber schlecht für die Ohren« zeugt nicht gerade von kollegialer Wertschätzung.

Zu Beginn der 1960er-Jahre war der 21-jährige Günter Pichler, von den Symphonikern kommend, vorübergehend Konzertmeister auf Probe und überaus bemüht, sich zu bewähren. Merlin überliefert die Anekdote: »Einmal soll sich Karl Böhm mitten in der Probe zu [Konzertmeister Willi] Boskovsky gewandt und gefragt haben: ›Warum spielt er denn so laut, der Bub?‹, worauf Boskovsky mit verständnisvollem Lächeln antwortete: ›Er spielt um die Stelle!‹« Aus Günter Pichler wurde kein philharmonischer Konzertmeister, sondern Primarius des Alban Berg Quartetts, das er 1970 gründete. Das Stichwort Kammermusik wollen wir aufnehmen.

Kammermusik

Als Erich Kleiber nach dem Zweiten Weltkrieg an das Pult der Wiener Philharmoniker zurückkehrte, war seine erste Frage, wie viele Kammermusik-Formationen es im Orchester gebe. Wenn das Begleiten von Stimmen *ein* wichtiges Element in der Klangfindung ist, weil es das Reagieren auf »andere«, die Fähigkeit zum Folgen und Führen schult, ist Kammermusik, das *aufeinander* Hören, ein weiteres. Hans Swarowsky, Lehrer einer Generation von Spitzendirigenten, meinte: »Die Quartettkultur ist das Rückgrat jedes guten Streicherklangs! Ebenso soll aus dem Orchester ein Bläseroktett gebildet werden, das bis ins feinste kammermusikalisch ausgebildet sein muß. Streichquartett und Bläserensemble müssen einander in den gemischten Werken ergänzen.«

Die meisten Mitglieder der philharmonischen Primgeigergruppe widmen sich der Kammermusik, oft trugen und tragen die Ensembles die Namen amtierender Konzertmeister. Diese Tradition begann bei Joseph Hellmesberger senior, der Werke von Beethoven, Schubert, Brahms und Bruckner zur Erstaufführung gebracht hat. Auch seine Söhne Joseph und Ferdinand traten dem Quartett bei, das bis 1901 existierte.

Von 1883 bis zu seiner gewaltsamen Auflösung 1938 bestand das Rosé-Quartett, in dem über die Jahrzehnte insgesamt zehn Philharmoniker mitgewirkt haben. Das Verzeichnis der von ihm gespielten Uraufführungen reicht von Brahms über Schönberg (*Verklärte Nacht*, 1. und 2. Streichquartett) bis hin zu Franz Schmidt und Hans Pfitzner. Nach dem Ersten Weltkrieg gastierte das Rosé-Quartett in Skandinavien – eine willkommene Einnahmequelle zur Zeit der Wirtschaftskrise. Beim Abschlusskonzert in einer schwedischen Kleinstadt schloss der Bürgermeister seine Dankesrede mit den Worten: »Bleibt zu hoffen, dass sich die Wirtschaftslage in Österreich bald bessert und Herr Rosé seine Vier-Mann-Kapelle entsprechend vergrößern kann!«

Weitere Quartette seit der Jahrhundertwende führten die Konzertmeister Jakob Grün, Karl Prill, Julius Stwertka und Wolfgang Schneiderhan (mit Otto Strasser, Ernst Morawec und Richard Krotschak). Nach dem Rückzug Schneiderhans (1949) folgten das Boskovsky-, das Barylli- und das Weller-Quartett. Dessen zweiter Geiger Alfred Staar coachte das Küchl-Quartett, das 1973 gegründet wurde und bis heute einen Zyklus im Wiener Musikverein spielt. Volkhard Steude führt mit dem nach ihm benannten Ensemble nicht nur die Rosé'sche Tradition des Konzertmeister-Quartetts weiter, er spielte auch lange Zeit auf einer Stradivari aus dem Besitz Arnold Rosés, die von der Österreichischen Nationalbank zur Verfügung gestellt wurde. Und die Konzertmeisterin Albena Danailova musiziert gemeinsam mit Raimund Lissy, dem Vorgeiger der Sekundgeigen, und dem Bratschisten Michael Strasser im »Ensemble Wien«.

Seit der Saison 2010 gibt die Staatsoper verschiedensten philharmonischen Kammermusikensembles Gelegenheit, im Gustav-Mahler-Saal zu konzertieren. Ein Höhepunkt der Reihe war, als die japanische Geigerin Midori im April 2017 mit philharmonischen Kollegen (unter anderen dem Organisator der Reihe, dem Primgeiger und seit Herbst 2017 neuen Vorstand Daniel Froschauer) Brahms und Schubert musizierte. Bemerkenswert sind auch das »PhilBass Quartett«, die von dem Vorgeiger der Sekundgeigen Tibor Kovác gegründeten Crossover-Ensembles »The Philharmonics« und »Philharmonic Five«, die »K + K Plattform« des Primgeigers Kirill Kobantschenko und viele mehr.

Die »Wiener Instrumente«

Alle Instrumentengruppen haben ihre Tradition des weich phrasierten, strömenden, nicht zu vibratoreichen Klangs, der auch im Fortissimo niemals knallig wirkt. Bei den Streichern, Klarinetten und Fagotten sind es lange zurückreichende Schulen, die das »richtige« Spiel garantieren. Horn und Oboe sind auch in baulicher Hinsicht Ausnahme-Instrumente, die nur in Wien zur Verwendung kommen und das Klangbild des Orchesters nachhaltig prägen.

Das Wiener Horn in F ist ein Originalinstrument aus der Beethoven-Zeit. Die große Arie der Leonore in *Fidelio* will ein eingefleischter Wiener Opernbesucher nicht anders begleitet hören! Mag das Doppelhorn, das sich um die Wende zum 20. Jahrhundert überall sonst durchgesetzt hat, auch risikoloser zu spielen und nicht so anfällig für das Umkippen des Tones (»Gicksen«) sein, die warme Klangfülle des Wiener Horns hat Brahms, Bruckner und Mahler inspiriert und ist für die romantische Musik unverzichtbar.

Vergleichen wir zwei Kritiken, die ein Jahrhundert auseinanderliegen, erkennen wir den Wert der Tradition. Das *Wiener Fremdenblatt* notierte im Dezember 1869 zu einer *Eroica*-Aufführung, »selbst das Glück stand mit dieser Aufführung im Bunde, denn die berüchtigte Hornstelle im Trio des Scherzos, die kein Engel und kein Teufel in seiner Gewalt hat, ging schön und glatt vorüber.« Und in der *New York Times* las man im September 1967: »Der fließende, weiche Streicherklang der Philharmoniker ist ja schon zum Begriff geworden, aber man fragt sich, woher das Orchester so viele ausgezeichnete Hornisten nimmt.«

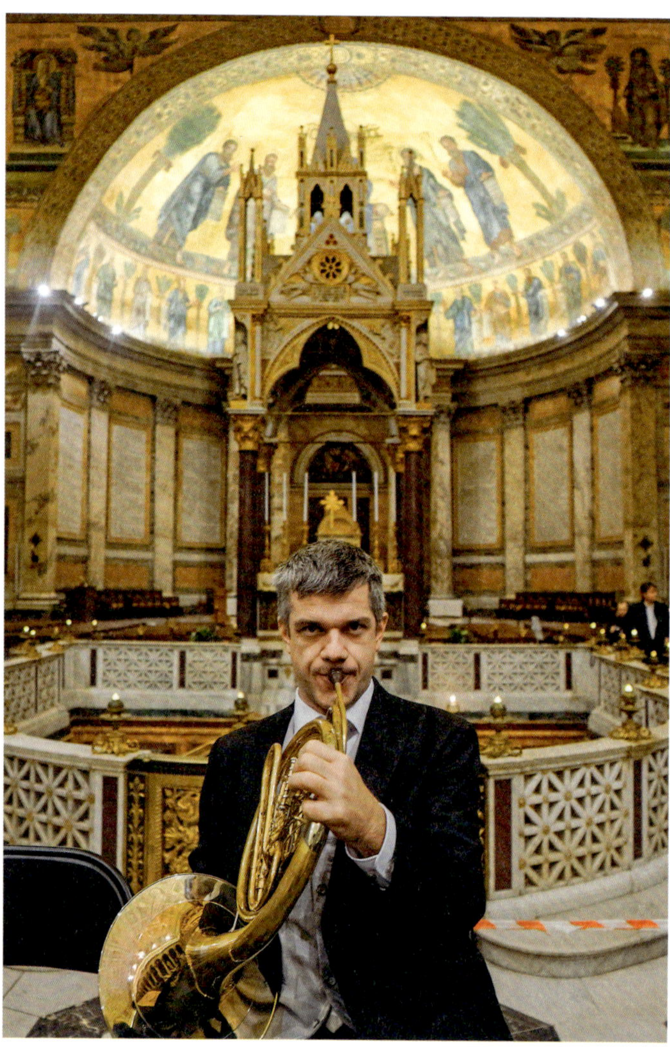

Josef Reif in der Basilica San Paolo fuori le Mura in Rom

Hornisten-Legenden wie Josef Schantl und Karl Stiegler (dessen Brüder Adolf und Hans übrigens philharmonische Trompeter waren) haben die Tradition auch als Lehrer ins 20. Jahrhundert geführt. Als Stiegler 1932 nur 57-jährig starb, sandte Bruno Walter einen berührenden Brief über den »idealen« Hornisten an die Philharmoniker: »Er hatte die edle Romantik des Horns in Ton und Ausdruck und die schmetternde Kraft des Jagdinstruments, dabei alle Virtuosität und Sicherheit des modernen Bläsers.« Die Tradition lebt und ist mit jener der anderen Instrumentengruppen wohlvernetzt, wie Hornist Thomas Jöbstl bestätigt: »Die Möglichkeit, den

Klang von sehr weich und geschmeidig bis hin zu sehr kräftig und schmetternd variieren zu können, macht das Wiener Horn zu einem einzigartigen Bindeglied zwischen Holzbläsern und Blech.« (*Passion*)

Die Wiener Oboe ist eigentlich ein sächsisches Fabrikat. Der 1880 engagierte Solooboist Richard Baumgärtel stammte aus Dresden, hat das Instrument dauerhaft im Orchester etabliert und Musiker wie Alexander Wunderer, Hans Kamesch und Armin Tyroler darin unterrichtet. Andere Orchester benutzen die Französische Oboe, die man, im Gegensatz zur Wiener, mit intensivem Vibrato spielt. Ihr Klang wird als eher »näselnd« (wenn nicht gar »meckernd«) charakterisiert. Bei einem Nachkriegsgastspiel der Wiener Philharmoniker in England wurde von Zeitungen das Fehlen des Oboen-Vibratos bemängelt, worauf Strasser (1981) kühl antwortete: »Mögen sie ihren Trauermarsch lamentabel spielen; wir ziehen, wie Furtwängler einmal sagte, die tränenlose Trauer vor.«

Die Verpflichtung, bei Bedarf auch Nebeninstrumente (Oboe d'amore, Englischhorn und Heckelphon) zu spielen, verleitete den Oboisten Hans Hanak zu einem Scherz: Er »handelte sich ein Disziplinarverfahren ein, weil er die zweite Oboenstimme einer Brahms-Symphonie auf dem Englischhorn gespielt hatte« (Merlin). Einer der heutigen Solooboisten, Martin Gabriel, beklagt, »dass es in Wien leider nie eine richtige Oboenschule, wie zum Beispiel die der Klarinettisten, Flötisten oder Fagottisten, gegeben hat – um nur mit den übrigen Holzbläsern zu vergleichen«; doch versucht »jeder der Wiener Oboisten auf seine persönliche Art, der Wiener Musiziertradition gerecht zu werden« (*Passion*).

Holzbläser

Wenden wir uns den zuletzt erwähnten Instrumenten zu. Die Flöte wird zu den Holzbläsern gezählt, obwohl die Orchesterinstrumente längst aus Edelmetall hergestellt werden. Die Wiener Flöte hat sich (anders als bei Horn und Oboe) nicht durchgesetzt, sondern das in den 1830er-Jahren von dem deutschen Instrumentenbauer Theobald Böhm entworfene und nach ihm benannte Instrument. Der von Mahler engagierte niederländische Flötist Ary van Leeuwen brachte die klangstärkere Böhm-Flöte 1903 mit ins Orchester, sein Landsmann Jacques van Lier folgte vier Jahre

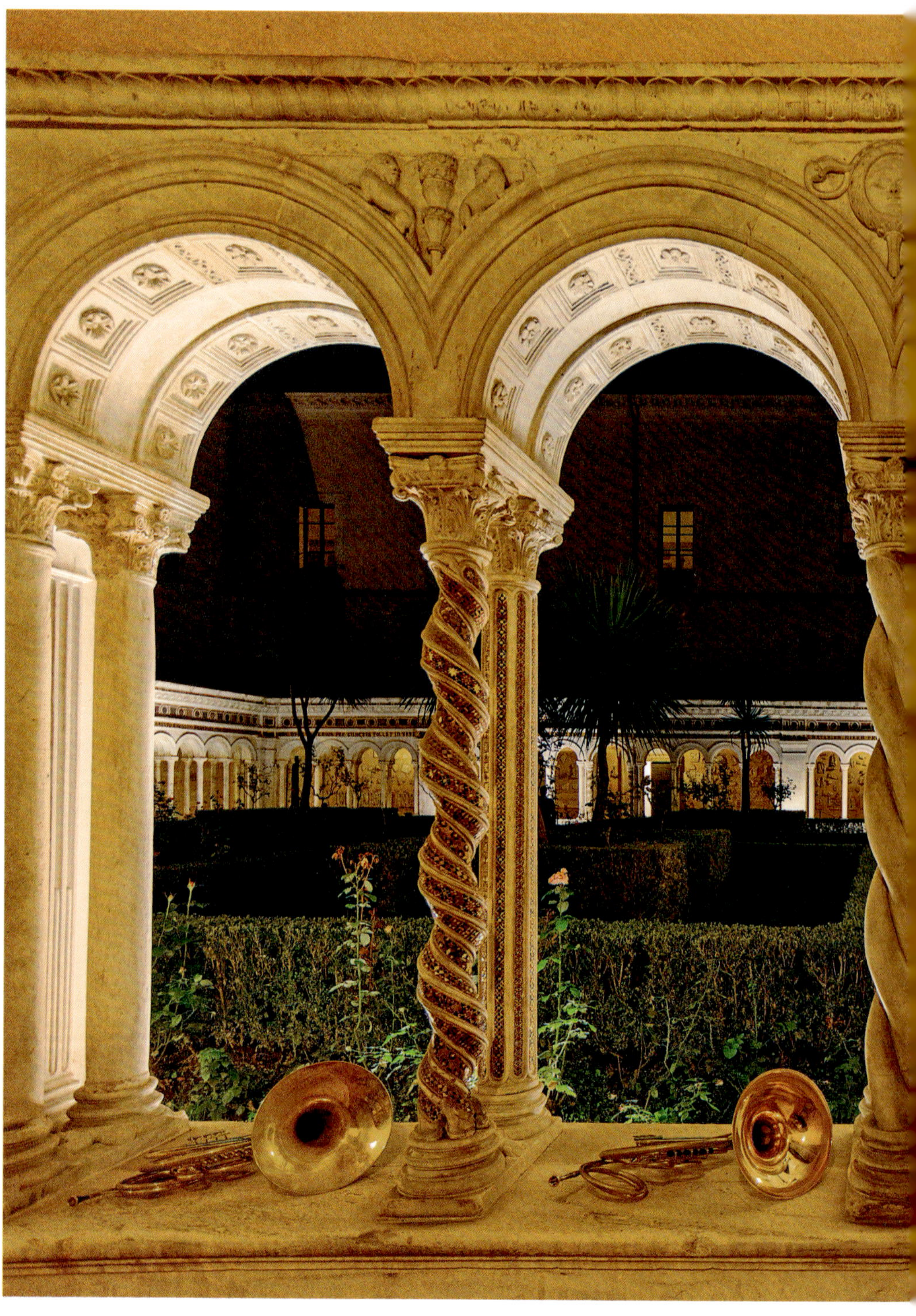

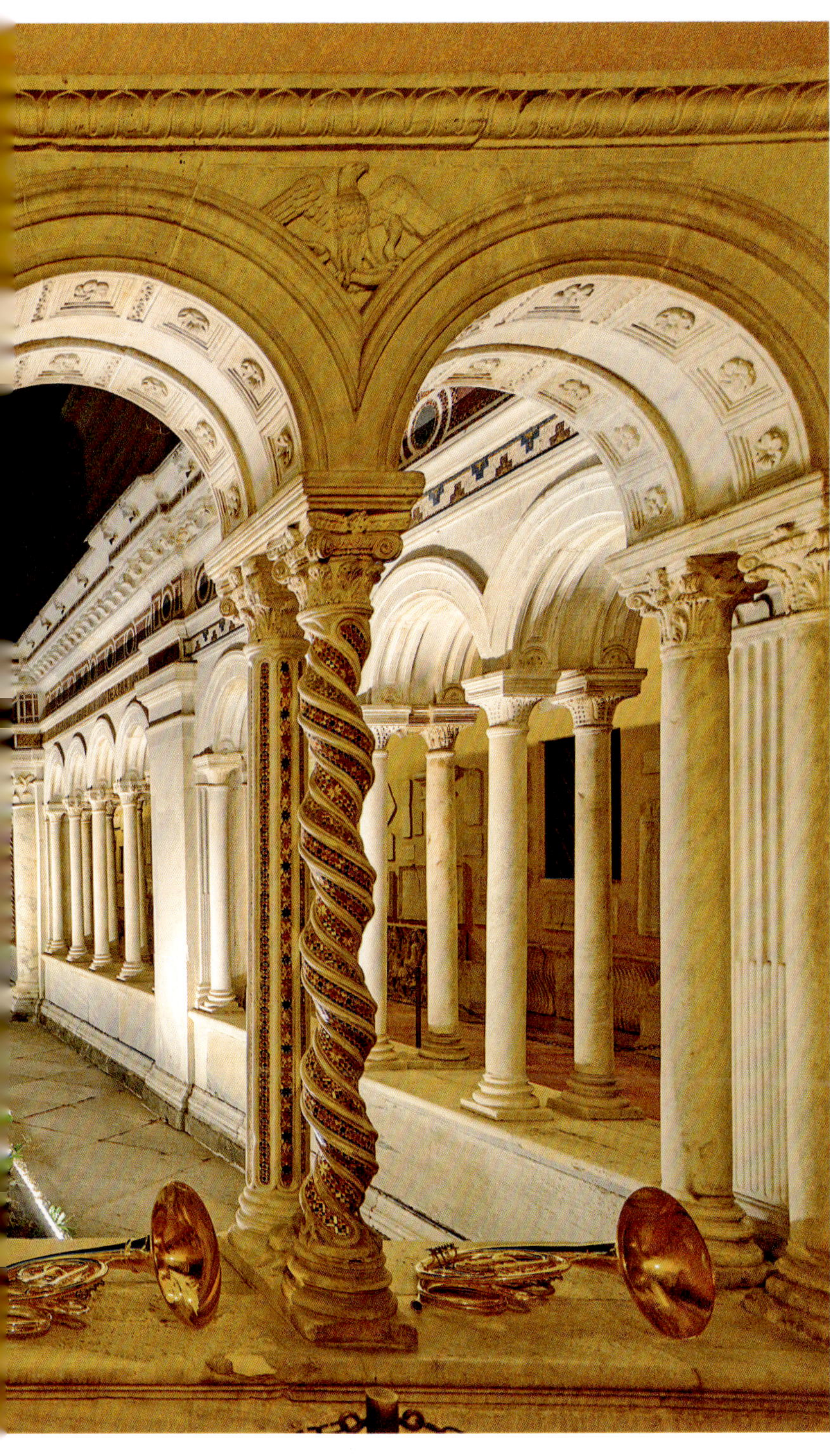

Wiener Klang –
diesmal schweigend im
römischen Kreuzgang

später mit dem gleichen Instrument. Entscheidend für die Wiener Tongebung ist jedoch bis heute, dass mit wenig oder keinem Vibrato gespielt wird.

Der Ahnvater der Wiener Klarinettenschule war Franz Bartolomey (von dem als Begründer einer philharmonischen Dynastie noch die Rede sein wird). Die *New York Tribune* schrieb anlässlich des Salzburger Mozartfests 1901 über Bartolomeys Kunst: »Wer ihn auf seinem Instrument nicht gehört hat, weiß nicht, wie süß eine Klarinette klingen kann!« Von 1898 bis 1920 Lehrer am Konservatorium, war er mittelbar für fast alle folgenden Klarinettisten verantwortlich: Die Linie reicht bis hin zu Daniel Ottensamer, dessen Vater Ernst ebenfalls Soloklarinettist war.

Daniel Ottensamer erwähnt in *Passion* die »spezielle Anfertigung der Mundstücke und der dazugehörigen Blätter« (wozu übrigens alle Spieler von Rohrblattinstrumenten verpflichtet sind) sowie »das Charakteristische am Wiener Klang« der Klarinette, der »sich sehr gut im Orchester mischt und im Tutti immer harmonisch und angenehm klingt. Trotzdem besteht die Möglichkeit, in Solopassagen durch den speziellen Glanz im Klang hervorzutreten.«

Das alte Wiener Fagott hat sich ebenfalls nicht gehalten und wurde im späten 19. Jahrhundert gegen Dresdner Instrumente der Firma Heckel ausgetauscht. Auch bei diesem Instrument gibt es eine Dynastie der Spieler und Lehrer in Gestalt der Brüder Karl und Camillo Öhlberger sowie Karls Sohn Reinhard. Der überragende Pädagoge Karl Öhlberger dekretierte noch: »Das Merkmal der Wiener Schule ist: Wir haben kein Vibrato.« Heutzutage wird es repertoireabhängig sparsam eingesetzt, und die jüngst hinzugekommene Fagottistin Sophie Dartigalongue präzisiert: ein »sehr feiner, warmer Klang mit etwas weniger Vibrato«.

Einmal mehr stellen wir fest, dass die Instrumentengruppen sich auch untereinander im Klang anpassen. Michael Werba (Schüler von Karl Öhlberger und Lehrer von Benedikt Dinkhauser): »Durch den Einfluss des Wiener Streicherklangs sowie der speziellen Tonführung von Wiener Horn und Wiener Oboe kam es auch beim Fagott zur Entwicklung einer ganz eigenen Wiener Spielart. Sie zeichnet sich durch besonderen Obertonreichtum aus und ermöglicht eine extreme Bandbreite der Dynamik.«

Hornist Karl Stiegler und Oboist Alexander Wunderer vergleichen ihre Instrumente.

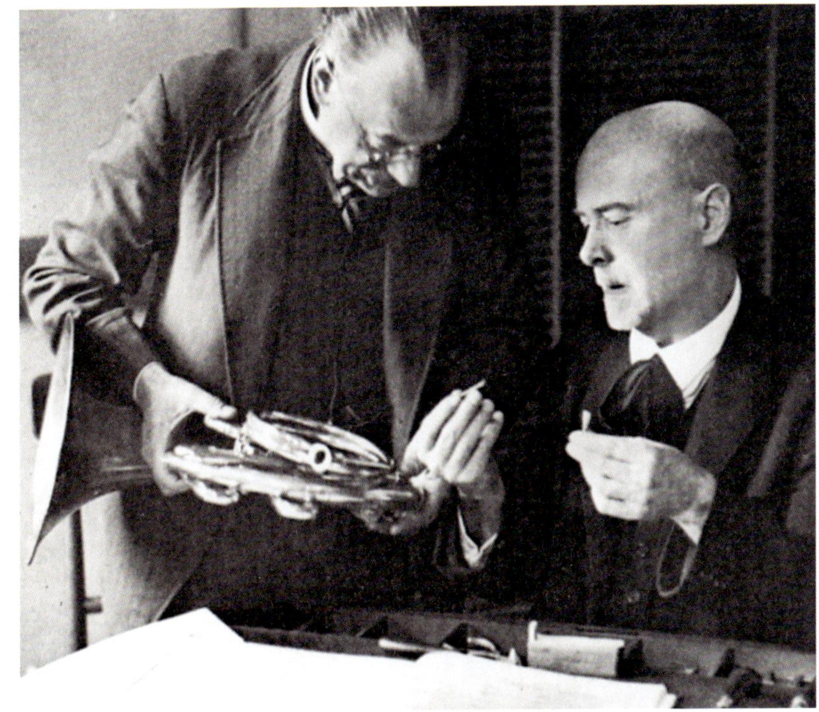

Holzbläser an der Arbeit: vordere Reihe (von links): Wolfgang Breinschmid, Walter Auer, Clemens Horak, Herbert Maderthaner; hintere Reihe (von links): Gregor Hinterreiter, Ernst Ottensamer, Štěpán Turnovský, Wolfgang Koblitz

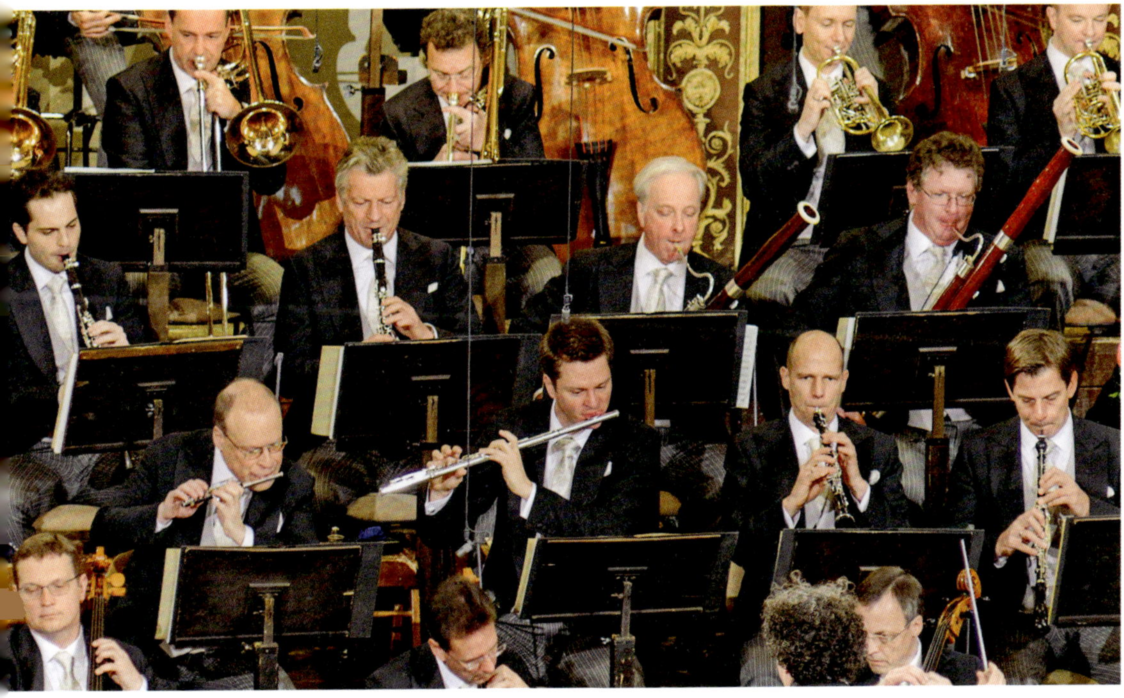

Blechbläser

Viele Holzbläser vertrauen der Zusammenarbeit mit dem japanischen Instrumentenbauer Yamaha, und dies gilt ebenso für die Blechbläser, wobei es hier mittlerweile ausgezeichnete Werkstätten in Österreich (etwa die Firma Jungwirth) gibt.

Das prominenteste Mitglied der Blechbläser ist die Trompete. Bei den Philharmonikern kommen ausschließlich Wiener Drehventil-Trompeten mit etwas weiterem Rohr und größerem Mundstück zum Einsatz, die – eine Analogie zum Horn – etwas anstrengender zu spielen, doch nobler und weicher im Klang sind. Auch hier entscheiden nicht instrumentenbauliche Unterschiede, sondern die spezielle Klangvorstellung in Abstimmung mit den anderen Instrumentengruppen: »Man kann mit Recht von einem speziellen Wiener Trompetenklang sprechen, der über Jahrzehnte weitergegeben und weiterentwickelt wurde«, so der Solotrompeter Hans Peter Schuh (*Passion*).

Neue Instrumente – tradiertes Klangideal, so gilt es auch für die Posaunen. Bis in die 1880er wurde die alte Ventilposaune verwendet (für die noch

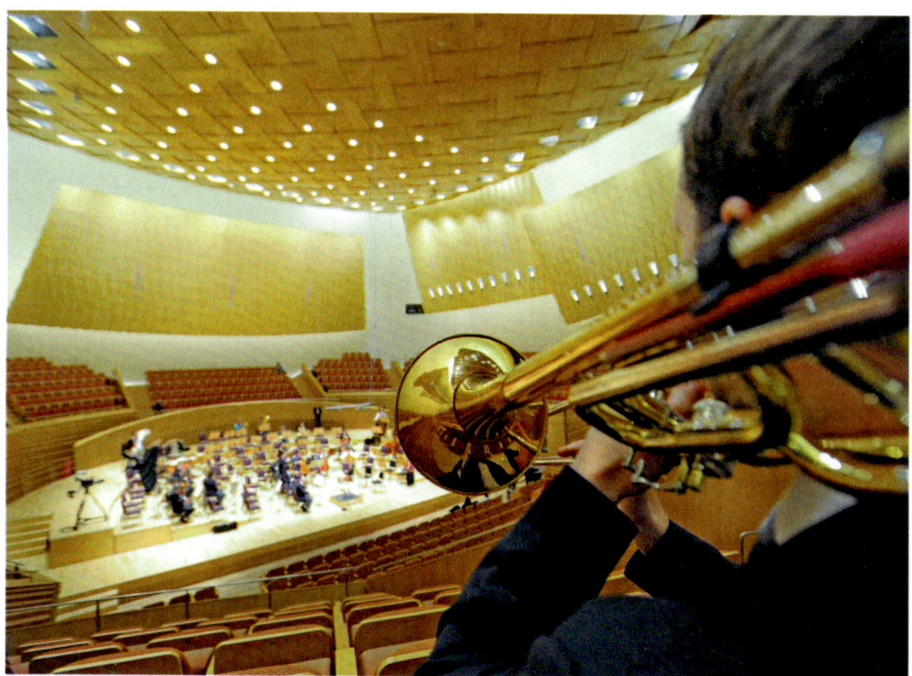

Ein philharmonischer Posaunist auf der Galerie der Shanghai Symphony Hall

Brahms in seiner Zweiten geschrieben hatte), bis sie der moderneren Zugposaune wich. Doch der Spielstil ist in bester Wiener Tradition weicher, runder und kantabler. Strasser (1981) berichtet – ohne Namensnennung – von einem Musiker, der sich beim Abgang des Ochs im 3. Akt des *Rosenkavalier* eine Freiheit nahm: »In dieses Dreiviertel-Tohuwabohu pflegte in früheren Tagen ein erster Posaunist eine Gegenstimme in Form des *Lieben Augustin* [österreichisches Volkslied, Anm.] einzulegen, die eigentümlicherweise kein Dirigent beanstandete.«

Die Tuba kam relativ spät ins Orchester. Mitte der 1850er-Jahre wurde Franz Fretzer als Spieler des »Bombardon« engagiert, die großen Aufgaben für das Instrument tauchten erst in Wagners Opern auf. Bis 1879 gab es für die Tuba (ebenso wie für die Posaune) noch keinen gesonderten Unterricht. Diesen besorgte am Konservatorium der Kontrabasslehrer. Auch bei diesem Instrument gibt es eine Wiener Sonderform, von welcher der Philharmoniker Josef Hummel in den 1980ern vermutete: »Die Wiener Tuba wird mit mir aussterben.« Doch ist das heller und leichter klingende Instrument nach wie vor fallweise im Gebrauch.

Harfe und Schlagwerk

Ein herausragender Meister des einzigen Zupfinstruments im Orchester war Antonio Zamara, von 1842 bis 1892 Philharmoniker und bedeutender Lehrer, aus dessen Schule auch Franz Jelinek junior hervorging. (Dessen Vater Franz senior war Solobratschist, leitete nebenbei eine Salonkapelle und schenkte dem Orchester insgesamt drei Söhne.) Einst schlief Jelinek bei einer Probe während einer langen Spielpause ein. Als sein Solo fällig war, ertönte … nichts. Vor dem Konzert am nächsten Tage fragte ein Kollege spitz: »Na, Franz, spielst du heute wieder dein Solo?« Darauf knurrte der Harfenist: »Nein, heute schlaf' ich daheim.«

Der Soloharfenist Harald Kautzky gab als Geheimnis für ein schmiegsameres Klangbild das »weichere Abspielen des Daumens« an und bestand darauf, aufgrund der Tonhöhenschwankungen seines Instruments bessere Wetterprognosen abgeben zu können als jeder Meteorologe. Die Harfenposition machte schließlich den Weg für Frauen im Orchester frei – doch davon später.

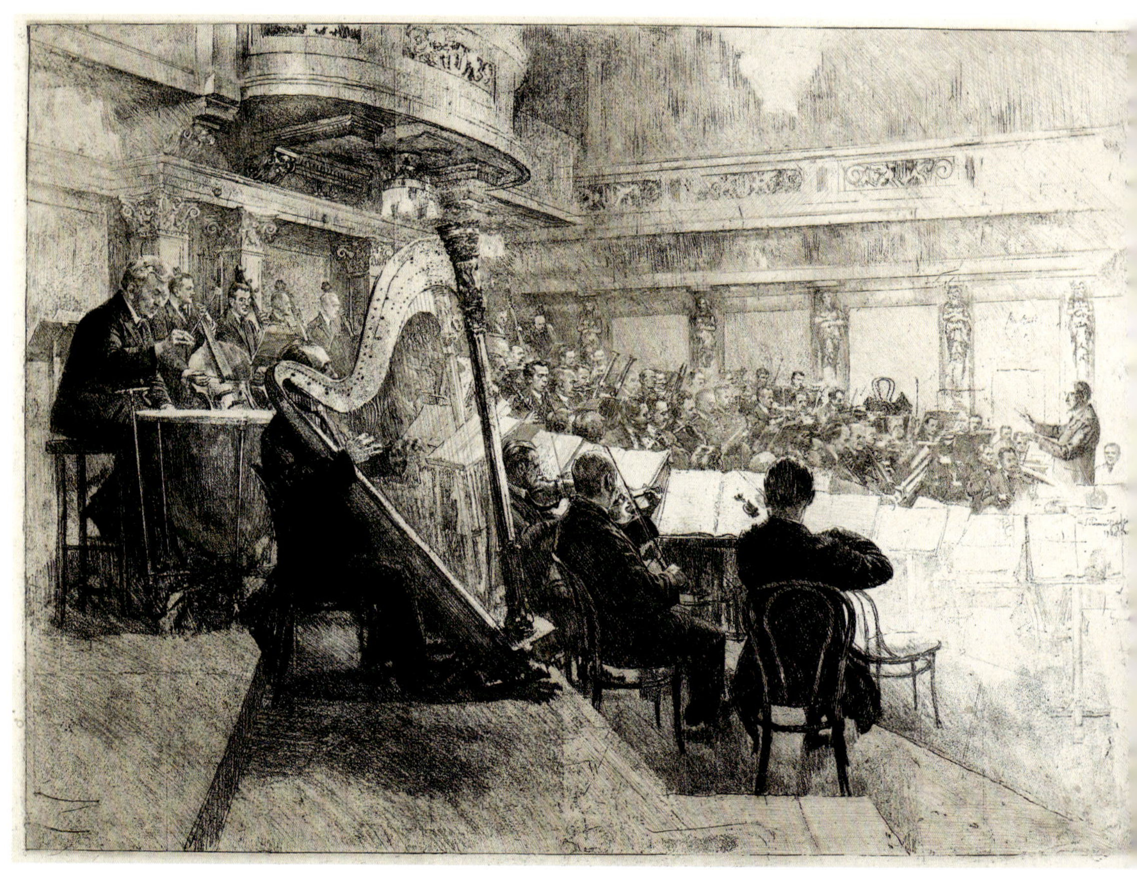

Das Schlagwerk ist die umfangreichste Gruppe, die zahllose Einzelinstrumente von der wohlbekannten Pauke über Marimba bis hin zur Lotusflöte umfasst. In früheren Jahrhunderten galt das Schlagwerk als »Ausgedinge« für ältere Orchestermusiker, mittlerweile handelt es sich um eine hoch spezialisierte Truppe, die mit den Herausforderungen moderner Musik umzugehen weiß. Das Schlagwerk befindet sich in dauernder Weiterentwicklung, kennt aber auch »Wiener Spezialitäten« wie die Kleine Trommel aus Messing. Triangel und Glockenspiel erzeugen laut dem philharmonischen Schlagwerker Benjamin Schmidinger »dank einer speziellen Metall-Legierung einen sehr weichen, hellen Klang, während die Becken, für die alte türkische Instrumente als Vorbild dienen, einen eher schweren und dunklen Klang besitzen, der sich sehr gut mit dem Klang der Blechbläser unseres Orchesters mischt« (*Passion*).

Die berühmte Radierung von Ferdinand Schmutzer: links im Bild der Paukist Hans Schnellar, am Pult Felix Weingartner (1923)

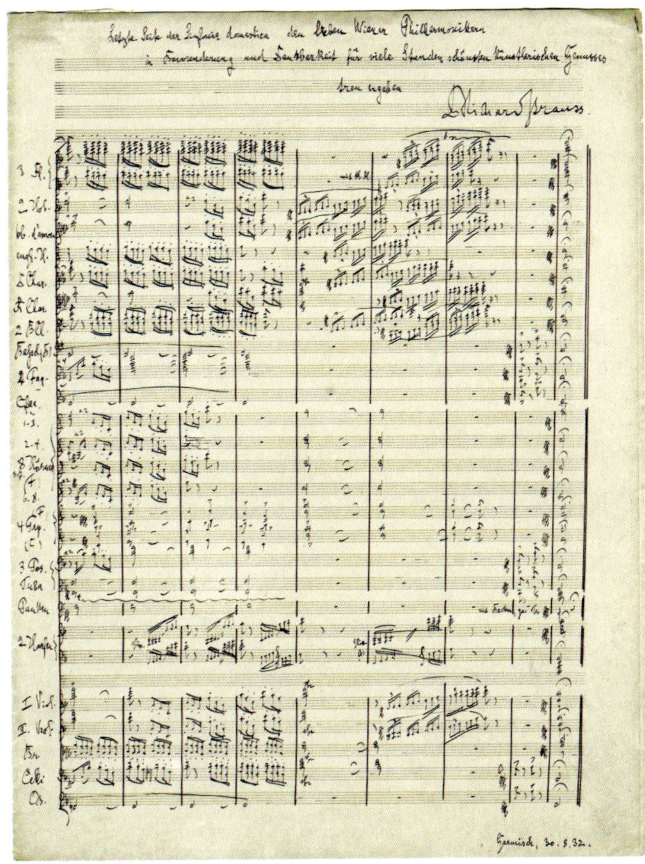

Richard Strauss widmete »den lieben Wiener Philharmonikern in Bewunderung und Dankbarkeit für viele Stunden schönsten, künstlerischen Genusses treu ergeben« eine Handschrift der letzten Seite seiner *Sinfonia domestica* (1932).

Die »Wiener Handkurbelpauke« unterscheidet sich grundsätzlich von der Pedal-Pauke anderer Orchester: Man bespannt sie mit Ziegenfell (anderswo sind es Kunststoff- oder Kalbfelle) und spielt sie vorwiegend mit Schlägeln, die Flanellköpfe tragen. Sie besitzt eine Mechanik, dank der »beim Umstimmen nicht das Fell, sondern der Kessel durch Hebelwirkung auf und nieder bewegt wird und so freier schwingen kann« (*Passion*). Entwickelt wurde dieses System von dem philharmonischen Paukisten Hans Schnellar. Er wurde von Mahler so geschätzt, dass dieser versuchte, ihn zu den New Yorker Philharmonikern mitzunehmen. Da dies misslang, bestellte Mahler immerhin »Schnellar-Pauken« für sein neues Orchester. Das durch Schnellar begründete System wurde von seinen Schülern und Nachfolgern bis auf den heutigen Tag weiterentwickelt.

Laut Merlin war Schnellar eine »extrem schwierige Persönlichkeit«. Einmal erhielt er eine Anzeige, »weil er seine Pauken mit Benzin gereinigt hatte, was gegen alle Sicherheitsbestimmungen verstieß und die Feuerwache auf den Plan rief«. *Aida*-Vorstellungen pflegte Schnellar vor dem Schluss zu verlassen, bis Kapellmeister Hugo Reichenberger bemerkte, dass »dem abschließenden Ges-Dur-Akkord das Fundament mangelte, und von da an blieb dem Sünder nichts anderes übrig, als den Hungertod des Bühnenliebespaares abzuwarten.« Aber nicht nur durch Verstöße, sondern auch durch einen kompositorischen Eingriff in Strauss' *Sinfonia domestica* hat sich Schnellar einen Namen gemacht: Er »erweiterte seinen Part, indem er mit sieben Tönen und auf vier Pauken das Motiv fast zur Gänze seinem Instrument übertrug, was die Wirkung enorm steigerte. Strauss, der diese ›Fassung‹ [...] erstmals auf der Südamerikareise 1923 gehört haben dürfte, war damit einverstanden« (Merlin).

Noch eine Schlagwerker-Persönlichkeit muss erwähnt werden: Franz Broschek war lange Jahre der Spaßvogel vom Dienst bei den philharmonischen Neujahrskonzerten. Witeschnik erinnert an die Ursprünge der Scherze, die bei einem Philharmonikergastspiel unter Karl Böhm in dessen Geburtsstadt Graz Mitte der 1950er-Jahre lagen. Bei einer Feier in einer Gaststube habe der Wirt den musikalischen Gästen falsche Bärte überreicht. »Beim nächsten Neujahrskonzert entdeckte der Schlagwerker Franz Broschek seinen hochgezwirbelten Bart von damals in der Brieftasche und steckte ihn, noch in Silvesterlaune, bei der Programmnummer *Éljen a Magyar* [Polka schnell von Johann Strauß Sohn] unter die Nase. Durchschlagender Heiterkeitserfolg beim Publikum! Damit avancierte Broschek zur unentbehrlichen Stimmungskanone« bei den alljährlichen Walzerkonzerten. »Er marschierte beim *Radetzkymarsch* in Deutschmeister-Montur übers Podium, machte *Im Krapfenwaldl* den Kuckuck so verliebt, dass er falsche Terzen rief, er schleppte nach der Polka *Auf der Jagd* als Jagdbeute einen Riesen-Kabeljau oder ein gerupftes Huhn herbei, er ließ bei der *Champagner-Polka* echte Sektpfropfen knallen und kredenzte dem dirigierenden und stehgeigenden Konzertmeister Willi Boskovsky ein überschäumendes Glas.«

Komponierende Philharmoniker

Greifen wir einige komponierende Herren aus den ersten 100 philharmonischen Jahren heraus. Der Flötist Franz Doppler, der ab 1858 dem Hofopernorchester angehörte, war Professor am Konservatorium, Ballettdirigent und Schöpfer von Ballettmusiken wie *Melusine* und einstmals beliebten Operetten wie *Ilka und die Husarenwerbung*. Auf seinen Reisen traf er Franz Liszt, dessen *Ungarische Rhapsodien* er bearbeitete. Die Symphonie in c-Moll des Orchesterdirektors Moritz Kässmayer wurde im März 1863 bei demselben Abonnementkonzert uraufgeführt, in dem auch Brahms' 2. Serenade in A-Dur aus der Taufe gehoben wurde. Der gebürtige Wiener Ludwig Alois (Louis) Minkus war 1852 kurzzeitig Primgeiger des Orchesters, bevor er sich auf das Komponieren von Ballettmusik (zum Beispiel *Die Bajadere, Don Quixote*) verlegte. Josef Bayer hielt es 28 Jahre am Pult der Zweiten Geigen, sein Ballett *Die Puppenfee* wurde ebenfalls weltberühmt.

Joseph Hellmesberger junior, in dritter Generation Konzertmeister der Wiener Philharmoniker, wurde immer wieder bei der Programmierung der Neujahrskonzerte berücksichtigt. 1997 hörte man seine Polka schnell *Leichtfüßig*, 2009 seine *Valse Espagnole*, 2011 den *Zigeunertanz* aus der Operette *Die Perle von Iberien*, 2012 die *Danse diabolique*, 2013 die Polka mazur *Unter vier Augen* und 2014 *Vielliebchen*, Polka française. 2016 war Joseph Hellmesberger senior mit der *Ballszene*, der Bearbeitung einer Violinsonate Josef Mayseders, an der Reihe.

Die Hornisten Josef Schantl, Karl Stiegler und Wilhelm Kleinecke, der Oboist Alexander Wunderer und der Sekundgeiger Hermann Grädener zählten ebenso zu den komponierenden Orchestermitgliedern wie der Primgeiger Josef Klein. Sowohl Ballette (*Faun und Nymphe*) als auch Unterhaltungsmusik stammten aus Kleins Feder, unter anderem ein *Elektra*-Walzer, eine Popularisierung der Oper von Richard Strauss in bester Tradition von Johann Strauß. Der Geiger Hugo Riesenfeld verließ das Wiener Orchester 1907 Richtung New York. Nach Anstellungen bei der Manhattan Opera Company von Oscar Hammerstein I. und in einem Broadway-Theater wurde er musikalischer Leiter von United Artists und Schöpfer von über 100 Filmmusiken.

Der philharmonische Cellist Franz Schmidt wirkte ab 1896 im Orchester. Er befand sich in dauerndem Streit mit Konzertmeister und Orchesterdirektor Arnold Rosé, der dem Hausherrn Mahler riet, Schmidt nicht zum

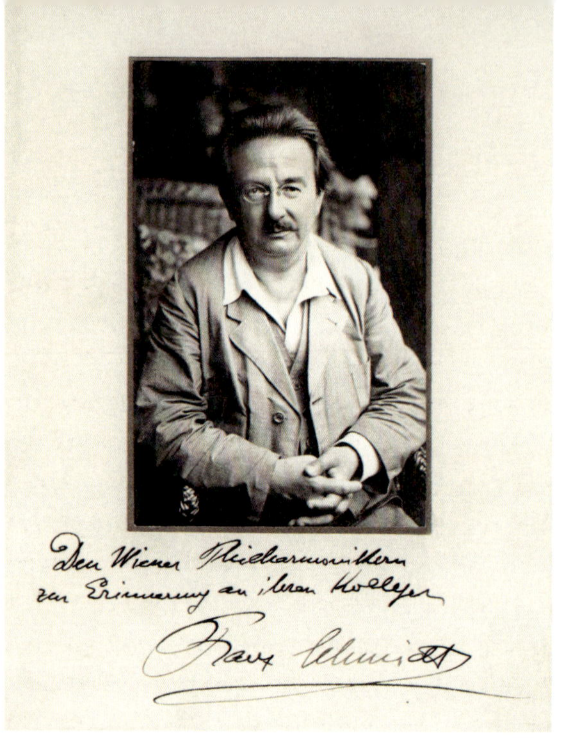

Franz Schmidt: »Den Wiener Philharmonikern zur Erinnerung an ihren Kollegen«

Solocellisten avancieren zu lassen. Die Situation eskalierte, als Schmidt kurzfristig zum Einspringen als Solist in *Walküre* aufgefordert wurde, sich aber rundweg weigerte: »Weder der in dienstlicher Form mir durch den Orchesterdiener übermittelte Auftrag noch die brutalen Drohungen Rosés konnten mich bewegen, meinen Platz mit dem Soloplatz zu vertauschen. […] Mahler überflog die Situation mit einem einzigen Blick, er verzog keine Miene.« Die Vorstellung ging solocello-los über die Bühne, »… aber entlassen wurde ich nicht«.

Es scheint überhaupt, dass Schmidt im Opernorchester Dienst nach Vorschrift versehen, die Zeit aber für seine Kreativität genützt hat. Dem Oboisten Wunderer vertraute er nach einer besonders langweiligen *Bajazzo*-Aufführung an, dass ihm während des Spielens ein Thema eingefallen sei: Es handelte sich um das Hauptthema der Kerkerszene von *Notre Dame*. Das von Victor Hugo inspirierte Werk wurde 1914 an der Wiener Hofoper uraufgeführt, nachdem es bereits von Gustav Mahler und Felix Weingartner abgelehnt worden war. Schmidt hatte das Orchester 1911 verlassen, um sich vollends seiner kompositorischen und pädagogischen Arbeit zu widmen. Seine Künste als Pianist waren auch dem Virtuosen Leopold Godowsky bekannt, der feststellte: »Es gibt überhaupt nur zwei Leute, die wirklich Klavier spielen können … der andere ist Franz Schmidt.«

Komponisten nach 1945

Beschränken wir uns auf jene Herren, die nach 1945 zu philharmonischen Uraufführungsehren gekommen sind. Knappertsbusch leitete 1952 die *Tanzsuite* des Oboisten Hans Hadamowsky, Karajan 1963 die *Rhapsodische Skizze* des Primgeigers Fritz Leitermeyer.

Der Klarinettist Alfred Prinz, der 1945 als nur 15-Jähriger ins Staatsopernorchester engagiert wurde, war 1971 mit seiner *Musik für Orchester* (Dirigent: Horst Stein) präsent. Der Bratschist Paul Walter Fürst schrieb zahlreiche Werke für sein Instrument. Sein op. 54 namens *Omedeto* ist sogar für zwölf Bratschen, auch die Strauß-Werke *Kaiserwalzer* und *Unter Donner und Blitz* hat Fürst für Violen im Dutzend arrangiert.

Für den jüngst pensionierten Sekundgeiger, Lehrer und international erfolgreichen Komponisten René Staar sei nur ein Werk herausgegriffen: 2014 wurde sein Orchesterstück *Time Recycling* unter Semyon Bychkov im Musikverein uraufgeführt, im selben Jahr dirigierte es Gustavo Dudamel bei den Salzburger Festspielen, 2017 begleitete *Time Recycling* die Philharmoniker auf ihr USA-Gastspiel mit Franz Welser-Möst.

U-Musik und andere Künste

Otto Strasser nannte die »U-Musiker« 1981 dünkelhaft »Renegaten« oder »Abtrünnige« und vermutete, dass sich ein Benny Goodman »bei Mozarts Klarinettenkonzert vom Jazz erholt«. In Wahrheit war das Orchester seit jeher offen für Volks- und Unterhaltungsmusiker. Eduard Strauß schätzte 1886 die Zahl der Philharmoniker, die eine Vergangenheit in der Strauß-Kapelle hatten, auf nicht weniger als 27!

Ein Faschingskonzert am 15. Februar 1952 präsentierte im Großen Saal des Musikvereins *Die Wiener Philharmoniker Einmal Anders*, so der Titel. Der spätere Solobratschist Rudolf Streng, die Geiger Fritz Leitermeyer und Karl Rosner, der Saxophonist Rudy Jettel (bei den Philharmonikern spielte er Klarinette als Rudolf!) und der Posaunist Josef Hadraba saßen nicht nur auf dem Podium, es erklangen auch ihre Werke. Auch das Hans Faltl Quartett wirkte mit und spielte ein *Quodlibet* von seinem Namensgeber. Es waren wohlgemerkt fast lauter Stücke der »leichten Muse«.

Am letzten Abend der Japan-Reise unter Herbert von Karajan 1959 fand ein Empfang in der österreichischen Botschaft statt, bei dem Faltl und seine Schrammeln ebenfalls Walzer spielten. Ein gelöster Maestro setzte sich ans Klavier und spielte mit. Faltl wies ihn an: »Immer schön in G-Dur bleiben, Herr von Karajan, dann kann nix passieren!«

Der Primgeiger Karl Machek spielte bei einem beliebten Volksmusik-Quartett, dessen Gründer der philharmonische Kontrabassist Karl Schreinzer war, und heutzutage sind die Geiger Johannes Tomböck und Dominik Hellsberg Mitglieder der »Philharmonia Schrammeln«. Rudolf Jettel kam aus der U-Musik zu den Philharmonikern, der Bartolomey-Schüler Karl (als Saxophonist Charly) Gaudriot führte ein erfolgreiches »Doppelleben« ebenso wie der Posaunist Rudolf Josel, Gründer des Josel-Trios und oftmaliger Jazz-Partner unter anderen von Friedrich Gulda. Georg Breinschmid, Bruder des Flötisten Wolfgang Breinschmid, gehörte dem Staatsopernorchester 1996 bis 1998 an, bevor es ihn in ein anderes Repertoire zog – heute ist er der angesehenste Jazz-Bassist Österreichs.

Doch es gab auch andere Nebenkarrieren, die hier zumindest gestreift werden sollen. Der Bratschist Rudolf Zöllner wurde Bürgermeister von Baden bei Wien, sein Instrumentenkollege Gottfried Martin, auch Betriebsrat des Staatsopernorchesters, war nebenberuflich Maler, Ernst Bartolomey, wie schon vor ihm Hans Novak, Karikaturist. Der Cellist Karl Udel gründete ein populäres Gesangsquartett und gelang zu so hohem Ansehen, dass ihm die Gemeinde Wien ein Ehrengrab widmete. Die Kontrabassgruppe hat zwei Maler hervorgebracht, Adolf Dürrer und Franz Holub, über die ein Kollege witzelte: »Der eine malt echte Holubs, der andere nur falsche Dür(r)er.«

Dynastisches

Wollten wir ermitteln, welche Philharmoniker-Nachkommen in Österreich zu Rang und Einfluss gekommen sind, so würde das wohl ein eigenes Buch erfordern. Darum nur zwei Beispiele: Franz Patay, gegenwärtig Geschäftsführer der Vereinigten Bühnen Wien, ist Sohn des Bratschisten Georg Patay. Und Österreichs beliebtester Komiker der mittleren Generation, Michael Niavarani, ist Enkel von Gustav Swoboda. O-Ton Niavarani: »Mein Groß-

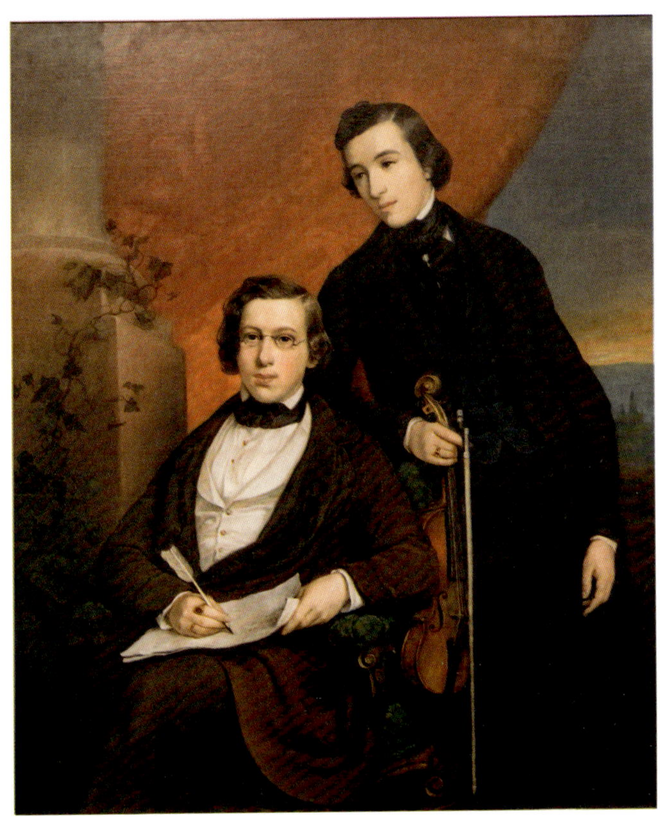

Die Hellmesberger-Brüder Georg junior und Joseph senior

vater war erster Geiger bei den Philharmonikern – die haben vorher keinen gehabt!« Die Keimzelle dieses Humors muss beim Großvater schon vorhanden gewesen sein, denn Swoboda seufzte bei seiner Pensionierung glücklich: »Jetzt kann ich endlich in Frieden üben!«

Selbst wenn wir uns auf Verwandtschaftsverhältnisse innerhalb des Orchesters beschränken, müssen einige »Highlights« genügen. Die erste und bis heute wohl bedeutendste »Dynastie« war jene der Hellmesberger, die über 80 Jahre im Orchester präsent war und in drei Generationen vier Philharmoniker stellte. Orchesterdirektor Georg I. hatte bereits an der Uraufführung der Neunten Beethoven 1824 mitgewirkt. Sein Sohn Joseph I. war laut Otto Nicolai der weit bessere Geiger, auch er Konzertmeister, dazu Streichquartett-Gründer, Dirigent der Gesellschaftskonzerte der Gesellschaft der Musikfreunde und deren Konservatoriumsdirektor. Mit seiner Leitungsfunktion in der Hofmusikkapelle ist eine zauberhafte Anekdote verbunden. Der berühmte Hofoperntenor Gustav Walter schickte regelmäßig seinen Bruder zum Substituieren zu den sonntäglichen Kirchenkonzerten. Als er wieder einmal selbst erschien, begrüßte ihn Hellmesberger: »Guten Morgen, Herr Kammersänger, Ihr Herr Bruder wird doch nicht krank sein!«

Joseph I. hatte zwei »philharmonische Söhne« (Georg junior wirkte und verstarb früh in Hannover), nämlich Ferdinand, der 14 Jahre Cellist, dann Konservatoriumsprofessor war, wo er unter anderen Franz Schmidt und Friedrich Buxbaum ausbildete, und Joseph junior, Konzertmeister in der dritten Generation, Opern- und Abonnementdirigent sowie fruchtbarer Komponist, von dem bereits die Rede war. Die Spielweise Hellmesbergers bringt Merlin als Inbegriff Wienerischen Musizierens auf den Punkt, wenn er schreibt, dass »die Qualität seines Stils weniger auf technischer Präzision und Virtuosität beruhte als auf Raffinement und Sensibilität«.

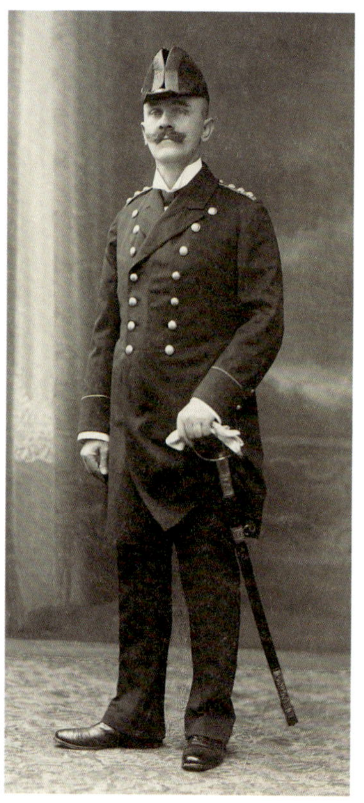

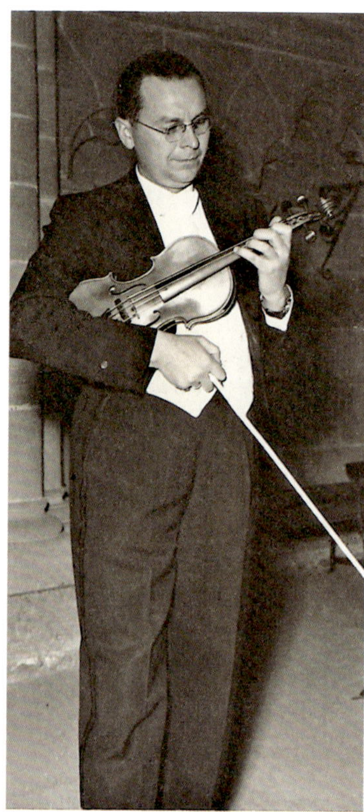

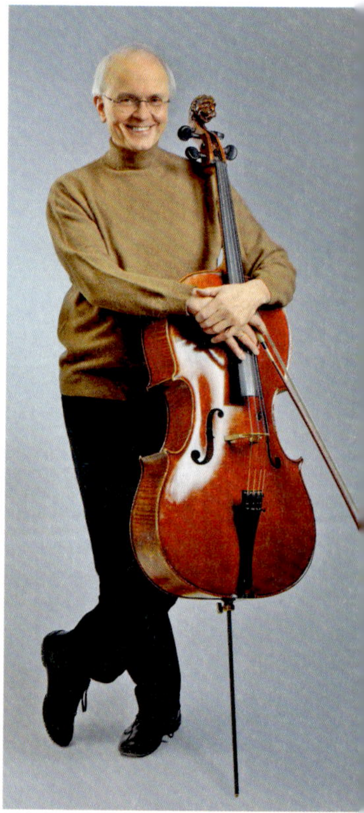

Franz I., Franz II. und Franz III. Bartolomey

120 Jahre Philharmoniker

1892 gewann der tschechische Klarinettist František Bartolomej das »Concurrenzspiel« um die Solistenstelle. Der Direktor des Prager Nationaltheaters wollte ihn nicht ziehen lassen und warnte die Wiener Kollegen auf rührende Weise: »… der Bartolomej kann gar Nichts Deutsch!«

Vom grandiosen Spiel und der nachhaltigen Lehrtätigkeit des Franz I. Bartolomey war bereits die Rede, nennen wir nun seine philharmonischen Nachkommen: der Geiger Franz II., Schüler des Konzertmeisters Mairecker, trat 1938 ins Orchester ein, seine »Einladung f. d. engere Wahl« beim Probespiel trägt bereits die Grußformel »Heil Hitler!«. Franz II., der ein sehr aktiver Vizevorstand und nach seiner Pensionierung Intendant der Wiener Symphoniker war, hatte zwei Söhne: Ernst, Schüler Samohyls, der von 1966 bis 1992 bei den Sekundgeigen engagiert war und 1996 im Alter

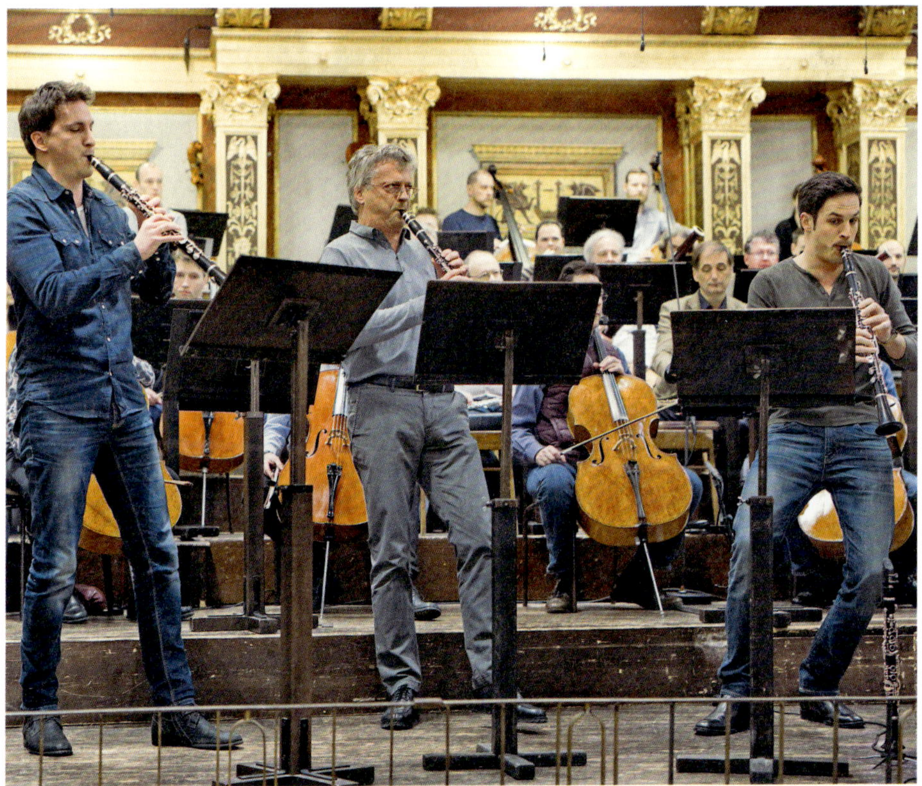

Daniel, Ernst und Andreas Ottensamer

von nur 53 Jahren verstarb. Franz III., ausgebildet bei den philharmonischen Solocellisten Ewald Winkler, Richard Krotschak und Emanuel Brabec, war von 1967 bis 2012 Mitglied des Orchesters, 39 Jahre als Solocellist. Sein Sohn Matthias ist ebenfalls Cellist, der sich jedoch nicht bei den Philharmonikern, sondern unter anderem beim von Harnoncourt gegründeten Concentus Musicus und in dem Crossover-Duo BartolomeyBittmann verwirklicht.

Im selben Jahr wie Franz I. Bartolomey trat Alois Schmidl ins Orchester ein, dessen Familie den Namen tiefgreifender germanisiert hatte (der ursprüngliche Name war Kowalsky gewesen). Seine Familie war im Orchester fast so lange präsent wie die Bartolomeys, allerdings mit Unterbrechungen: Alois war 1892 bis 1914, sein Sohn Viktor 1921 bis 1936, sein Enkel Peter 1965 bis 2010 Mitglied. Peter Schmidl war eine prägende Figur: Erster Soloklarinettist, Philharmoniker-Geschäftsführer (2001 bis 2005) und schließlich Doyen der Wiener Staatsoper (ab 2006). Zahlreiche seiner Schüler an der Musikuniversität Wien fanden ihren Weg zu den Philharmonikern, so Johann Hindler, Norbert Täubl, Andreas Wieser, der 2017 überraschend verstorbene Ernst und sein Sohn Daniel Ottensamer.

Streifen wir noch die Familie Tomböck (Wolfgang senior wurde von Sohn Wolfgang junior 1983 als Solohornist beerbt, Enkel Johannes Tomböck ist Primgeiger) und die erste »weibliche Erbfolge« bei den Philharmonikern: Die Sekundgeigerin Patricia Hood-Koll ist Tochter des Solobratschisten Heinrich Koll.

Das Niveau steigt weiter

Im Jahre 1817 wurde jene Institution gegründet, die sich im Laufe von zwei Jahrhunderten unter wechselnden Namen entwickelt hat: Konservatorium, Akademie für Musik und darstellende Kunst, Musikhochschule, heute Universität für Musik und darstellende Kunst Wien. 1909, im Jahr der Verstaatlichung, unterrichteten dort 27 Philharmoniker (unter anderen Berühmtheiten wie die Konzertmeister Rosé, Prill und Stwertka, der Cellist Buxbaum, der Kontrabassist Simandl, der Oboist Baumgärtel, der Harfenist Zamara und der Paukist Schnellar). Heute beläuft sich die Zahl der Professoren aus dem Wiener Spitzenorchester auf rund ein Dutzend. An der Musik und

Kunst Privatuniversität der Stadt Wien (*MUK*), der anderen universitären Ausbildungsstätte in der österreichischen Hauptstadt, unterrichten zurzeit fünf Philharmoniker.

»Das Niveau einer Diplomprüfung war vor einem Vierteljahrhundert nicht höher als heute der Standard eines normalen Klassenabends an der Musikhochschule«, stellte Wolfgang Herzer, Solocellist von 1973 bis 2005, bereits Mitte der 1980er-Jahre fest. Und das Niveau steigt weiter …

Fazit: Gibt es einen »Wiener Klang«?

Verlässlich erkennen kann die Philharmoniker nicht einmal ein Philharmoniker: Primgeiger Andreas Großbauer ist einem Test »aufgesessen«, bei dem ihm fünf unterschiedliche Versionen der *Fledermaus*-Ouvertüre vorgespielt wurden. Es waren jedes Mal die Wiener Philharmoniker, aber unter fünf verschiedenen Dirigenten! Der Einfluss des musikalischen Leiters ist eben nicht zu unterschätzen …

Otto Strasser äußerte 1981 die Sorge, dass sich, »einem allgemeinen Trend zur Normierung folgend, eines Tages die Wiener Philharmoniker zu einem Orchester entwickeln könnten, das stilistisch internationalisiert wird und sein musikalisches Wienertum vergißt«. Solobratschist Heinrich Koll sieht das »Sprachenproblem« differenzierter: »Wir sprechen einen Dialekt. Wenn ich das zu sehr durchmische, wird es vergehen.« Der aus dem Salzburger Land stammende Soloklarinettist Matthias Schorn ist hingegen der Meinung, dass man sich den Wiener »Musikdialekt« aneignen kann: »Die Unverwechselbarkeit der Philharmoniker, dieses Musikantentum, das überhaupt nichts mit Nationalität zu tun hat, müssen wir uns bewahren.« (Merz)

Christian Thielemann bezog sich auf einen älteren Kollegen, in dessen Tradition er sich durchaus sehen kann: »Ihre außerordentliche Flexibilität möchte ich besonders hervorheben, der Klang ist jedes Mal einzigartig, ein ›Naturprodukt‹, das gerade nicht ›auf dem Wege technischer Dressur‹ erreicht werden kann, geschaffen durch eine ›Schar von Virtuosen hohen Ranges‹, um Worte von Wilhelm Furtwängler zu zitieren.«

Derselbe Furtwängler, zu Anfang der 1920er-Jahre Chefdirigent des Wiener Tonkünstlerorchesters (dem Vorgänger der heutigen Wiener Symphoniker), besuchte Philharmonische Konzerte und war beeindruckt vom

»eigentümlich leuchtenden Klang der Streicher«. Jemand versicherte ihm, das läge an den Instrumenten aus der Wiener Geigenbauer-Werkstatt Gabriel Lemböck (von denen einige übrigens heute noch in Gebrauch sind). Als der junge Kapellmeister den Versuch machte, sein Orchester mit diesen Wunderinstrumenten auszustatten, stellte sich heraus, dass der Klang noch »matter und glanzloser als gewöhnlich war«. Die Lehre, die Furtwängler aus diesem gescheiterten Experiment zog, ist heute noch gültig: »Es sind eben nicht die Instrumente, die die Musik machen, […] auch nicht die ›Schule‹, auch nicht das Können, sondern die Menschen sind es und ihr persönliches Lebensgefühl, das hinter der künstlerischen Leistung als eigentliches Agens steht.« Wir denken an die Worte des Komponisten im Vorspiel zu *Ariadne auf Naxos*: »Wenn ich sage: die Geigen, so mein' ich die Spieler!«

Diese Spieler sind heute vermehrt Spielerinnen, die einen frischen Zugang zur »klassischen« Musik mitbringen, so wie Patricia Hood-Koll: »Diese organisierte Schlampigkeit, das ist unsere Stärke. Die Emotionen raushauen und die Leute berühren.« (Merz)

Der philharmonische Geiger Stefan Wahl verglich anlässlich eines Gastspiels der Meininger Hofkapelle 1904 dieses Orchester mit dem seinen. Die Meininger Musiker »frappierten mehr als sie siegten, hauptsächlich durch die Präzision und Exaktheit ihres Zusammenspiels. […] An Wärme und Schwung blieben sie uns Vieles, um nicht zu sagen Alles, schuldig.« Während das deutsche Orchester also in fast militärischer Zucht agierte, waren die multikulturell aufgestellten Österreicher die Experten für Gefühl und Ausdruck – eine Sicht, die bis heute vorzufinden ist. Wahl resümierte: »Wir spielen gewissermaßen die Vermittlerrolle der gemäßigten Zone, welche die Gegensätze von Nord und Süd auszugleichen hat.«

Diese Darstellung erinnert uns an einen noch viel älteren Text aus der Feder Franz Grillparzers. Das Loblied auf Österreich aus seinem Drama *König Ottokars Glück und Ende* (1825) enthält bereits die geografisch-nationalen Antagonismen, deren Überwindung als Österreichs Auftrag gesehen wird: »O gutes Land! O Vaterland! Inmitten dem Kind Italien und dem Manne Deutschland liegst du, der wangenrote Jüngling da. […] und mache gut, was andere verdarben.«

Hier handelt es sich also nicht nur um einen musikalischen, sondern um einen österreichischen Mythos. Das Österreichische im Allgemeinen und das Wienerische im Besonderen ist die Mischung aus deutschen, slawischen, ungarischen, jüdischen und mediterranen Einflüssen. So verhielt es sich im Vielvölkerstaat, dessen »Kind« die Philharmoniker sind, so verhält es sich mit der Zusammensetzung und dem speziellen Klang des Orchesters noch heute. So wie Wien stets ein »melting pot« war, wirkten und wirken hier auch Musiker aus allen geografischen und stilistischen Himmelsrichtungen, unter denen die »deutschen« Einflüsse nie dominierend waren. Vergessen wir aber auch nicht die philharmonischen Lieblingskomponisten, die drei »großen B« (Beethoven, Brahms, Bruckner), sowie Mozart, die allesamt nicht aus Wien stammten.

Das Schlusswort des Kapitels möge einem Franzosen gehören, Dominique Meyer, der sich als Kulturmanager große Kenntnis der Wiener Philharmoniker erworben hat: »Man wird nie alle Geheimnisse dieses Klangs kennen. Gott sei Dank.«

Glückwunschschreiben des Hofopernchores zum 50-jährigen Bestand der philharmonischen Abonnementkonzerte (1910)

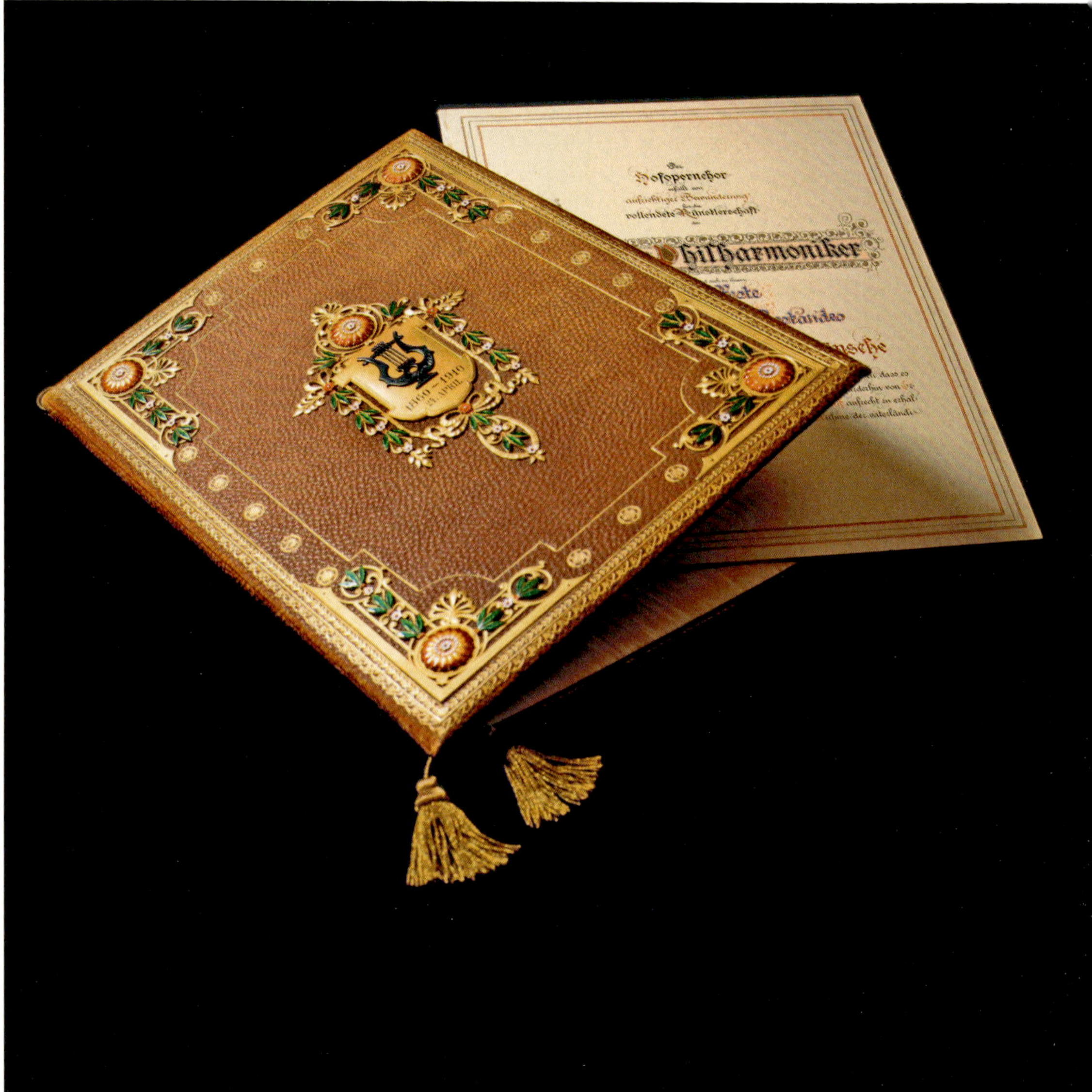

»Wie komme ich zu den Philharmonikern?«

Und: Wie die Philharmoniker zu sich selbst kamen

Der Witz ist allzu bekannt. Ein Reisender kommt auf dem Westbahnhof an und stellt einem Taxifahrer die titelgebende Frage. Der Angesprochene antwortet bedächtig: »Üben, üben, üben!«

Die erste Geschäftsordnung

Fragen wir aber auch, wie sich die Institution entwickelt hat, wie die Philharmoniker zu sich selbst gekommen sind. Schon Otto Nicolai hatte zweimal Statuten zur Unterschrift vorgelegt, die erste erhaltene Geschäftsordnung der »Philharmonischen Konzertunternehmung« aber stammt aus dem Jahre 1862. Sie macht klar, dass kein Konzertunternehmer, sondern die freie Gemeinschaft professioneller Künstler die Entscheidungen trifft. Es wurde festgehalten, dass mindestens einmal im Jahr eine »General-Versammlung« stattzufinden hat, die über die Wahl des Dirigenten und die Zusammensetzung des zwölfköpfigen »Comités«, des Verwaltungsgremiums (dem bis ins Jahr 1898 noch der Dirigent vorstand), befindet. Ein Aufteilungsschlüssel für Gesamteinnahmen wurde ebenfalls beschlossen, wonach dem Dirigenten drei, dem Konzertmeister zwei Anteile und allen anderen ein Anteil zustanden. Im Krankheitsfalle – und das ist eine bedeutsame soziale Errungenschaft – wurde dem Mitglied der volle Anteil ausbezahlt. Schließlich wurde auch das Notenarchiv eingerichtet und der demokratische Ablauf bei der Annahme neuer Stücke im Rahmen der sogenannten »Novitätenproben« bestimmt.

Blaukopf resümiert: »Die philharmonische Verfassung, die schon 1862 das allgemeine und geheime Wahlrecht vorsah und damit der politischen fast ein halbes Jahrhundert vorauseilte, hat sich somit bewährt, obwohl es gar nicht leicht ist, ein solches Kollektiv von Individualisten, wie es die Wiener Philharmoniker sind, unter einen Hut zu bringen.« Diesen Satz wird wohl jeder Orchestervorstand der Geschichte unterschreiben!

Absicherung in der Oper

Aus einem 1865 erstellten Gutachten ging hervor, »daß das vortreffliche Institut des Opernorchesters, die Perle unseres Operntheaters, sehr gering bezahlt ist«. Erst 1872 geruhte Kaiser Franz Joseph I. die Errichtung eines »Pensions-Institutes des k.k. Hof-Operntheaters« zu genehmigen. Im September 1886 wurde schließlich der »Verein Nicolai, Kranken-Kassa der Mitglieder des k.k. Hofopern-Orchesters« (samt den Nicolai-Konzerten) ins Leben gerufen, zu dem unter anderen Hans Richter, Johann Strauß und Gustav Mahler großzügig beitrugen.

Erst mit einer Vereinbarung aus dem Jahre 1953 wurde die Existenz der Philharmoniker von der Staatsoper juristisch zur Kenntnis genommen. Der § 8 gewährt den Orchestermitgliedern Anspruch auf sechs Wochen Urlaub während des Spieljahres »zwecks Teilnahme an den Gastspielreisen der Wiener Philharmoniker«, der Verein hat die Substituten zu stellen und zu honorieren. Der § 9 legt fest, dass an den »Abonnementkonzerten vorangehenden Tagen« keine Probenverpflichtungen bestehen. Mit dem Bundestheater-Pensionsgesetz (1958) und den Orchester-Kollektivverträgen von 1969, 1983 und 2011 wurden weitere Eckpfeiler eingeschlagen, Dienstlimits für Vorstellungen und Proben geregelt, sechs namentlich genannte Wagner-Opern mit »überlange[r] Dauer« als »Doppeldienste« angerechnet sowie die »freie Diensteinteilung« (das Orchester bestimmt autonom, welche Musiker zu Proben und Vorstellungen eingeteilt werden) offiziell bestätigt. 2007 wurde die »Probespiel-Ordnung« geregelt.

Es ist ein Puzzlespiel für den Staatsopernleiter, »sein« Orchester zu verpflichten. Dominique Meyer brachte den Albtraum des Direktors auf den Punkt: »Das Orchester ist in Japan und ich habe alle großen Wagner-Sänger zur Verfügung – was dann?«

Orchestervergrößerungen

Die Philharmoniker sind heute mehr als doppelt so stark wie im Jahr ihrer Gründung. 1842 umfasste das Opernorchester nur 64 Musiker, 1860, im Jahr der Etablierung der Abonnementkonzerte, bereits 82. Mit dem Umzug ins neue Opernhaus am Ring 1869 ist der Klangkörper auf über 100 Spieler angewachsen, nach dem Abgang von Gustav Mahler 1907 waren es 120. Und bei dieser Zahl war auch bis 1973 der Mitgliederstand der Wiener Philharmoniker »eingefroren«. Was mit neuen Angehörigen des Opernorchesters geschehen sollte, die in den philharmonischen Verein strebten (1869 hießen sie »außerordentliche Mitglieder«, 1903 »Expectanten«, 1971 »Anwärter«), wurde lange nicht zufriedenstellend gelöst. »Der Konflikt zwischen den etablierten Mitgliedern, die kaum bereit waren, ihre Einkünfte zu teilen, und ihren jungen Kollegen, sollte sich mit jeder Orchestervergrößerung verschärfen.« (Merlin)

Dem sukzessiven Ansteigen der Aufgaben außerhalb der Oper (Salzburg, Konzerttourneen, Aufnahmetätigkeit) stand in der Nachkriegszeit »ein Orchester [gegenüber], dem die Luft auszugehen drohte«, der »Mangel an Neuzugängen« war dafür verantwortlich (Merlin). Bei der virulenten Frage um Herabsetzung des Pensionsalters gab es eine unerwartete Wortmeldung, die Christian Merlin in den Archiven aufgestöbert hat: Der Geiger Theodor Hess bat um seine Pensionierung, um »den Verfolgungen durch den Anwalt seiner geschiedenen Frau« zu entgehen. »Denn als Pensionist müsse er zwar seiner Exfrau ein Drittel seiner Pension abtreten, aber die Nebeneinkünfte könne er für sich behalten. Er hoffte nämlich, weiter im Orchester als Substitut spielen zu können« und erreichte dieses Ziel auch.

Es kam, eingeleitet von Böhm, fortgesetzt von dessen Nachfolgern Karajan und Hilbert, nach und nach zur bedeutendsten Orchestererweiterung seit 1869. Im Jahre 1964 zählte das Staatsopernorchester 150 Musiker, also um 30 Stellen mehr als die Philharmoniker! Doch das war erst der Anfang: »Zwischen 1964 und 1970 wurden 65 neue Mitglieder engagiert« (Merlin). Die nach zähem Ringen für die sogenannte »Vergrößerungsgeneration« gefundene Regel war, dass jeder Philharmoniker-Anwärter sich zu einer Probezeit von drei Jahren verpflichtete, bis er Wiener Philharmoniker werden durfte – die Statuten wurden 1973 demgemäß abgeändert.

Eine starke Verjüngungswelle fand in unserem Jahrhundert statt, wurden doch zwischen 2000 und 2012 nicht weniger als 40% der Orchestermitglieder pensioniert. Mittlerweile hat sich eine bemerkenswerte »Internationalisierung« durchgesetzt, die das Vorurteil gegen ein hermetisch abgeschlossenes Orchester widerlegt. Laut Merlin gibt es Orchester, »die sich weit weniger nach außen geöffnet haben und dennoch von der Polemik verschont bleiben«, so zählt die Staatskapelle Dreden fast 92% Deutsche und das Mariinsky-Orchester in St. Petersburg keinen einzigen nichtrussischen Musiker.

Zwei Drittel der Philharmoniker kommen heute aus Österreich, ein Drittel stammt aus 22 Nationen, wobei Merlin vor allem das Comeback der ehemaligen Kronländer konstatiert – könnte dies der Garant für einen »altösterreichischen« Klang sein?

Probespiel

Beantworten wir nun endlich die Titelfrage dieses Kapitels: Der Weg führt einzig über die Wiener Staatsoper. Dort, im Gustav-Mahler-Saal, trinkt und parliert das Publikum entspannt in den Vorstellungspausen. Betritt ein Mitglied der Philharmoniker diesen Saal, dann wird sein oder ihr Adrenalinspiegel unweigerlich steigen, wenn Erinnerungen an *den* Karrieremoment wach werden: Hier finden die Probespiele statt, deren erfolgreiches Bestehen Voraussetzung für die Aufnahme ins Opernorchester sind.

Eine Jury, welcher der Staatsoperndirektor und bis zu 25 Orchestermitglieder (vor allem aus der Stimmgruppe, für die ein Neuzugang gesucht wird) angehören, entscheidet über Wohl und Wehe der Bewerber. Diese spielen, um Anonymität zu garantieren, zunächst hinter einem Vorhang. Ist das Probespiel erfolgreich verlaufen, absolviert der/die MusikerIn ein Probejahr im Staatsopernorchester, ist aber von Anfang an Mitglied der »Arbeitsgemeinschaft Wiener Philharmoniker«, kann also auch zu Konzertdiensten herangezogen werden. Nach drei Jahren Bewährungszeit in Oper und Konzert kann ein schriftlicher Antrag auf Mitgliedschaft beim Verein der Wiener Philharmoniker gestellt werden, die Vollversammlung trifft schließlich die Entscheidung.

Berühmtester »Durchfaller« des Concurses, wie das Probespiel damals hieß, war Fritz Kreisler, der Meisterschüler Joseph Hellmesbergers jun. Es ist nicht geklärt, woran seine Konzertmeisterkarriere scheiterte: an dem starken Vibrato, auf das er im Orchester hätte verzichten müssen? Am Konkurrenzneid Rosés? Er war es zumindest, der Kreisler attestierte, nicht blattlesen zu können. Während nämlich heute die zu spielenden Stücke im Voraus bekannt gegeben werden, mussten sich die Anwärter damals noch mit nie Gesehenem auseinandersetzen – Kreisler, der spätere Virtuose von Weltruhm, mit einem komplizierten Solo aus Goldmarks *Königin von Saba*.

Zwei Seiten des Probespiels: Die Einsamkeit des Bewerbers …

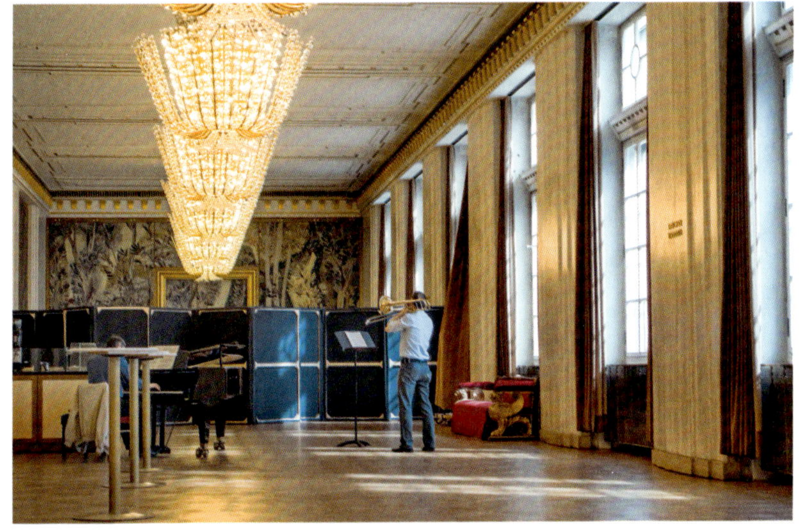

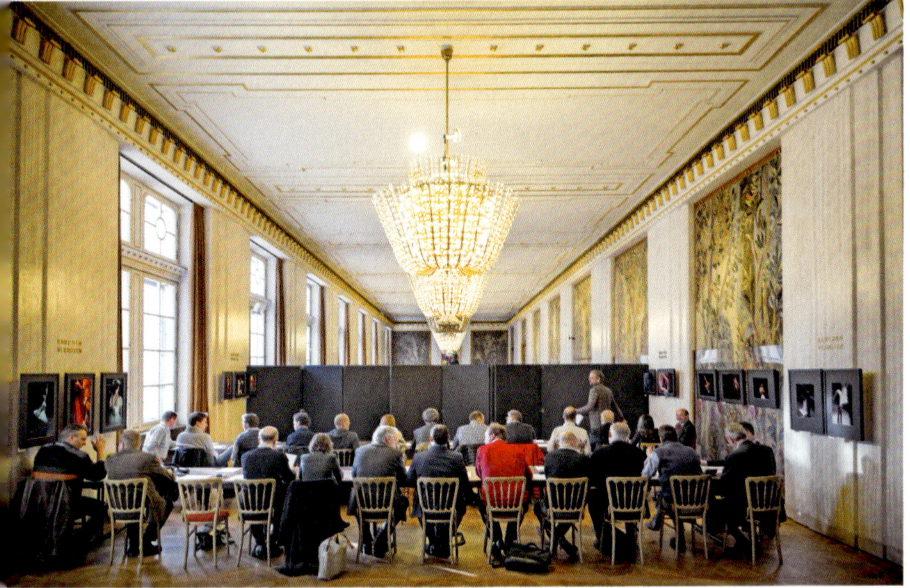

… und die mehrköpfige Jury

Stolze Wiener Philharmonikerinnen aus Frankreich: Geigerin Isabelle Ballot und Fagottistin Sophie Dartigalongue

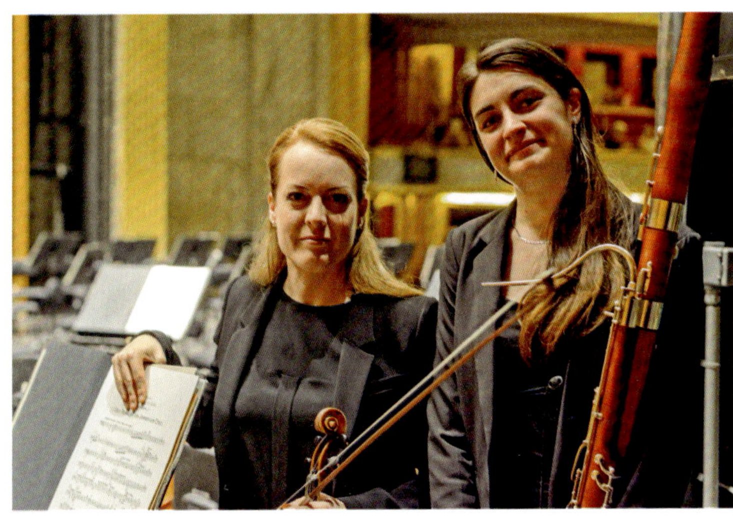

Frauen? Frauen!

Die ungewöhnlich langen Haare des jungen Klarinettisten Alfred Prinz veranlassten den Dirigenten Igor Markevitch zu einer Fehlwahrnehmung: »Die große Blonde da, sie hat keine Disziplin!«, rief er in einer Probe. Zu Lebzeiten Markevitchs, er starb 1983, sollte keine Frau bei den Philharmonikern Zutritt erhalten. Drei Jahre später notierten Herta und Kurt Blaukopf, ohne einen wertenden Kommentar anzuschließen: »Es gibt keine Philharmonikerinnen. Die Zugehörigkeit ist dem männlichen Geschlecht vorbehalten, obgleich wir auch bei sorgfältigster Lektüre der Vereinsstatuten keine Verankerung dieses Privilegs finden können.« Der Wiener Bürgermeister Helmut Zilk sprach bei den 150-Jahr-Feiern im Jahre 1992 noch launig von einem »Männerorden«; andere, zum Beispiel die österreichische »Arbeitsgruppe Frauenrechte Menschenrechte« und die US-amerikanische »National Organization for Women«, konnten der Situation keine spaßigen Seiten abgewinnen.

Das Staatsopernorchester erhielt 1963 sein erstes weibliches Mitglied: Die US-amerikanische Harfenistin Christine Anders, geborene Stavrache, wurde von Operndirektor Karajan engagiert. Der Harfenist und Lehrer Hubert Jelinek äußerte während einer erbitterten Diskussion in der Hauptversammlung, »dass Frauen früher oder später kommen werden, damit müsst ihr euch abfinden, da es keine männlichen Schüler in meiner Klasse gibt«.

Reguläres Mitglied zu werden, war erst der Nachfolgerin von Christine Anders vergönnt. Die Budapesterin Anna Lelkes wurde 1971 ins Orchester der Staatsoper aufgenommen und gehörte ab 1974 der Arbeitsgemeinschaft der Philharmoniker an. Am 27. Februar 1997 wurde die Harfenistin als erste Frau überhaupt Mitglied der Wiener Philharmoniker. Eine Tür ist geöffnet worden, Vorstand Werner Resel durchschritt diese in die andere Richtung: Er gab fünf Wochen später seinen Rücktritt »aus persönlichen Gründen« bekannt.

Polemische Diskussionen um die Anwesenheit von Frauen im Orchester wurden noch jahrelang, auch mit reger Medienbeteiligung, ausgetragen, während eine Entwicklung voranschritt, die für eine neue Generation kein Problem mehr darstellt. Auf Lelkes folgte 2001 die Harfenistin Charlotte Balzereit, in anderen Instrumentengruppen traten bald Ursula Ruppe, geborene Plaichinger (Bratsche), Ursula Wex (Violoncello) und Isabelle Ballot, geborene Caillieret (Erste Violine) hinzu. Seit 2008 gibt es sogar eine Konzertmeisterin, die aus Bulgarien stammende Albena Danailova.

Der Frauenanteil bei den Wiener Philharmonikern ist nicht mit jenem von Orchestern vergleichbar, die schon Jahrzehnte zuvor diesen Weg beschritten haben. So finden wir bei den New Yorker Philharmonikern über 40% Frauen, im Opernhaus Zürich fast 39%. Und so verhält es sich derzeit bei den drei anderen Wiener Orchestern: Die seit dem Jahr 1900 bestehenden Wiener Symphoniker besitzen einen Frauenanteil von über 20%, beim Tonkünstler-Orchester Niederösterreich (gegründet 1907) sind es solide 50%, beim jungen, erst seit 1969 bestehenden ORF Radio-Symphonieorchester ein gutes Drittel weibliche Mitglieder. Die Philharmoniker halten 2017/18 mit 142 Stellen bei 16 Musikerinnen, also über 11%, eine weitere, die Soloflötistin Silvia Careddu, absolviert ihr Probejahr im Staatsopernorchester. An der Musikuniversität Wien sind bereits 50% des Streichernachwuchses weiblich, und ebenso hoch ist der Frauenanteil bei den Probespielen für das Staatsopernorchester – der Weg ist also klar.

Die erste Frau am Dirigentenpult der Wiener Philharmoniker war keineswegs in unserem Jahrtausend Simone Young, sondern Felix Weingartners Frau Carmen Studer. Sie leitete 1935 ein Konzert in Salzburg. Mittlerweile sind auch Dirigentinnen keine Besonderheit mehr für das Orchester; zuletzt debütierte hier die Französin Emanuelle Haïm mit einem Händel-Programm im September 2016.

Soziale Verantwortung und Jugendarbeit

Schon früh gab es in der Geschichte des Orchesters Benefizkonzerte. Doch solange schlecht bezahlte Musiker mit philharmonischen Konzerten versuchten, ihre eigene Finanzlage aufzubessern, waren die Möglichkeiten begrenzt. Heute sind die Wiener Philharmoniker ein wohlhabendes Unternehmen und ihre sozialen Aktivitäten sind reichhaltig. Einige Beispiele mögen genügen.

In der niederösterreichischen Gemeinde St. Aegyd kaufte und adaptierte das Orchester um 250 000 Euro einen Gasthof, der ab dem Sommer 2016 Flüchtlingsfamilien zur Verfügung gestellt wurde. Auch die Versteigerung von 27 Karten für das Neujahrskonzert 2017 kam dem Philharmonikerhaus für Asylsuchende zugute.

Im Gefolge der Nuklearkatastrophe von Fukushima im März 2011 wurde der »Vienna Philharmonic and Suntory Music Aid Fund Japan« gegründet,

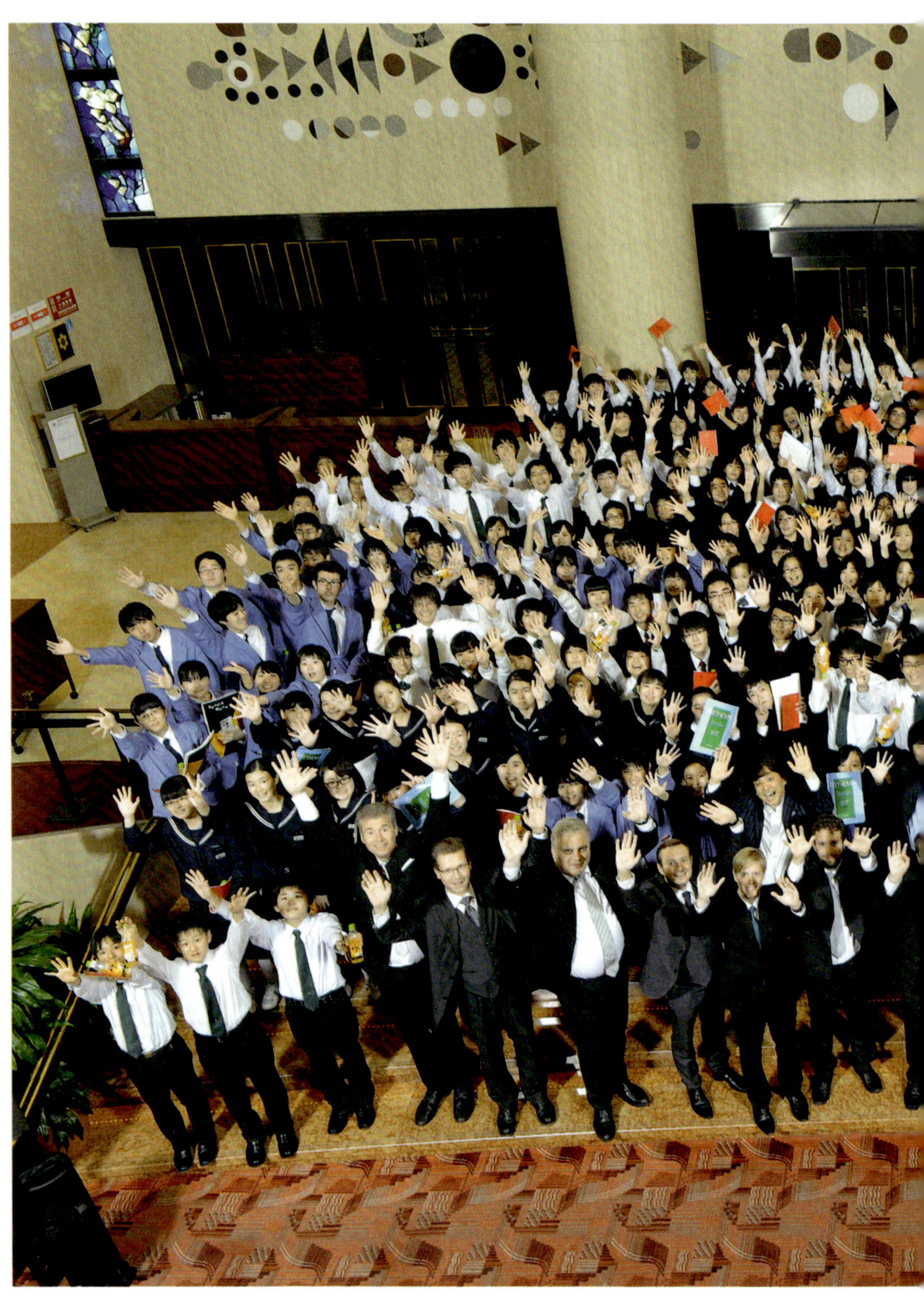

Gruppenbild beim Fest zum fünfjährigen Bestand des »Vienna Philharmonic and Suntory Music Aid Fund« in der Suntory Hall, Tokyo

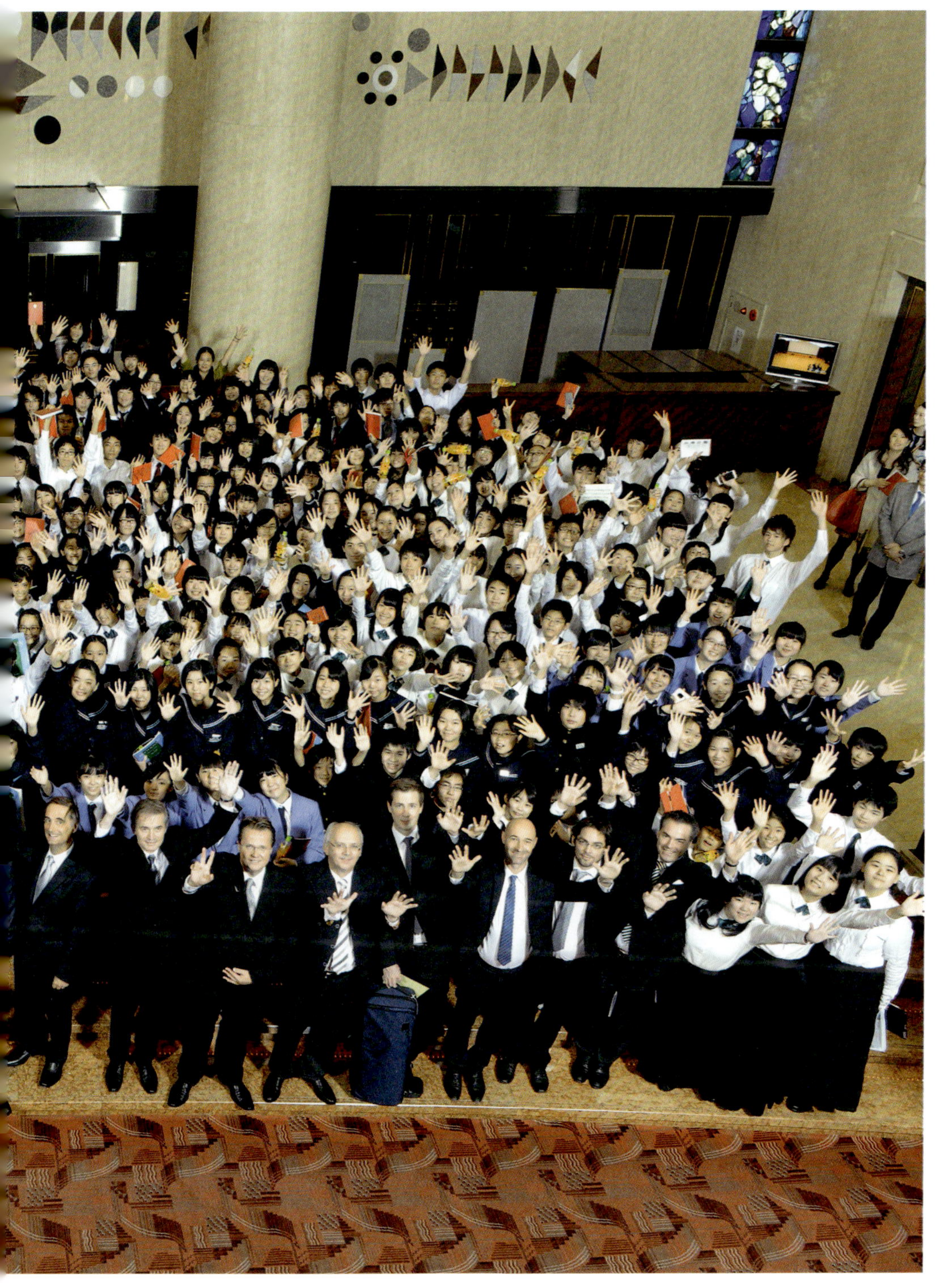

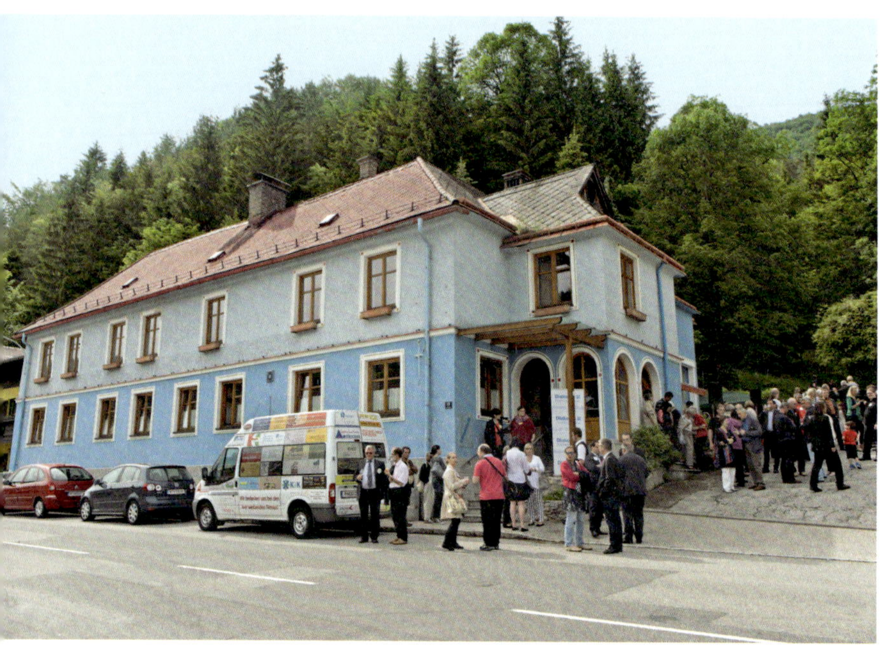

Das Philharmonikerhaus in St. Aegyd

Die Jugend präsentiert sich vor dem Sommernachtskonzert 2016.

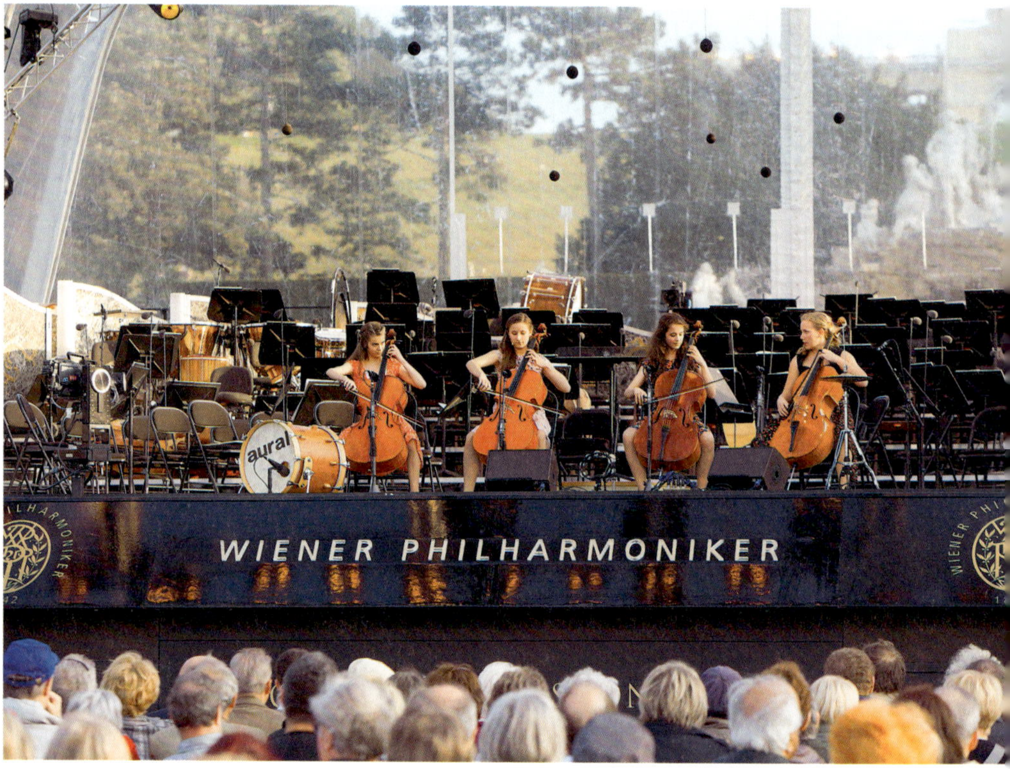

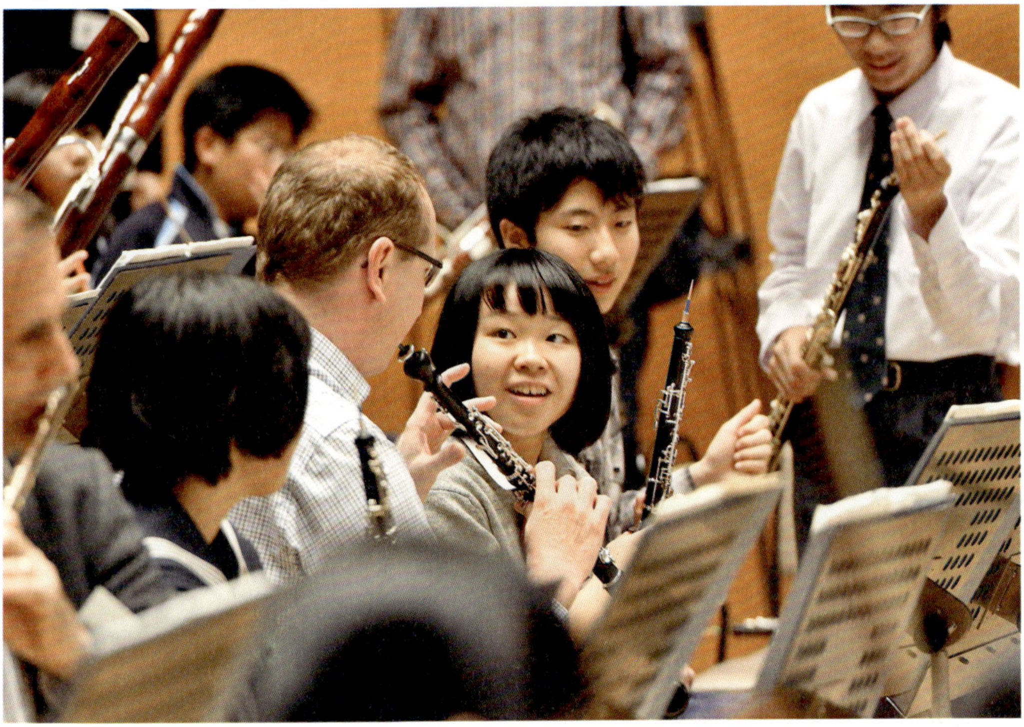

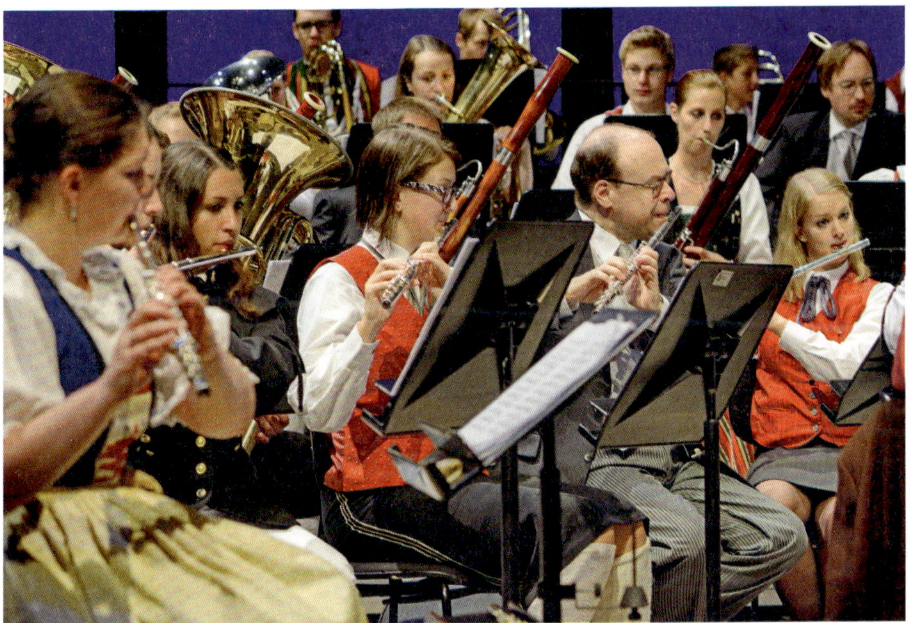

Oboist Wolfgang Plank und Flötist
Wolfgang Breinschmid konzertieren
mit jungen KollegInnen in Japan und
Österreich.

in den bislang über eine Million Euro geflossen sind. Konzerte, Seminare und Instrumentenspenden banden insbesondere jüngere Bewohner der Katastrophengebiete ein.

Die Zusammenarbeit mit »Superar« (einer Organisation, die nach dem Vorbild des venezolanischen »Sistema« armutsgefährdete Jugendliche in Europa betreut) gipfelte in gemeinsamer Konzertarbeit unter Gustavo Dudamel zu Jahresbeginn 2017. Projekte wie diese stehen an der Schnittstelle von sozialer und Jugendarbeit.

Längst sieht sich unser Orchester nicht mehr als elitäre Unternehmung für betuchte Kunden ab der mittleren Altersschicht. Heute wird viel Zeit und Geld in die Erschließung junger Publikumsschichten investiert. Schon seit Längerem sind die Philharmoniker Paten des Wiener Musikgymnasiums, zuletzt sind mehrere Initiativen dazugekommen, zum Beispiel das Musikvermittlungsprogramm »passwort:klassik«, in dessen Rahmen »klingende Konzerteinführungen«, Schulkonzerte und Workshops angeboten werden. In Zusammenarbeit mit den Salzburger Festspielen und mit Unterstützung der Salzburg Stiftung der American Austrian Foundation (AAF) werden während des Festspielsommers die passwort:klassik-Operncamps angeboten.

Auch Nachwuchsförderung wird großgeschrieben: Zu nennen sind das »Internationale Orchesterinstitut Attergau«, die Angelika-Prokopp-Sommerakademie unter der künstlerischen Leitung des Fagottisten Michael Werba und das »Internationale Musikforum Trenta« mit Meisterkursen für Streicher. »BePhilharmonic« ist ein weiteres erfolgreiches Jugendprojekt, in dessen Rahmen der Kontrabassist Christoph Wimmer den »Strauß Contest 2016« initiierte. Finanziert wurde es mit Mitteln des Karajan-Preises, den die Philharmoniker 2014 erhalten hatten. Nachwuchsensembles von MusikerInnen zwischen sechs und 19 Jahren wurden zur Einsendung von Musikvideos eingeladen, die sich Werken der Strauß-Dynastie widmen. Die Gewinner konzertierten vor dem Sommernachtskonzert 2016 in Schönbrunn, das österreichische Fernsehen produzierte eine Dokumentation über das Projekt.

Hinter den Kulissen

Der Schlager lehrt: »Es kommt auf die Sekunde an bei einer schönen Frau«, und in der Kunst gilt Ähnliches wie in der Liebe. »Was zählt, ist der Augenblick«, so lautet der – von Nikolaus Harnoncourt entlehnte – Titel der philharmonischen Familienbiografie, die Franz Bartolomey verfasst hat. Leicht wird jedoch übersehen, wie viel Vorbereitungsarbeit dem »Augenblick« vorangeht. Eine Unmenge an organisatorischer und praktischer Arbeit ist abseits der musikalischen zu leisten, damit eine Tournee vonstattengehen, ein Konzert ablaufen, eine TV-Übertragung stattfinden kann.

Die zentralen Führungsaufgaben liegen bei dem »Komitee« benannten Verwaltungsausschuss. Es besteht derzeit aus zehn aktiven Mitgliedern: dem Vorstand und seinem Stellvertreter, Geschäftsführer, Kassier, einem Kartenverwalter, Ordnungswahrer (sie werden für je drei Jahre gewählt) sowie vier Komiteemitgliedern ohne Funktion. Der Vorstand vertritt den Verein nach außen und innen, während die – auch internationale – Terminkoordination vom Geschäftsführer besorgt wird. Das Komitee tritt mindestens einmal monatlich zusammen, einmal jährlich bestimmt die Hauptversammlung den Kurs des Unternehmens, so auch alle drei Jahre die Zusammensetzung des Komitees. Zur philharmonischen Selbstverwaltung zählen auch drei Funktionäre, die nicht dem Komitee angehören: der Ballchef, der Leiter des Historischen Archivs und der Reiseleiter.

»Selbstverwaltung« bedeutete lange Zeit, dass die gesamte Arbeit von aktiven Philharmonikern selbst erledigt wurde. Dies ist in Zeiten der internationalen Beanspruchung nicht mehr denkbar. Daher sind mittlerweile 16 Nicht-Mitglieder des Orchesters angestellt (drei davon Teilzeit), und zwar in den Bereichen Sekretariat, Künstlerisches Betriebsbüro, PR und Kommunikation, Rechnungswesen, Kartenbüro, Notenarchiv, Historisches Archiv sowie Tonarchiv, wo die akustischen Schätze gehütet werden.

Unabdingbar sind weiters die Geigenbauer (die Philharmoniker arbeiten hauptsächlich mit dem im Musikverein stationierten Wilfried Ramsaier-Gorbach zusammen) sowie drei Orchesterwarte, die nicht nur Staatsoper und Musikverein, sondern auch alle anderen Auftrittsorte des Orchesters im In- und Ausland zu betreuen haben: Instrumententransporte, Aufstellung und Abbau von Stühlen und Pulten, Verteilung und Einsammeln des Notenmaterials zählen dazu.

Archivarbeit

Kaum ein Musikfreund denkt an die organisatorische – und finanzielle – Leistung, die zu erbringen ist, damit für jedes Konzert das richtige Notenmaterial bereitliegt. Dies wird durch das 1862 gegründete Notenarchiv geleistet. Der erste Archivar war der Geiger Carl Mayer, der in einem Brief an das Komitee um Anschaffung eines passenden Notenschrankes bat; sollte dies aber nicht möglich sein, möge die Archivleitung »einem anderen Mitgliede der Gesellschaft« übertragen werden, »das vielleicht einen entsprechenden Schranck zur Verfügung« hat. Für Schränke ist mittlerweile gesorgt – und auch für eine ausreichende Dotierung des Notenarchivs. Einst finanzierte sich die »Archiv-Cassa« aus Gehaltsabzügen für Musiker, gegen die Disziplinarverfahren liefen. Auch bei kleineren Verstößen, wie Verspätungen bei Proben, wurde eingezahlt – dies tat übrigens auch Felix Weingartner, als er einmal nicht pünktlich erschien!

Der Archivar Franz Slavicek, 1924 als Bratschist eingetreten, später Stimmführer der Sekundgeigen, hat die Notenbestände katalogisiert und geordnet. 1928 fand er Zeit für ein Intermezzo auf der (stummen) Leinwand: Da er Franz Schubert ähnlich sah, besetzte man ihn 1928 in einem Hollywood-Film über den Komponisten.

Es ist Teil einer großen Tradition, dass unser Orchester bis ins neue Jahrtausend hinein Beethoven-Symphonien aus dem Material der Nicolai-Zeit spielte. Mittlerweile liegen diese Kostbarkeiten im Historischen Archiv, das erst 1979 vom Notenarchiv abgetrennt wurde. Die große Stunde schlug Anfang Oktober 2014, als die Wiener Philharmoniker den mit einer Million Dollar dotierten Birgit Nilsson Preis erhielten. Nach einstimmigem Beschluss der Musikerinnen und Musiker wurde das Preisgeld für die Ausweitung des Historischen Archivs verwendet. Im März 2017 bezog es neue Räumlichkeiten – doch davon soll im abschließenden Kapitel die Rede sein.

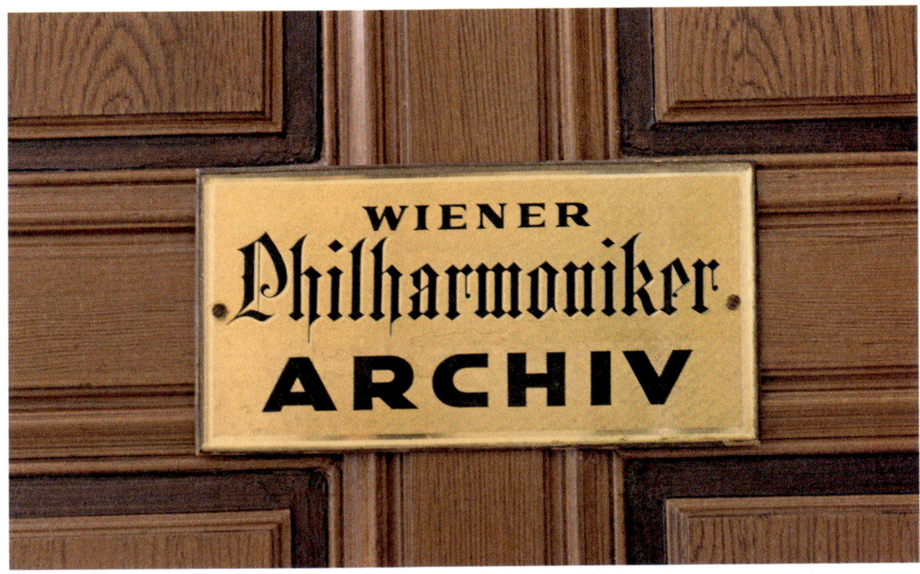

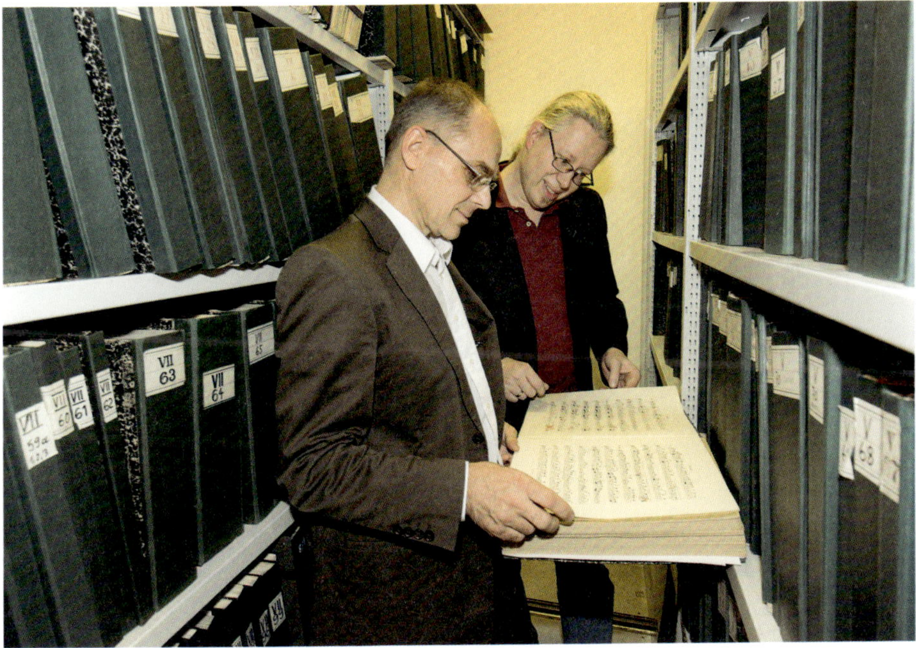

Andreas Lindner und Florian Wieninger verwalten die Notenschätze des Orchesters.

Nives Widauers Skulptur *Special Cases – Cosmic Rocket* im Marmorsaal des Oberen Belvedere

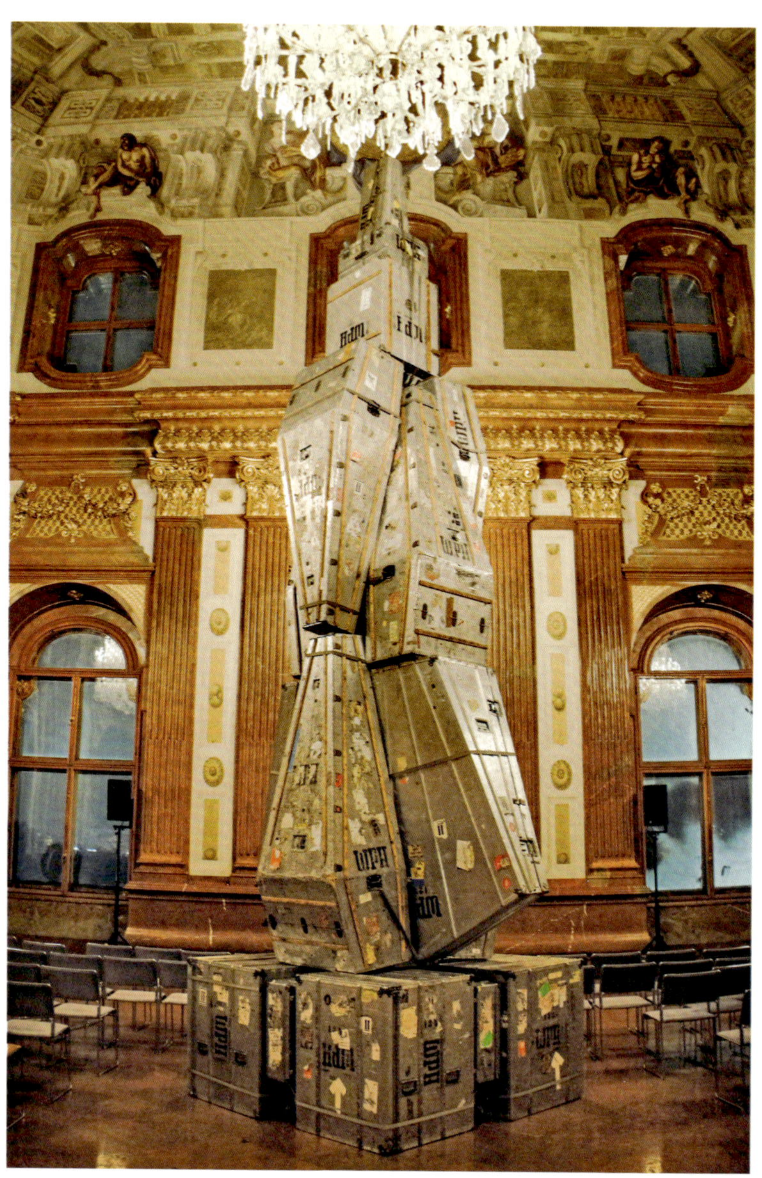

Ein internationales Orchester

Heute und Morgen

Weit über 1000-mal sind die Wiener Philharmoniker seit dem Ende des Zweiten Weltkrieges im Ausland aufgetreten. Der Grund dafür, dass sie ihre Reiselust erst relativ spät entdeckten, liegt auf der Hand: weil sie als Opernorchester vor allem den Dienst im Graben wahrzunehmen hatten.

Bis zur Wende zum 20. Jahrhundert unternahm man nur kleine Abstecher innerhalb der Donaumonarchie. Deren Grenzen überschritt mit dem Orchester erstmals Gustav Mahler: 1900 debütierten die Wiener Philharmoniker in Paris. Vereinzelte Reisen nach England (1906 mit Franz Schalk), zur Münchener Richard-Strauss-Woche (1910), in die Schweiz (1917) und in die Tschechoslowakei (1921) fielen in die sommerliche Urlaubszeit.

Die »wilden 20er« waren Aufbruchsjahre auch unseres Orchesters. Die Arbeit in den Medien, zunächst für Rundfunk und Schallplatte, setzte ein, die Reisetätigkeit verstärkte sich. Während die Hauptstreitmacht 1922 zur ersten Übersee-Tournee (nach Südamerika) unter Felix Weingartner aufbrach, spielten Daheimgebliebene, Pensionisten und Substituten bei den ersten Salzburger Festspielen Mozart-Opern und -Konzertstücke. Die den Philharmonikern eigene Gabe der Bilokation war geboren!

Wilhelm Furtwängler dominierte die Tourneen zwei Jahrzehnte hindurch. Ein früher Höhepunkt war die Reise im April 1930 (also mitten in der Opernsaison) nach Deutschland und London. Ihm oblag auch die Leitung der meisten Konzertreisen zu Propagandazwecken, die sofort nach dem »Anschluss« einsetzten. In der Nachkriegszeit dienten die Philharmoniker als Botschafter des freien Österreich: Auf die Frankreich-Reise im März 1947 mit Josef Krips und Paul Paray folgte im September die Tour nach Edinburgh unter der Leitung von Bruno Walter, laut dem die Philharmoniker »eine ganz große Mission erfüllt« hätten. »Sie haben Edinburgh und der Welt gezeigt, daß dieses Wien lebt und nicht vergehen kann.« 1950 reiste man nicht nur mit Furtwängler nach Skandinavien, sondern auch mit Clemens Krauss nach Ägypten, eine Reise, an der 85 Musiker teilnahmen,

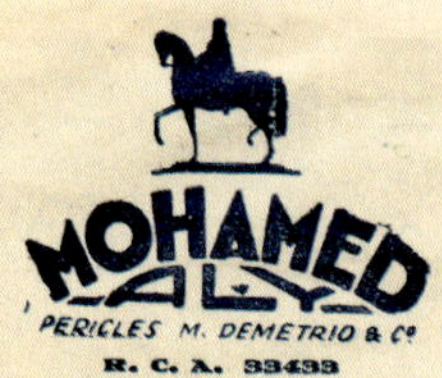

تيـــاترو محمـــد على

Théâtre MOHAMED ALY

Téléphone No. 25106

Sous le Haut Patronage de S.M. le Roi

WIENER PHILHARMONIKER

avec 97 Professeurs

sous la Direction du

Prof. CLEMENS KRAUSS

ORDRE DES CONCERTS

MARDI 21 FÉVRIER 1950 à 9 h. 30 p.m. (1er Concert)

SCHUBERT .... : Symphonie h-moll *(Inachevée)*
STRAUSS .... : Don Juan
Pause
BEETHOVEN........... : V. Symphonie *(Héroique)*

MERCREDI 22 FÉVRIER 1950 à 9 h. 30 p.m. (2e Concert)

WEBER................. : Oberon Ouverture
PAGANINI .... : Moto perpetue
ENESCU .... : Rumânische Rapsodie
Pause
BEETHOVEN .... : VI. Symphonie *(Pastorale)*
Leonore III.

LUNDI 6 MARS 1950 à 6 h. 15 p.m. (3e Concert)

BRAHMS .... : I. Symphonie
Pause
H. WOLF.............. : Italienische Serenade
STRAUSS .... : Till Eulenspiegel
WAGNER............... : Meistersinger

MARDI 7 MARS 1950 à 6 h. 15 p.m. (4e Concert)

DUKAS .... : Zauberlehrling
TSCHAIKOVSKY .... : V. Symphonie e-moll
Pause
MOZART .... : Jupiter Symphonie

JEUDI 9 MARS 1950 à 6 h. 15 p.m. (5e Concert)

SCHUBERT .... : Rosamunden Ouverture
TEO BERGER .... : Legende von Prinz Eugen
J. STRAUSS............ : Kaiserwalzer
Pause
J. STRAUSS............ : Czardas aus Ritter Pazman
JOH. U. JOS. STRAUSS : Pizicatto Polka
J. STRAUSS............ : Perpetum Mobile
Ouverture Fledermaus.

Werbeplakat für die Ägyptenreise 1950 –
mit kleiner Übertreibung …

während das Werbeplakat großsprecherisch »97 Professoren« ankündigte! Ab 1953 ermöglichte der Opern-Kollektivvertrag den Orchestermitgliedern sechs Wochen Abwesenheit und öffnete damit eine Türe zu verstärkter Reisetätigkeit. Die erste Japan-Tournee fand 1956 unter der Leitung von Paul Hindemith statt. Es handelte sich noch um eine Art Versuchsballon mit einem Orchester von nur 52 Mann. So wie drei Jahrzehnte zuvor die Schiffsfahrt über den Äquator zelebriert worden war, feierte man diesmal den ersten Flug über den Nordpol: Die Philharmoniker »trugen ihrer Pioniertat durch den Abwurf einer rot-weiß-roten Fahne über dem Pol Rechnung« (Blaukopf). Ebenfalls eine Pioniertat war, dass die Philharmoniker 1956 zum ersten Mal Bruckner in den USA spielten. Am Pult stand Carl Schuricht, der erst zehn Jahre zuvor bei den Salzburger Festspielen mit Bruckner am Pult der Philharmoniker debütiert hatte – mit 66 Jahren! (Noch beeindruckender in dieser Hinsicht ist das Philharmoniker-Debüt des schwedischen Dirigenten Herbert Blomstedt 2011, im Alter von 83 Jahren!)

Die Reisetätigkeit ab Mitte der 1950er-Jahre wurde von drei Dirigenten dominiert, die auch in dieser Hinsicht in die Fußstapfen des »heimlichen Chefdirigenten« der 30er- bis 50er-Jahre traten. Hellsberg nennt die großen Vier in einem Atemzug: »Furtwängler, Böhm, Karajan und Bernstein waren […] mehr als ›nur‹ Dirigenten der absoluten Sonderklasse […]. In ihnen manifestierte sich vielmehr das Lebensgefühl einer Generation.« Mit Wilhelm Furtwänglers Tod im Jahre 1954 traten die Philharmoniker in einen neuen Abschnitt ihrer Geschichte ein.

Karl Böhm

Er »gelangte als Antistar zu zeitloser Größe«, wie Hellsberg feststellte. Böhm war 1955/56 Kurzzeit-Operndirektor, bis die unvorsichtige Äußerung, er wolle der Staatsoper nicht seine internationale Karriere opfern, zu seinem Rücktritt führte. Im Konzertbereich blieb er eine dominierende Persönlichkeit: Die Chronik verzeichnet 56 Abo- und 18 Nicolai-Konzerte, Konzerte bei den Salzburger Festspielen und über 40 Tourneen – insbesondere die Japan-Tourneen unter Karl Böhm wurden zur geliebten Tradition. Dazu kamen zahlreiche Schallplatten-, TV- und Filmaufnahmen – deren letzte galt *Elektra*, die knapp vor seinem Tode 1981 abgeschlossen wurde.

Rechnet man Böhms Opernabende in Wien und Salzburg dazu, so wird seine eigene Schätzung, die Philharmoniker 1000-mal dirigiert zu haben, wohl zutreffen. »Sein« Orchester bedankte sich mit der Nicolai-Medaille, dem Ehrenring, der Ehrenmitgliedschaft, der Schalk-Medaille und 1967 mit der Ernennung zum Ehrendirigenten.

Herbert von Karajan

Böhms Nachfolger an der Staatsoper, der das Haus von 1956 bis 1964 leitete, hielt noch weniger davon, seine Karriere dem Haus zu opfern, vielmehr machte er dieses zu einem Stützpunkt seines Imperiums. Immerhin wurde Karajan in seinem Wiener Antrittsjahr 1956 auch Chefdirigent der Berliner Philharmoniker »auf Lebenszeit« und künstlerischer Leiter der Salzburger Festspiele.

Karajan, den Hellsberg im obigen Sinne des »Lebensgefühls« als »Symbol des Wirtschaftswunders mit all seinen positiven und negativen Seiten« charakterisiert, hat Konfrontationen nie gescheut: 1957 beschloss er, die Berliner den Wiener Philharmonikern bei den Salzburger Festspielen vorzuziehen, die bisher eine Monopolstellung innegehabt hatten. An den von Karajan 1967 gegründeten Salzburger Osterfestspielen konnten die Wiener wegen ihrer Opernverpflichtungen nicht teilnehmen; die Berliner waren, obwohl ohne Opernerfahrung, die logische Alternative. Aber zu diesem Zeitpunkt war Karajan schon im Zorn von der Wiener Oper abgegangen. 1964 verabschiedete er sich mit einer *Frau ohne Schatten*, die Jahre seiner Wien-Abstinenz wurden aber durch regelmäßige Zusammenarbeit mit den Philharmonikern im sommerlichen Salzburg überbrückt.

Mitte der 1970er-Jahre erfolgte schrittweise die Versöhnung, die an der Staatsoper in einer »Karajan-Stagione« gipfelte. Nach dem Tode Böhms feierte Karajan 1983 auch sein Comeback bei den Abonnementkonzerten. »Diese allerletzten Flitterwochen erreichten ihren Höhepunkt im unvergesslichen Neujahrskonzert 1987« (Merlin), ein weiterer Höhepunkt war 1985 die *Krönungsmesse* im Petersdom gewesen. Im Februar 1989 war Karajan der Star der ersten »Wiener Philharmoniker-Woche« in New York, im Juli desselben Jahres verstarb er.

Abgesehen von der letzten New-York-Reise stechen zwei Tourneen unter

Karajan ins Auge. Die Weltreise des Jahres 1959 mit 25 Konzerten führte das Orchester nach Japan, in die USA und an so ausgefallene Destinationen wie Kanada, Indien, die Philippinen, Honolulu und Hongkong. Ebenso erfolgreich verlief 1962 die Reise in die Sowjetunion und nach Skandinavien. Am 28. März jenes Jahres feierte das Orchester in Leningrad seinen 120. Geburtstag. So wie man Gustav Mahler anlässlich der Paris-Reise 1900 nähergekommen war, brachten die Auslandsreisen auch – vorübergehend – menschliches »Tauwetter« mit Karajan.

Erst im Alter ist der einst unnahbare Maestro milder und herzlicher geworden. Hellsberg überliefert eine sympathische Anekdote: »Als etwa der allzu forsche Einsatz eines Stimmführers einer philharmonischen Streichergruppe Karajans Klanggefühl störte, reagierte er keineswegs ungehalten. ›Haben Sie sich verletzt?‹ lautete vielmehr seine scheinbar besorgte Frage, und im schallenden Gelächter der Musiker kam zum Ausdruck, wie befreiend dieser Weisheit letzter Schluß – Kritik ohne Angriff – wirkte.«

Leonard Bernstein

Durch fast ein Vierteljahrhundert waren die Philharmoniker mit dem vielleicht letzten musikalischen Universalgenie, dem Dirigenten, Pianisten, Komponisten und Lehrer Leonard Bernstein, verbunden. Seine Anwesenheiten waren stets generalstabsmäßig geplant, nämlich »sich über mehrere Wochen erstreckende Serien von Konzerten, TV- und Schallplattenaufnahmen in Wien, denen jeweils eine ausgedehnte Tournee folgte« (Hellsberg).

Den Auftakt bildete sein Staatsoperndebüt mit der *Falstaff*-Premiere am 16. März 1966. Bernstein wollte sich – wie so viele Dirigenten vor und nach ihm – nicht mit der freien Diensteinteilung (alias »Orchesterradel«) abfinden. Geschäftsführer Helmut Wobisch machte ihm die Sache so schmackhaft: »Jeder will unter Ihrer Leitung spielen und wir möchten keinen benachteiligen.« Bernstein antwortete: »Du bist doch der geriebenste Ganeff, den ich kenne!«

Anfang April schlossen sich zwei Abo-Konzerte sowie ein Gastspiel in Monte-Carlo an. Eine unwiderstehliche Bescheidenheitsgeste des famosen Musikers war es, sich am Beginn der Probe zu einem Mozart-Klavierkonzert an die Philharmoniker zu wenden: »Das ist *Ihr* Mozart. Sie müssen mir sagen,

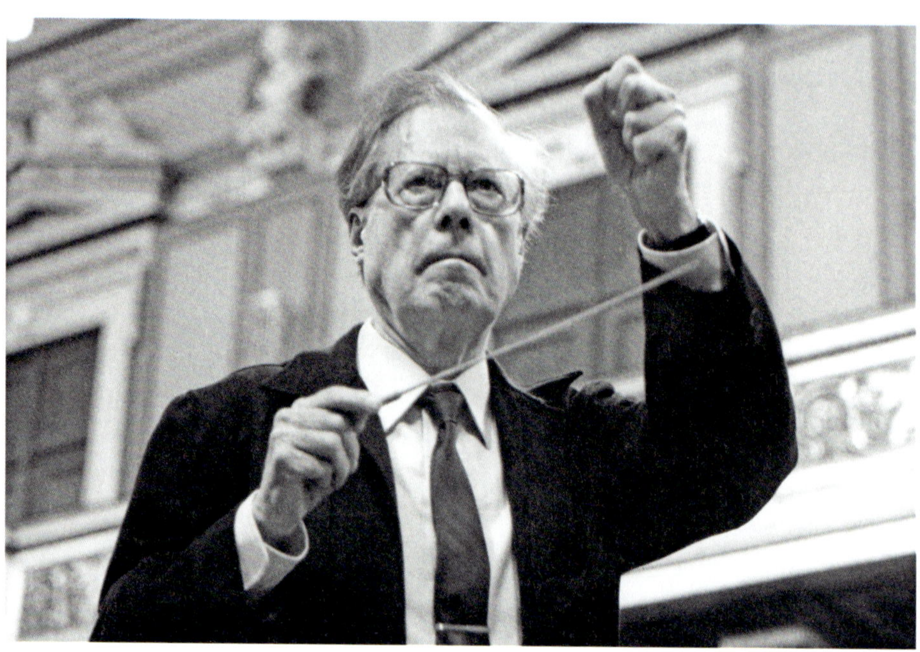

Der Antistar: Karl Böhm

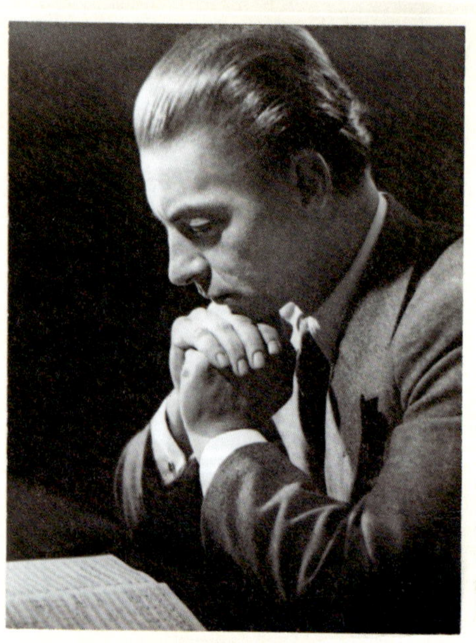

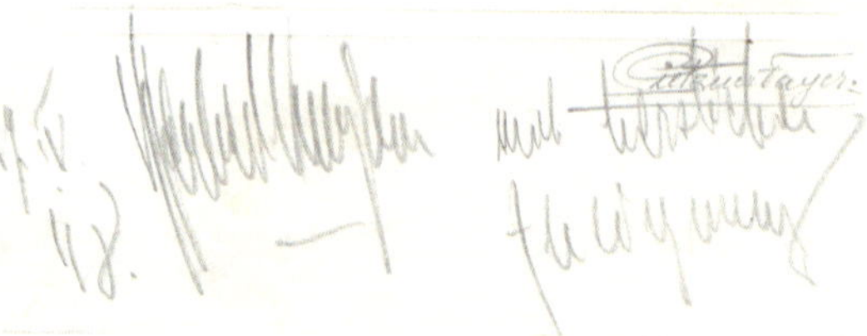

Der Superstar:
Herbert von Karajan

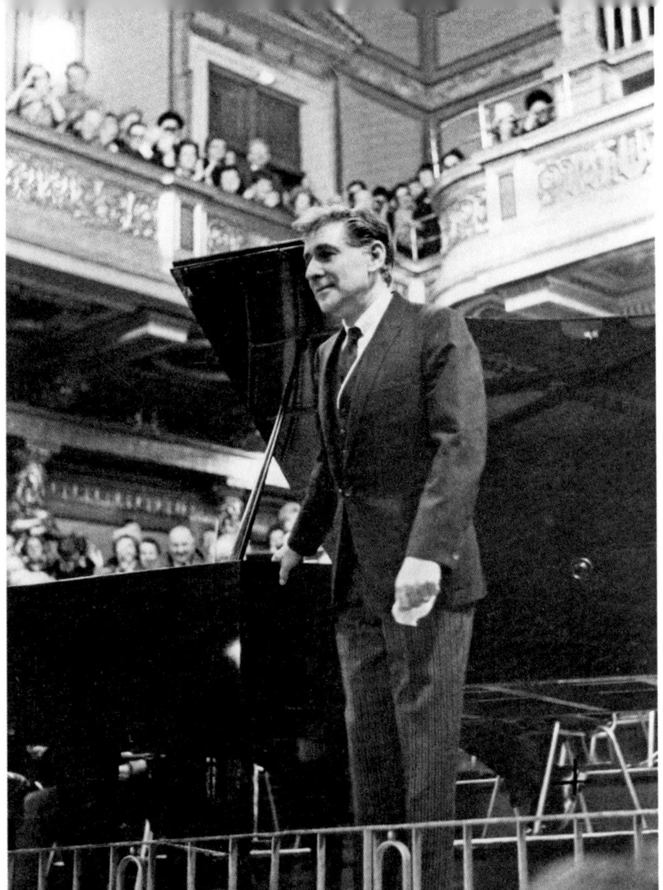

Musiker der Herzen: Leonard Bernstein …

(1)

HÔTEL DE CRILLON
10 PLACE DE LA CONCORDE
PARIS
TÉLÉPHONE 296-10-81
TÉLÉGR. CRILONOTEL-PARIS 123
TELEX: 290 204 CRILLON

An alle meine Collegen der Wienerphilharmoniker:

Brüder!

Ich kann mich nicht erinnern an eine höhere Sternstunde als die die wir zusammen mit der Neunte Beethoven musiziert haben.

Herzlichsten Dank!

5 Sept '79 Leonard Bernstein

… und sein »Liebesbrief« an die »Brüder«

wie man ihn spielt.« 1979 ließ Bernstein dem Orchester nach einem Konzert in Paris eine echte Liebeserklärung zukommen (vgl. Abb. vorige Seite).

Mit Bernsteins philharmonischem Debüt 1966 verbindet sich eine »Jahrhundertgeschichte«, die 1915 begonnen hatte. Auf dem Programm stand Gustav Mahlers *Lied von der Erde* – übrigens auch für Bernstein eine Premiere. Es wurde noch aus dem Material gespielt, das Bruno Walter bei der Erstaufführung durch die Wiener Philharmoniker im Jahre 1915 verwendet hatte. Etwas später dirigierte Bernstein *Das Lied von der Erde* auch in New York. Die Partitur, die er verwendete, war jene Bruno Walters, die er, nun ja, liebevoll entwendet hatte. Bis Anfang 2017 lag die Kostbarkeit in New York, zum 175-Jahr-Jubiläum unseres Orchesters im März brachte die Archivchefin der New Yorker Philharmoniker, Barbara Haws, das gute Stück heim nach Wien. »Kein Geburtstag ohne Geschenk«, lächelte sie, als sie Philharmonikervorstand Andreas Großbauer die Partitur übergab.

Ob Bernstein, wie Christian Merlin meint, wirklich der »telegenste aller« Maestri war, ist angesichts der generalstabsmäßig geplanten Selbstvermarktung eines Karajan fraglich. Doch der Satz, Bernstein »brachte dem Orchester wieder bei, wie man Mahler spielt«, ist – trotz vereinzelter Mahler-Präsenz unter Dirigenten wie Klemperer, Walter, Furtwängler, Kubelik, Krauss, Böhm, Mitropoulos, Karajan, Solti und Abbado in den Jahrzehnten nach 1945 – durchaus zutreffend.

Werfen wir mit Hellsberg einen Blick auf die gemeinsame Reisetätigkeit: »Allein in den Jahren 1987 bis 1990 gaben die ›Wiener‹ mit Bernstein 34 Konzerte im Ausland, wodurch er zum wichtigsten Reisedirigenten des Orchesters avancierte.« Seinen Abschied nahm Bernstein in New York bei der zweiten »Wiener Philharmoniker-Woche« in der Carnegie Hall, im März 1990. Die ihm zugedachte Schlüsselposition bei den Feiern zum 150-Jahr-Jubiläum des Orchesters 1992 konnte er nicht mehr einnehmen: Leonard Bernstein war im Oktober 1990, im Jahr nach Karajan, verstorben.

»Die Modernen? Die muss ich erst lernen …«

Gerhard Bronner textete in der Kabarettnummer *Der Karajanuskopf* (zu den Klängen von Figaros Auftrittsarie im *Barbier von Sevilla*): »Die Modernen? Die muss ich erst lernen, und ich hab heut' gar keine Zeit …« Doch tut man dem Großen unrecht. Es ist so gut wie vergessen, dass bei den Salzburger Festspielen unter Karajans Ägide beinahe jeden Sommer eine Opernuraufführung stattgefunden hat. Auch dem philharmonischen Repertoire hat Karajan die eine oder andere Novität hinzugefügt, zum Beispiel 1948 die *Musik für Saiteninstrumente, Schlagzeug und Celesta* von Béla Bartók. Auch Furtwängler dirigierte Bartók, weiters Korngold (die *Streicherserenade*) und Paul Hindemith (*Sinfonische Metamorphosen* 1947, *Die Harmonie der Welt* 1953).

Hindemith selbst trat mehrfach als Dirigent des Orchesters auf, so auch bei den zu Beginn der 1960er-Jahre aufkommenden »Komponistenkonzerten«. Man wollte den Nachholbedarf in Sachen Moderne decken und engagierte nach und nach Aram Chatschaturjan, Werner Egk, Boris Blacher, Hindemith, Benjamin Britten, Frank Martin und Wolfgang Fortner, die eigene und Werke anderer Komponisten leiteten. Auch österreichische Zeitgenossen wurden berücksichtigt, unter anderen Alfred Uhl und Anton Heiller. Gottfried von Einem fand mit der Uraufführung der *Philadelphia Symphony* unter Georg Solti im November 1961 ins Konzertrepertoire der Philharmoniker (Einems Oper *Dantons Tod* war schon 1947 in Salzburg uraufgeführt worden). Theodor Bergers Werke wurden unter anderen von Horst Stein dirigiert.

Einer der einflussreichsten Komponisten seiner Zeit, Pierre Boulez, arbeitete mit unserem Orchester erstmals im Salzburger Festspielsommer 1962. Er leitete Werke Strawinskys in Aufführungen von Maurice Béjarts »Ballet du XXe siècle«. Moderne, Mahler und Bruckner waren die Schwerpunkte der regelmäßigen Zusammenarbeit mit den Philharmonikern, die erst 1992 begann und 2012 endete. Anlässlich seines 80. Geburtstages wurde Pierre Boulez 2005 Ehrenmitglied des Orchesters, das ihm unter anderem im selben Jahr die philharmonische Erstaufführung von Arnold Schönbergs Klavierkonzert op. 42 mit Daniel Barenboim, 2006 die Uraufführung von Olga Neuwirths *miramondo multiplo für Trompete und Orchester* und 2007 die Uraufführung von Jörg Widmanns *Armonica* verdankt. Boulez war, wie sich der Geiger Helmut Zehetner erinnert, nicht nur ein Dirigent von frappanter Merkfähigkeit, sondern auch »der liebenswürdige ältere Herr, dem man den Revoluzzer der früheren Jahre nie zugetraut hätte«. Wenn Clemens Hellsberg in seinem 1992 erschienenen Standardwerk *Demokratie der Könige* noch monierte, dass Boulez' Werke im Repertoire des Orchesters fehlten, so hat sich dies zum Glück geändert. Ein rezentes Beispiel: Beim 38. Musikfest im Wiener Konzerthaus 2017 präsentierten sich die Philharmoniker mit *Notations* unter Barenboims Leitung.

Die Wiener Philharmoniker sind keine Moderne-»Spezialisten«, doch widmen sie sich selbstverständlich auch der Musik des 20. und 21. Jahrhunderts. Im Salzburger Festspielsommer 2017 begleitete das Orchester nicht nur die »Netrebko-*Aida*«, sondern trat auch – um bei den Opern zu bleiben – mit Schostakowitschs *Lady Macbeth von Mzensk*, Bergs *Wozzeck* und Aribert Reimanns *Lear* hervor. Andreas Großbauer war's zufrieden: »Es gefällt mir, die Wiener Philharmoniker im Spannungsfeld zwischen Tradition und Innovation zu sehen.« Schon Karl Böhm appellierte bei seiner Rede zum 125. Geburtstag des Orchesters 1967 an die Aufgeschlossenheit des Publikums: »Lassen Sie nicht gleich Ihre Abonnementkarte verfallen, wenn ein Werk eines Komponisten auf dem Programm steht, der in diesem Jahrhundert lebt oder gelebt haben könnte!«

Aus »Neuen« werden (manchmal) Ehrenmitglieder

Zubin Mehta, der 18-jährig zum Studium nach Wien gekommen war, verliebte sich sofort: »Weil ich Dirigent werden wollte, waren die Philharmoniker mein Barometer, mein Axiom, mein Alles.« Am 11. Juni 1961 gab er sein philharmonisches Debüt als Einspringer für Eugene Ormandy, zu seinem 50-jährigen Jubiläum im Juni 2011 wurde das Programm beim Nicolai-Konzert wiederholt. Wiener Festwochen 1962, Salzburger Festspiele 1962 und 1963 – das waren die »Probedurchgänge«, bevor der junge Inder im Februar 1964 zu seinem ersten Abonnementkonzert eingeladen wurde. Mittlerweile ist Zubin Mehta einer der meistbeschäftigten und -geschätzten Dirigenten der Philharmoniker, deren Ehrenmitgliedschaft er seit 2001 trägt. Ein spätes Debüt feierte er im Dezember 2016: In der Probenperiode zu *Falstaff* an der Staatsoper dirigierte er erstmals (Haydn und Mozart) in der Hofmusikkapelle.

Auch Lorin Maazel (Ehrenmitglied ab 2002, verstorben 2014) verdankte sein philharmonisches Debüt einem Einspringen, 1962 für Karajan. Die Bindung an das Orchester intensivierte sich während seiner kurzen Staatsoperndirektion (1982–1984), nach deren Ende eine kleine »Eiszeit«

mit Wien ausbrach. 1991 gab Maazel sein Comeback als philharmonischer Abonnementdirigent nach viereinhalb Jahren Abwesenheit, im selben Jahr leitete er eine konzertante *Elektra* in der Carnegie Hall. Als Nachfolger Willi Boskovskys dirigierte er das Neujahrskonzert zwischen 1980 und 2005 elfmal. Die DECCA-CD-Box *Lorin Maazel in Vienna* dokumentiert die Zusammenarbeit bei Tschaikowsky, Sibelius und Richard Strauss.

Mit dem Anfang 2017 verstorbenen Georges Prêtre verband die Philharmoniker eine »unterbrochene Liebesgeschichte«, die bei seinem Einspringen 1963 für Knappertsbusch begann, 1989 in Salzburg reaktiviert wurde und von einem Sommernachtskonzert, zwei Neujahrskonzerten und der Ehrenmitgliedschaft (2010) für den Dirigenten gekrönt wurde. Über seinen Beruf sagte der Franzose: »Ich spiele das schönste Instrument, das es gibt: das Orchester«, ein Kompliment, das die »Wiener« ruhig persönlich nehmen dürfen.

Nicht in den Rang des Ehrenmitglieds hatte es der 2014 verstorbene Claudio Abbado geschafft. 1965 debütierte er als Philharmoniker-Dirigent bei den Salzburger Festspielen mit Mahler, sein erstes Abonnementkonzert fand im Jänner 1967 statt. Bis 1997 leitete er das Orchester weit über 500 Mal, davon oftmals auf internationalen Gastspielen sowie an der Staatsoper, deren Musikdirektor er in der zweiten Hälfte der 1980er-Jahre war.

Daniel Barenboim hat mit den Wiener Philharmonikern ebenfalls 1965 in Salzburg debütiert – allerdings am Klavier. Erst 1989 schlug seine Stunde als philharmonischer Dirigent, ab 1991 im Abonnement. Immer wieder kehrt er – bisweilen in Personalunion als Dirigent und Solist – an das Pult der Philharmoniker zurück, deren Neujahrskonzerte er zweimal leitete. Barenboim, Chefdirigent der Staatskapelle Berlin auf Lebenszeit, sagte über die Philharmoniker, was andere Orchester nicht freuen wird: »Es ist wie ein Wunder. Ich komme zu ihnen und kann dort anfangen, wo ich mit anderen aufgehört habe. Es ist, als hätten sie einen direkten Kontakt zur Musik; das muss mit der Luft zu tun haben … oder mit dem Wiener Schnitzel – ich weiß es nicht!«

1966 kam Seiji Ozawa – damals konnte er von der philharmonischen Ehrenmitgliedschaft, die er 2010 erhalten sollte, nur träumen – bei den Salzburger Festspielen ans Pult (»Karajan hat mich gedrängt, dieses Orchester zu dirigieren«), leitete aber nicht vor 1990 sein erstes Abonnementkonzert. Erst am 18. Mai 1995 stellte er sich an der Wiener Staatsoper vor, deren

Von links nach rechts: Lorin Maazel, Pierre Boulez, Georges Prêtre

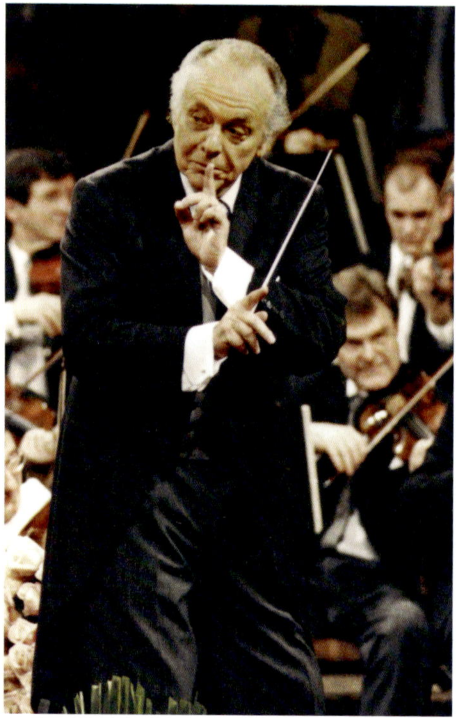

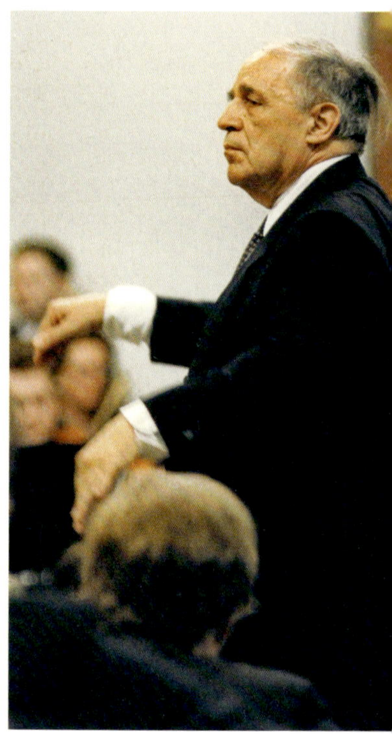

NIKOLAUS HARNONCOURT
PIARISTENGASSE 38/8
A-1080 WIEN

LOHEN 1
A-4880 ST. GEORGEN i.A.

4. Dez. 2015

liebe Philharmoniker,
lieber Herr Großbauer,
lieber Herr Krumpöck,

ich bin gezwungen, mein musikalisches Auftreten in dieser Saison zu beenden – ich bin an meine körperlichen Grenzen gestoßen. Unser Mendelssohn-Konzert in der Salzburger Mozartwoche ist mir also unmöglich.

Hier ist nicht der Ort, unsere großartige, langjährige spannende Zusammenarbeit zu beleuchten.

herzlichst und dankbar
Ihr

P.S.: die Unvollendete aus Berlin klingt mir ewig weiter....

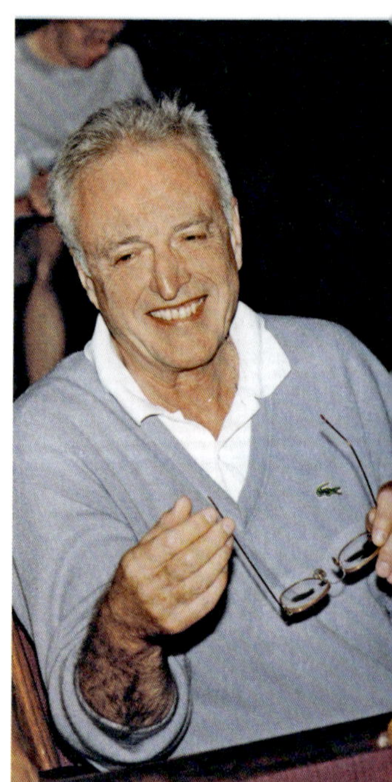

Abschiedsbrief von Nikolaus Harnoncourt

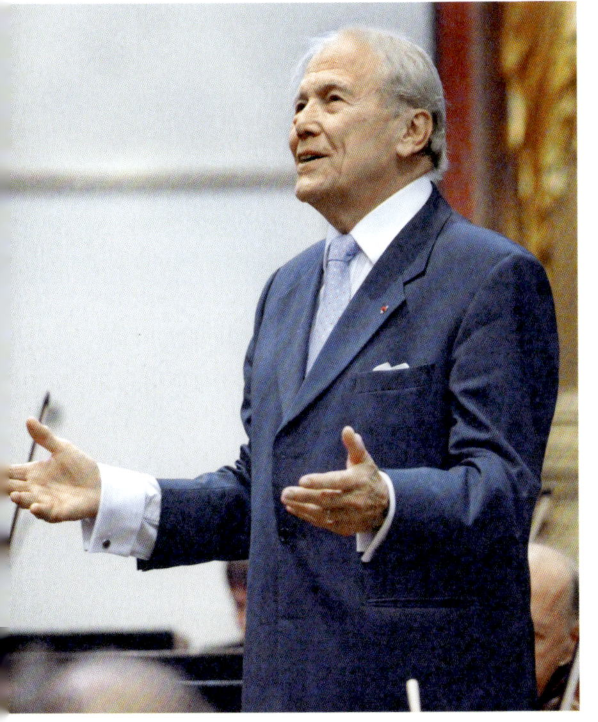

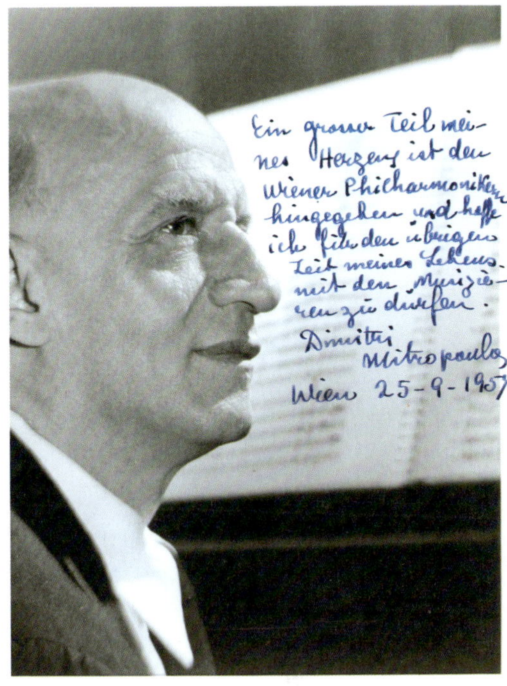

Dimitri Mitropoulos

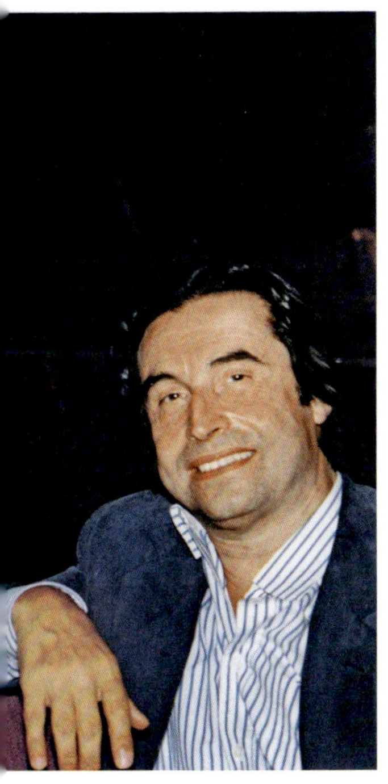

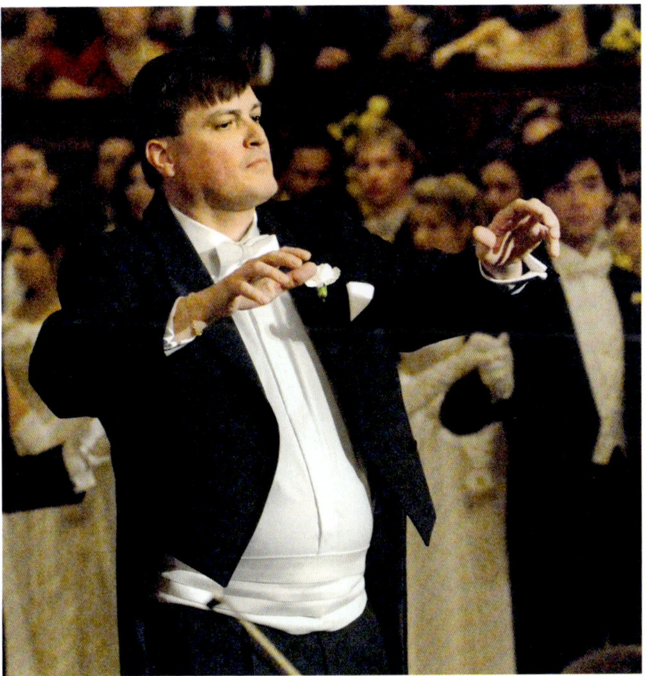

rlos Kleiber und Riccardo Muti vereint, Christian Thielemann eröffnet den Philharmonikerball.

Musikdirektor er 2002 wurde. Bei seiner Antrittspressekonferenz gab er einen überraschenden Grund dafür an, dieses Amt zu übernehmen: »I like boys«, meinte er vernehmlich – was sich jedoch als Hörfehler herausstellte. Gemeint war »voice«, er bekannte also seine Liebe zur menschlichen Stimme! Das 2002 von Seiji Ozawa geleitete Neujahrskonzert ist bis heute Spitzenreiter in den CD- und DVD-Verkaufszahlen.

Riccardo Muti debütierte mit den Philharmonikern 1971 beim Salzburger *Don Pasquale*, stellte sich zwei Jahre später an der Wiener Staatsoper mit *Aida* vor und dirigierte bei dieser Gelegenheit auch die Eröffnung des Philharmonikerballs. Schon im Frühjahr 1975 leitete er neben Karl Böhm eine Japan-Tournee, 1975 dirigierte Muti auch sein erstes Abonnementkonzert. Das Neujahrskonzert leitet der Maestro 2018 zum fünften Mal. Muti, nicht nur Ehrenmitglied der Wiener Philharmoniker (seit 2011), sondern auch der Wiener Hofmusikkapelle, streut Rosen: »Ich liebe die Wiener Philharmoniker, seit über 45 Jahren sind sie durchgehend ›mein‹ Orchester. Ich bewundere ihre Musikalität, Noblesse, Eleganz und ihr beseeltes Musizieren. Meine Verbundenheit mit diesen außergewöhnlichen Musikern hat mein Leben menschlich und künstlerisch bereichert.«

Der »schwierige« Carlos Kleiber hat erstmals 1973 an der Wiener Staatsoper dirigiert (*Tristan und Isolde*), im Jahr darauf erstmals das Philharmonische Orchester bei einem Gastspiel in Bratislava, 1979 sein erstes von nur acht Abonnementkonzerten. Immerhin verdankt ihm das Orchester zwei beeindruckende Neujahrskonzerte (1989 und 1992) sowie Anekdoten wie die folgende: Bei Proben zur 4. Symphonie Beethovens beschwor Kleiber die Musiker, Begleitfiguren im Adagio zu spielen, als würden sie »Theres« singen. »Ihr spielt ›Marie‹ anstatt ›Theres‹«, konstatierte er wütend, und eine spitze Bemerkung aus dem Orchester brachte Kleiber dazu, abzureisen. Der Einspringer Lorin Maazel meinte: »Jetzt spielt bitte weder ›Marie‹ noch ›Theres‹, sondern Maazel!«

Der große österreichische Dirigent Nikolaus Harnoncourt kreuzte erst am 8. Dezember 1984 die Wege der Philharmoniker, als er sich als Originalklang-Pionier schon längst einen Namen gemacht hatte. Auf den Tag genau 20 Jahre später wurde er Ehrenmitglied des Orchesters. Die Werke Mozarts und Beethovens, aber auch Dvořáks, Smetanas und Bergs erlebten in der Zusammenarbeit bemerkenswerte Wiedergaben, ebenso bleiben die von Harnoncourt geleiteten Neujahrskonzerte 2001 und 2003 in Erinnerung. Im

Dezember 2015 legte der Dirigent alle Verpflichtungen zurück, im März 2016 ist er verstorben.

So viele Dirigenten können auf dem vorgegebenen Raum nicht besprochen, einige sollen immerhin genannt werden: die Italiener Carlo Maria Giulini und Giuseppe Sinopoli, der Koreaner Myung-Whun Chung, der designierte Chefdirigent der Metropolitan Opera Yannick Nézet-Séguin … und der früh verstorbene Dimitri Mitropoulos. Schon seine erste Konzertprobe in Salzburg im August 1954 brachte eine schmeichelhafte Überraschung, als der Grieche mit dem fotografischen Gedächtnis die Namen aller Musiker auswendig wusste – er hatte sie sich am Vorabend eingeprägt. Mitropoulos dirigierte stets auswendig, so auch *Elektra* bei den Salzburger Festspielen. Als er während einer Probe zu dem komplizierten Werk die Augen kurz zum Nachdenken schloss, raunte ein Philharmoniker zum anderen: »Jetzt blattelt er um!« Nicht nur Mitropoulos' intellektuelle und künstlerische Kapazitäten beeindruckten das Orchester, sondern auch seine Bescheidenheit und Menschenliebe. Zu dem philharmonischen Geiger Erich Graf äußerte er einmal: »Noch bevor ich die ersten Noten lesen lernte, habe ich gelernt, die Menschen zu lieben.«

Brauchen die Philharmoniker einen Dirigenten?

Nach Nennung all der Größen mag dies als Scherzfrage abgetan werden, doch »der Gedanke, dass das Orchester im Grunde keinen Dirigenten braucht, bleibt in der Mentalität der Philharmoniker tief verankert« (Merlin).

Der etwas vulgäre Vergleich mit einem Präservativ (»Ohne ist es schöner, mit ist es sicherer«) und Scherzworte über minder begabte Repertoiredirigenten (»Er gab den Einsatz und leistete fortan keinen nennenswerten Widerstand mehr«) kommen in den Sinn. Die gefährliche Drohung »Wir spielen so, wie er dirigiert« wurde von niemand Geringerem als Wilhelm Furtwängler einmal anerkennend umgedreht. Er liebte es, den *Kaiserwalzer* als Zugabe zu dirigieren, ohne ein echter Experte für die Musik von Johann Strauß zu sein. Eines Abends beschlossen die Musiker, der Interpretation auf eigene Faust mehr Schwung zu geben und den pastosen Tempi des Meisters nicht zu folgen. Als nach dem Konzert ein Musiker vorsichtig

Zubin Mehta und Seiji Ozawa:
Teamarbeit in der Suntory Hall 2016

fragte, ob Furtwängler denn mit dem heutigen *Kaiserwalzer* zufrieden gewesen sei, antwortete dieser: »Ausgezeichnet! Ich habe so dirigiert, wie ihr gespielt habt.«

Furtwänglers Arbeit wurde vom Orchester stets besonders geschätzt, gerade weil er fern von jedem »mathematischen« Taktschlagen war. Allzu bekannt – und wahrscheinlich nur gut erfunden – ist die Anekdote, in der sich ein Berliner und ein Wiener Philharmoniker darüber austauschen, wann man angesichts von Furtwänglers verkringelten Wellenbewegungen einzusetzen hätte. Der Berliner: »Wir warten, bis sein Taktstock sich in der Höhe des zweiten Frackknopfs befindet und einen rechten Winkel zum Dirigentenpult bildet … und wann setzt ihr ein?« Der Wiener: »Wenn's uns zu blöd wird!«

Es gab wiederholt Momente, in denen herausragende Pultkünstler mit ihrer »Überflüssigkeit« kokettierten und dem Orchester die volle Verantwortung aufbürdeten. So geschehen bei Richard Wagners *Lohengrin*-Gastspiel an der Wiener Hofoper 1876. Im Nachspiel zum Duett Ortrud–Elsa, so berichtete der Cellist Sulzer, »legte Wagner seinen Taktstock aufs Pult, ließ das Orchester selbständig allein weiter spielen und lächelte vergnügt über diesen Spaß, dem Orchester sein großes Vertrauen vor dem Publikum in dieser Form auszudrücken. Als das Nachspiel zu Ende war, brach ein solch' stürmischer Beifall aus, daß Wagner unterbrechen, sich erheben und danken musste. Darauf sagte er zu den ihm zunächst sitzenden Musikern: ›Mir kommt vor, es gefällt dem Publikum noch besser, wenn ich *nicht* dirigiere!‹«

Hugo Burghauser berichtet eine Episode, die vom psychologischen Gespür des Richard Strauss kündet. Bei einer Probe haperte es immer wieder bei demselben Einsatz. Strauss meinte zu den Musikern: »Ich weiß, es liegt meistens am Kapellmeister« und bat das Orchester, ohne ihn zu spielen – die Stelle klappte! Burghauser: »Es lag natürlich an der gesteigerten Konzentration aller, sobald sie sich ihrer eigenen Initiative überlassen wußten.«

Ein YouTube-Schlager ist das Filmchen aus dem Wiener Musikverein, in dem Leonard Bernstein Haydn … nicht dirigiert. Im Finale der Symphonie Nr. 88 gibt er den Einsatz und beschränkt sich fortan auf kaum merkbares

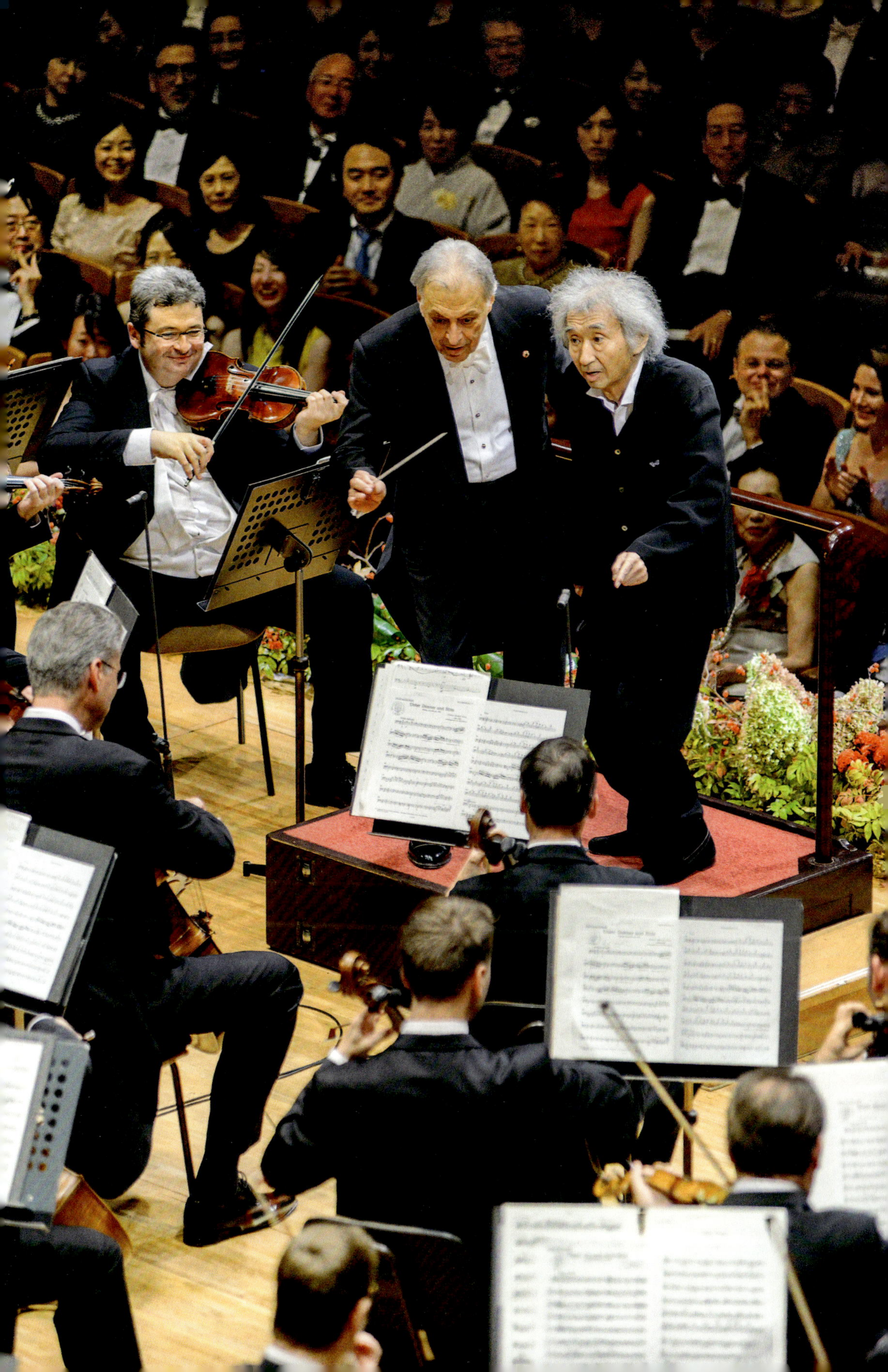

Augenbrauenheben, Kopfnicken und Schulterzucken. Was bei dem in gleichmäßigem Tempo ablaufenden Symphoniesatz noch nachvollziehbar ist, wurde in der Oper zum Risiko. Bernstein »nützt den Vertrauensvorschuss der Musiker« laut Franz Bartolomey »auf atemberaubende Weise. Er gibt beim Vorspiel zum dritten Akt des *Rosenkavalier* lediglich den Auftakt und dirigiert überhaupt nicht mehr weiter. Er zuckt nur mehr mit den Schultern – und das in einem so heiklen Stück, wo viele kleinste Stimmen ineinander verschlungen sind. Ich habe das Orchester weder davor noch danach so konzentriert erlebt.«

Ein ähnliches Husarenstück verlangte 2001 Simon Rattle in Tokyo, wovon wieder Bartolomey erzählt: »Am Beginn der Zugabe, es ist einer der *Slawischen Tänze* op. 46 von Antonín Dvořák, gibt er gerade noch den Einsatz für das Orchester, steckt seinen Taktstock in die Noten des Konzertmeisterpultes und geht seelenruhig zu den Pauken nach hinten. Unser Pauker macht ihm Platz und Simon paukt perfekt bis zum Ende. Das Publikum tobt vor Begeisterung.«

Franz Broschek, der Neujahrs-Spaßvogel des Orchesters, gab beim Zugabenteil eines Walzerkonzertes unter Boskovsky in London einen eigenmächtigen Einsatz: Der Dirigent war noch nicht wieder aufgetreten, Broschek rührte die kleine Trommel, das Orchester verstand und intonierte selbstständig den *Radetzkymarsch*! Daniel Barenboim gab anno 2014 immerhin noch den Einsatz zu dem Pflichtstück und streifte dann händeschüttelnd über das Musikvereinspodium. Keine Frage aber, dass er bei allen vorangehenden Walzern und Polkas seine persönlichen Intentionen umgesetzt hat – und das gilt natürlich für alle bedeutenden Dirigenten. Mag es auch »ohne« schöner sein, »mit« ist es bedeutend interessanter!

Der Sonderfall, dass zwei Dirigenten gleichzeitig am Pult standen, ereignete sich im Oktober 2016 in der Suntory Hall in Tokyo: Die Polka *Unter Donner und Blitz* unter Zubin und Seiji hatte Einmaligkeitswert.

Philharmoniker als Dirigenten

Es ist – auch abgesehen von Persönlichkeiten wie Hans Richter und Arthur Nikisch – wiederholt passiert, dass Philharmoniker ausschieden, um Kapellmeister zu werden. Hier einige Beispiele: Emil Paur wurde 1872, nur 17-jährig, Primgeiger des Orchesters. 1875 trat er freiwillig zurück, um seinen Ambitionen zu folgen. Diese führten ihn auf die Chefpositionen des Boston und des Pittsburgh Symphony Orchestra sowie des New York Philharmonic, mit dem er 1902 die amerikanische Erstaufführung von Strauss' *Heldenleben* leitete. Rudolf Nilius, ehemaliger philharmonischer Cellist, profilierte sich in den 1920er-Jahren unter anderem als Schallplattendirigent.

Konzertmeister Walter Weller sattelte nach einem Einspringen für Karl Böhm auf den Dirigentenberuf um, später hielt es auch Erich Binder so: 1981 war er ohne Probe für Christoph von Dohnányi bei Strawinskys *Sacre* eingesprungen. Auch Manfred Honeck, Bruder des Konzertmeisters Rainer Honeck, verließ seinen Platz unter den Bratschisten zugunsten einer Karriere, die ihn 2008 zum Musikdirektor des Pittsburgh Symphony Orchestra machte. Und Johannes Wildner wurde vom philharmonischen Sekundgeiger ebenfalls zum international gefragten Dirigenten.

In Übersee zu Hause

Der seit 1956 bestehenden Tradition der Japan- und USA-Gastspiele mit Aberhunderten Konzerten kann nicht im Detail nachgegangen werden; auch Südkorea ist ein von den Philharmonikern bereits regelmäßig besuchtes Land.

Wesentlich überblickbarer ist die Präsenz des Orchesters in China. Auf das Karajan-Konzert 1959 folgten weitere erst im April 1973: Im Anschluss an eine Korea-Japan-Tournee gastierte das Orchester in Peking unter Claudio Abbado auf ausdrücklichen Wunsch der österreichischen Regierung – und mit staatlichem Zuschuss*. Bis 1995 konzertierten die Philharmoniker dann – unter André Previn und James Levine – weitere neunmal in Hongkong. Mit Mehta, Ozawa, Gergiev, Eschenbach, Thielemann, Buchbinder und Dudamel waren China-Konzerte des Orchesters in den folgenden zwei Jahrzehnten stets »Anhängsel«, die im Anschluss an Japan- oder Korea-Tourneen absolviert wurden. Die Auftritte in Shenzhen, Guanghou, Shang-

* Öffentliche Reisesubventionen wurden den Philharmonikern nur selten zugestanden, unter anderem bei der Paris-Reise 1900 und bei Konzerttourneen im Ersten und Zweiten Weltkrieg.

hai, Nanjing und Macao, die für Herbst 2017 mit Andris Nelsons geplant sind, stellen die erste eigenständige China-Reise der Wiener Philharmoniker dar. Es ist ein Hoffnungsmarkt, wie Andreas Großbauer bei einer Promotion-Reise mit einem Kammermusikensemble feststellte: »Ich habe noch nie so viele junge Menschen in einem Konzert gesehen wie in China.«

Australien war der letzte von den Philharmonikern »entdeckte« Kontinent. Unter der Leitung von Valery Gergiev konzertierte man im September 2006 erstmals in Sydney, unter Christoph Eschenbach schlossen sich im Oktober 2011 Auftritte in Perth, Brisbane und abermals Sydney an.

Zwei besondere Momente aus der jüngeren Geschichte der Philharmoniker mit Japan beziehungsweise den USA seien noch nachgetragen. Im Oktober 2016 erhielt Nobutada Saji, Präsident der Suntory Hall, die Franz-Schalk-Medaille in Gold. Diese Auszeichnung wurde erst zweimal zuvor in Japan vergeben, und zwar 1973 an Daigoro Arima, den Präsidenten des NHK Orchestra, und 1998 an Keizo Saji, den Vater und Vorgänger des aktuell Geehrten. Im Februar 2017 trat erstmals die »Vienna Philharmonic Society« in New York an die Öffentlichkeit: Die Gesellschaft gab einen Fundraising-Empfang unter Mitwirkung von Wiener Philharmonikern, dessen Einkünfte Jugendaktivitäten des Orchesters in New York zugutekommen.

Dass wir es mit einem internationalen Orchester zu tun haben, beweisen die Zahlen, die sich eindrucksvoll entwickelt haben. In der Saison 1935/36 spielte das Orchester 75 Konzerte, davon 38 in Wien, 34 bei den Salzburger Festspielen, ein weiteres im restlichen Österreich und zwei im Ausland. Ein halbes Jahrhundert später, 1985/86, lautete die Gesamtzahl an Konzerten 102, die Verteilung war 33 Wien, 41 Salzburg, 3 Österreich, 25 USA, Japan, Südamerika, Schweiz, Deutschland. In der Saison 2015/16 entfielen von 138 Konzerten insgesamt 49 auf das Ausland, 35 auf Salzburg, sechs auf andere österreichische Städte … und nur 48 auf Wien. Damit waren die »Wiener« erstmals öfter im Ausland als in ihrer Heimatstadt zu hören gewesen.

Ein »Medienorchester«

Die Reise in die Welt der Medien, zunächst Radio und Schallplatte, begann in den 1920er-Jahren. Am 1. Oktober 1924 nahm Radio Wien seinen Sendebetrieb auf, schon im Winter folgte eine Übertragung mit dem phil-

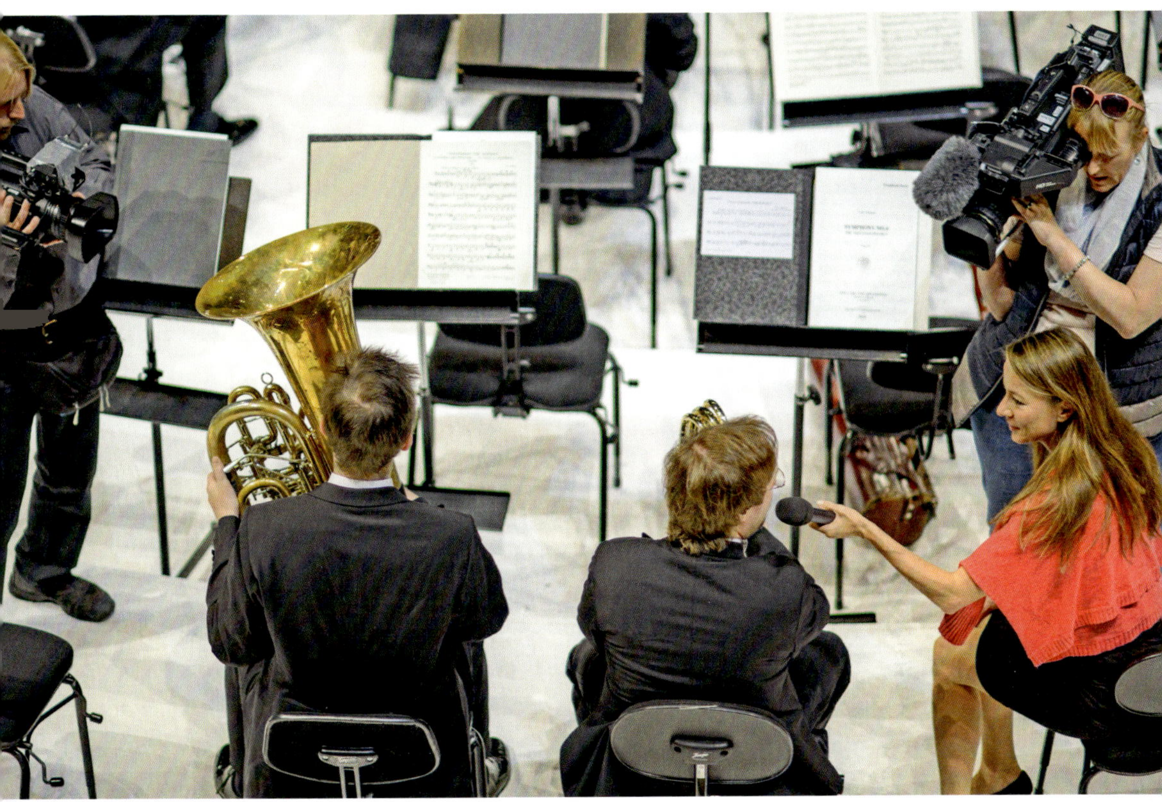

Stören die Medien etwa beim Musizieren?

harmonischen Sedlak-Winkler-Quartett. Im selben Jahr – das Orchester musste sich noch um einen Schalltrichter versammeln – fand auch die erste Plattenaufnahme statt: Der Primgeiger Josef Klein dirigierte den *Donauwalzer*.

»His Master's Voice« begann seine Aufnahmetätigkeit im Mozart-Saal des Wiener Konzerthauses, am Pult standen unter anderen Franz Schalk, Bruno Walter, Clemens Krauss und Carl Alwin. Damals gab es noch keine Schnittmöglichkeiten, ein Stück konnte nur als Ganzes auf Wachsplatte gebannt werden. Witeschnik berichtet von Aufnahmen der *Freischütz*-Ouvertüre unter Felix Weingartner, die einmal von einem Horn-Gickser, einmal von einem herabfallenden Klarinettenmundstück torpediert wurden. Als die Zeit schon knapp war, gelang eine perfekte Wiedergabe. Voller Erleichterung rief der Dirigent in den letzten Takt hinein: »Aber jetzt ist nichts passiert!« Damit war die Aufnahme gestorben.

Das Publikum lauschte in den 1920er-Jahren noch an Detektor-Radioapparaten, und zwar Live-Übertragungen aus dem Konzerthaus, der Staatsoper und den Salzburger Festspielen. 1926 wurde eine »Freileitung« von Wien nach Salzburg gelegt: Drei Opernvorstellungen, ein Kammermusikabend des Rosé-Quartetts und ein Konzert unter Franz Schalk wurden den Wiener Hörerinnen und Hörern zugänglich gemacht. Ein weiterer Höhepunkt waren ab 1931 die transkontinentalen Übertragungen: Erstmals hörte man in den USA die Wiener Philharmoniker live.

Weingartner nahm alle Beethoven-Symphonien für die Firma Columbia auf, *Das Lied von der Erde* mit Kerstin Thorborg und Charles Kullmann unter dem Uraufführungsdirigenten Bruno Walter wurde im Mai 1936, zur 25. Wiederkehr von Mahlers Todestag, live auf 14 Plattenseiten aufgezeichnet. Zwei Jahre später, im Jänner 1938, markierte die Liveaufnahme von Mahlers Neunter unter Bruno Walter einen Endpunkt; die Aufnahmen zur *Walküre* musste er nach dem 1. Aufzug abbrechen.

Die Aufnahmetätigkeit ruhte nicht, selbst als der Opernbetrieb 1944 zum Erliegen kam. Am Tag nach des Meisters 80. Geburtstag, am 12. Juni 1944, fand die letzte Zusammenarbeit mit Richard Strauss statt, und zwar mit Schallplattenaufnahmen eigener Orchesterwerke. Während Herbert von Karajan 1946 von Alliierten mit Berufsverbot belegt war, wurde er von Walter Legge, dem legendären Produzenten der EMI, gefördert und nahm mit den Philharmonikern im Musikverein Schubert, Beethoven, Brahms und Strauss auf (also ein Repertoire, das auch vor 1945 erlaubt gewesen wäre).

Furtwängler gab dem Orchester im August 1948 den brieflichen Rat: »Wenn Sie von allen gewünscht werden, [können Sie] dieselbe Haltung annehmen, die ich im Jahre 1937 eingenommen habe, nämlich *keinen* Ausschließlichkeitsvertrag einzugehen.« Dennoch schloss das Orchester 1948 einen langfristigen Vertrag mit DECCA ab. Deren Aufnahmeleiter John Culshaw sollte sich solche Verdienste erwerben, dass ihm das Orchester 1959 die Nicolai-Medaille verlieh. Insbesondere die erste Gesamteinspielung von Wagners *Ring des Nibelungen* unter Georg Solti ging in die Geschichte ein. Culshaw setzte sich nach intensiven Recherchen für die Wiener Sofiensäle als Aufnahmeort ein. Mit dem 1958 aufgenommenen *Rheingold* wurde ein »neues Kapitel der Schallplattengeschichte« (Blaukopf) aufgeschlagen, die klanglich überwältigende Stereo-Einspielung figurierte bald an der Spitze der amerikanischen Verkaufslisten. 1961 folgte *Tristan und Isolde* unter Solti, der *Ring* wurde mit *Siegfried* (1962), *Götterdämmerung* (1964) und *Walküre* (1965) komplettiert.

Großzügige Investitionen (unter anderem in ein 28-kanaliges Mischpult) machten aus den Sofiensälen ein modernes Musikstudio, wo auch bald Orchesterproben der Staatsoper abgehalten wurden. Culshaw intervenierte im Sinne der Aufnahmequalität sehr deutlich für beziehungsweise gegen gewisse Musiker, und man »pflichtete Culshaw auch in allen Punkten bei«, wie Merlin berichtet. »Zum ersten Mal durfte eine außenstehende Person derartig in künstlerische Entscheidungen und vor allem in Besetzungsfragen eingreifen, was die Philharmoniker sogar den Dirigenten verweigerten.« Dies wurde nur deshalb akzeptiert, weil die Aufnahmetätigkeit für das Orchester »in künstlerischer und kommerzieller Hinsicht eine unentbehrliche Aktivität geworden« war.

Auf Anraten Karajans wurde der Exklusivvertrag mit DECCA gelöst und nach und nach auch Aufnahmen mit den Firmen EMI, SONY und Deutsche Grammophon ermöglicht. Plattenverträge bestimmten im letzten Jahrhundertdrittel Teile der Konzert- und Reisepläne des Orchesters, ermöglichten aber auch Synergien: 1971 wurde unter der Leitung Bernsteins, parallel zu den von ihm dirigierten Aufführungen an der Staatsoper, *Der Rosenkavalier* auf Schallplatte gebannt. Im September und Oktober 1975 fanden in den Sofiensälen Aufnahmen zu *Die Meistersinger von Nürnberg* statt. Während hier Sir Georg Solti dirigierte, probte gleichzeitig Christoph von Dohnányi die *Meistersinger*-Premiere an der Staatsoper, die am 21. Oktober stattfand!

Die Zahl der CD-Veröffentlichungen hat sich mittlerweile stark reduziert; man konzentriert sich (aber beschränkt sich nicht) auf Neujahrs- und Sommernachtskonzert und bringt auch eine weitere jährliche CD, die »Special Annual Edition«, heraus: Beginnend mit Georges Prêtre (2013) über Christian Thielemann (2014), Lorin Maazel (2015), Riccardo Muti (2016) bis hin zu Mariss Jansons (2017) wurden den Philharmonikern besonders verbundene Dirigenten mit exemplarischen Live-Aufnahmen präsentiert.

Einige Ergebnisse der Kooperation mit der Deutschen Grammophon sind in der aufwendigen *175th Anniversary Edition* enthalten, 44 CDs mit Aufnahmen, die außer den »großen Alten« auch die Dirigenten John Eliot Gardiner, James Levine, André Previn, Claudio Abbado, Pierre Boulez und Christian Thielemann in den Fokus rücken.

Im Bild

1948 begann die Präsenz der Philharmoniker auf Bildtonträgern mit einer Serie von für die USA bestimmten Musik-Kurzfilmen unter Krips und Böhm. Bis in die 1960er-Jahre hatte sich dank der Nachfrage im Medium Fernsehen die Tätigkeit immer mehr intensiviert. Die Bindung der Philharmoniker an die Produktionsfirma UNITEL veranlasste den ORF-Generalintendanten Gerd Bacher, einen Kooperationsvertrag mit UNITEL abzuschließen, ansonsten »müsste der Österreichische Rundfunk einfach auf die Philharmoniker verzichten, was er nicht als Teil seines Kulturauftrages verstünde«. 1983 begann auch die Kooperation der Philharmoniker mit der Firma Telemondial, deren künstlerischer Leiter Herbert von Karajan war.

Schon Leonard Bernstein meinte: »Be nice to UNITEL«, und die Freundlichkeit hat sich ausgezahlt. Rund 100 TV-Produktionen der Wiener Philharmoniker sind seit September 2016 auf dem Klassikportal *myfidelio.at* zu begutachten. Das beeindruckende Programm der von ORF und UNITEL gemeinsam betriebenen Internet-Plattform reicht von historischen Produktionen (die Älteste ist Furtwänglers Salzburger *Don Giovanni* 1954) bis zu aktuellen Konzerten im Livestream. Konnte Otto Strasser noch 1981 mit Recht behaupten, dass »Schallplatten« (die CD war ja noch nicht erfunden) und Fernsehen »nicht zu unterschätzende Einnahmequelle[n] für Orchestermusiker und Dirigenten« darstellten, so mussten die Veranstalter mittlerweile völlig umdenken. Bei der »fidelio«-Präsentation erklärte Musikvereinsintendant Thomas Angyan, dass Übertragungen »von der Haben- auf die Sollseite«, zum Marketingbudget umzubuchen sind: Wo man sich früher Einkünfte erwarten konnte, muss heute investiert werden. Auf der kostenpflichtigen »fidelio«-Plattform öffnen die Philharmoniker auch regelmäßig Abonnementkonzerte für das Internet-Publikum.

CD-Verkaufsrekorde und Einschaltziffern in Millionenhöhe gibt es immerhin noch bei einem Ereignis, das Immenses zur Weltgeltung der Wiener Philharmoniker beiträgt.

Mythos Neujahrskonzert

Das »Ur-Neujahrskonzert« fand im Hochsommer statt: Am 11. August 1929 dirigierte der junge Staatsoperndirektor Clemens Krauss bei den Salzburger Festspielen ein reines Strauß-Programm. Eine Dekade später, allerdings am letzten Tag des Jahres, schlug, ebenfalls unter Krauss, die Geburtsstunde der Walzer- und Polka-Konzerte zum Jahreswechsel.

Es wäre nicht Wien, wenn nicht auch angesichts des seit vier Monaten tobenden Krieges gewitzelt worden wäre. Das Schlussstück des ersten Teils bildete die Johann-Strauß-Polka *Auf der Jagd*, bei der auch Schüsse ertönen. Als Clemens Krauss im Anschluss daran einen riesigen Lorbeerkranz erhielt, der – in Ermangelung von echtem Lorbeer – aus präpariertem Eichenlaub hergestellt worden war, meinte der Bratschist Alfons Grünberg zu seinem Pultkollegen Ernst Morawec: »Der Krauss gibt seinen ersten Schuss ab – und schon ist er Eichenlaubträger!«* Schon 1941 fand ein – auf Wunsch von oben »Optimismus« und »Geselligkeit« ausstrahlendes – Konzert zugunsten der NS-Organisation »Kraft durch Freude« statt.

1946 und 1947 übernahm Josef Krips, bevor Clemens Krauss – nach Ablauf seines Berufsverbots – zurückkehren konnte. Sein überraschender Tod im Mai 1954 in Mexiko (man vermutet, dass ein »gebrochenes Herz« wegen der Verhinderung seiner Staatsoperndirektion im Spiele war) riss eine Lücke, die nach mehreren Abstimmungen erst in der Hauptversammlung am 25. November, also nur fünf Wochen vor dem Konzerttermin, geschlossen wurde. Vorstand Hermann Obermeyer meinte: »Der Boskovsky soll's machen, vom Pult aus.« Der Konzertmeister – der einst seine Lehrjahre im Orchester des Strauß-Enkels Johann absolviert und sich als Dirigent der leichten Muse schon international bewährt hatte – wurde »provisorisch« zum Neujahrsdirigenten gewählt. Provisorien halten in Österreich oft besonders lange, in diesem Falle ein Vierteljahrhundert: Willi Boskovsky dirigierte das Neujahrskonzert der Philharmoniker, mit der Geige in der Hand, 1955 bis 1979. Auf ihn folgte der designierte Operndirektor Lorin Maazel. Er leitete das Konzert, gewissermaßen die letzte Bastion eines »Chefdirigenten« auf philharmonischem Boden, sieben Mal in Folge. Seit

---

* Das Eichenlaub ist ein Bestandteil des Eisernen Kreuzes, einer hohen militärischen Auszeichnung in Deutschland zur Zeit des Zweiten Weltkrieges.

Zweimal Neujahrskonzert: unter Willi Boskovsky (rechts) und unter Riccardo Muti (unten)

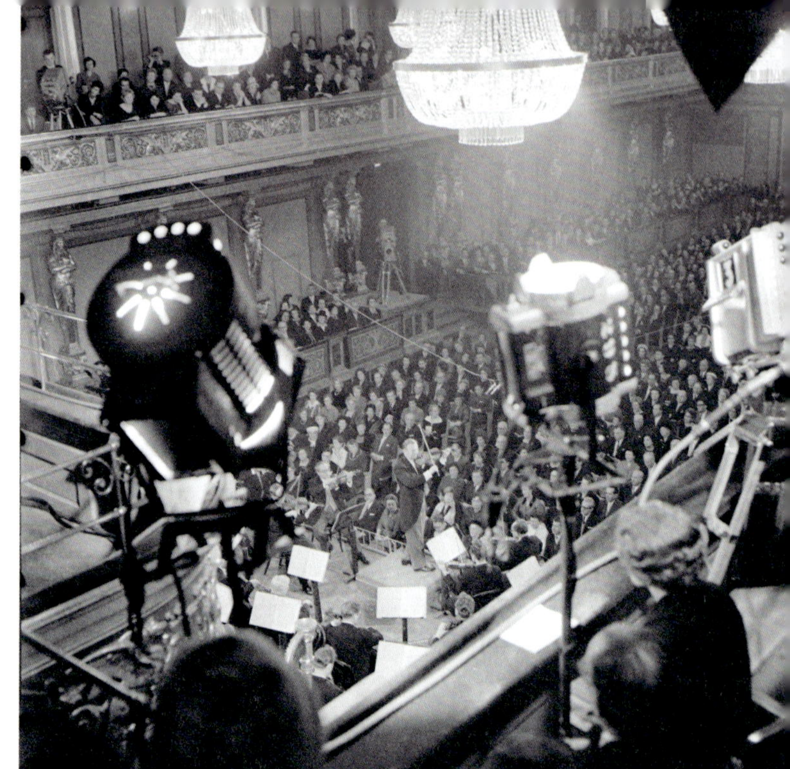

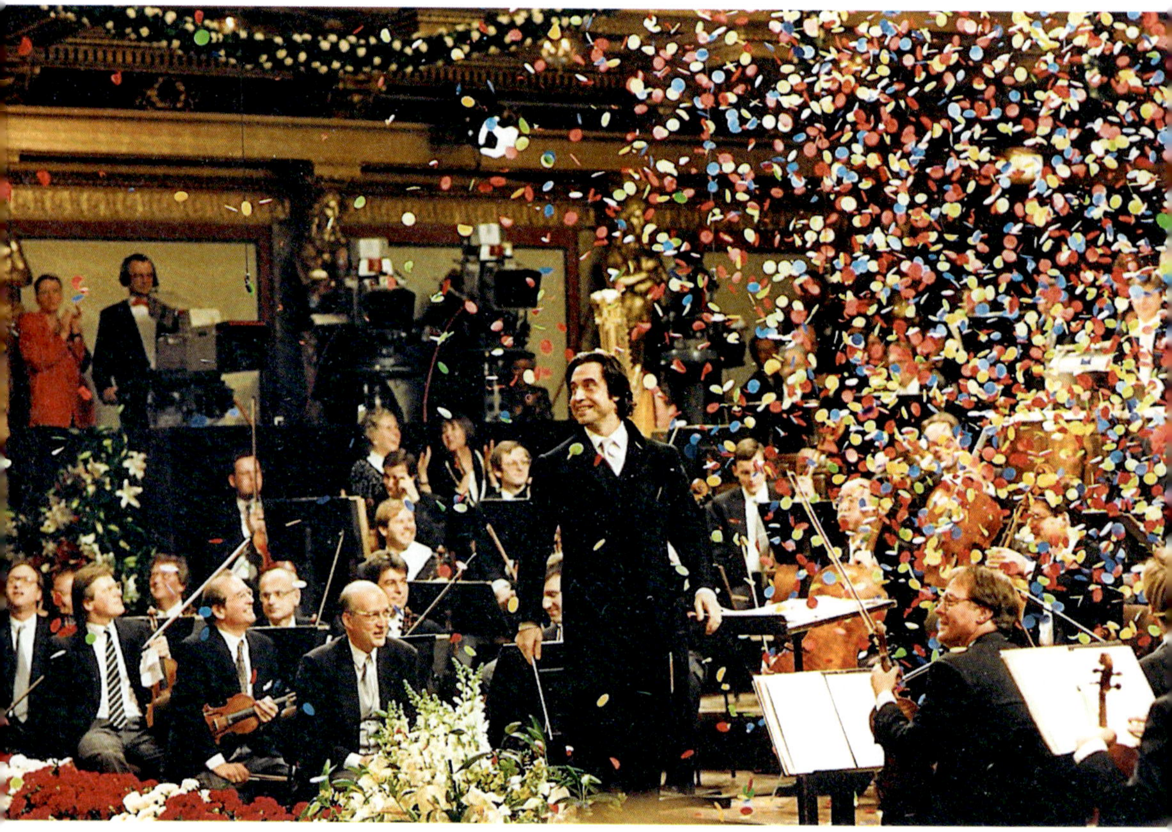

1987, dem legendären Karajan-Neujahrskonzert, wechseln auch die Dirigenten von Mal zu Mal.

Seit 1959 wird das Ereignis live im TV übertragen (seit 1969 in Farbe) und wuchs seither zum meistwahrgenommenen »klassischen« Konzertereignis der Welt. Übernahmen im Jubiläumsjahr 1992 »nur« 42 Sendestationen in aller Welt die TV-Übertragung, so wurde das Neujahrskonzert 2017 (Gustavo Dudamel war hierbei der jüngste Dirigent dieses Ereignisses überhaupt) in über 90 Ländern gesendet und von mehr als 50 Millionen Menschen verfolgt. 2015 wurde die Edition *Neujahrskonzert: Die gesamten Werke* vorgelegt, die alle 319 Werke, die seit 1941 gespielt wurden, auf 23 CDs versammelt.

Die Neujahrskonzerte versehen nicht nur die qualitätsvolle Unterhaltungsmusik von einst mit den »Weihen« philharmonischer Wiedergabe, wir werden alljährlich auch an die einstmals spontane (nun aber rituell reglementierte) Begeisterung erinnert, mit der das »Klassik«-Publikum Werke zu begrüßen pflegte: In den *Donauwalzer* darf hineinapplaudiert werden, der abschließende *Radetzkymarsch* wird von rhythmischem Klatschen begleitet.

Das Sommernachtskonzert

Seit 2004 hat das Neujahrskonzert ein sommerliches Pendant – wenn die Wetterlage bei den ersten Ausgaben auch eher spätherbstlich anmutete. Im Mai 2004 dirigierte Bobby McFerrin ein »Konzert für Europa«, zu dem die Bundesregierung eingeladen hatte. Während nur 30 000 Besucher erwartet worden waren, bevölkerten nicht weniger als 90 000 den Park von Schloss Schönbrunn – eine »Institution« war geboren. 2005 (und 2015) stand Mehta am Pult, 2006 war der dirigierende Tenor Plácido Domingo (samt dem singenden Kollegen Rolando Villazón) angetreten. Regenfälle zwangen zu einer Verschiebung dieses Konzertes, bei dem Juan Diego Flórez als Solist einsprang.

Valery Gergiev dirigierte die Philharmoniker 2007 (140 000 Gäste stellten einen neuen Besucherrekord dar) und 2011, diesmal zugunsten der Opfer des japanischen Erdbebens, 60 Fernsehstationen übertrugen das Ereignis. Georges Prêtre leitete 2008 das erste auch so genannte »Sommernachtskonzert«, ihm folgten Daniel Barenboim (2009), Franz Welser-Möst

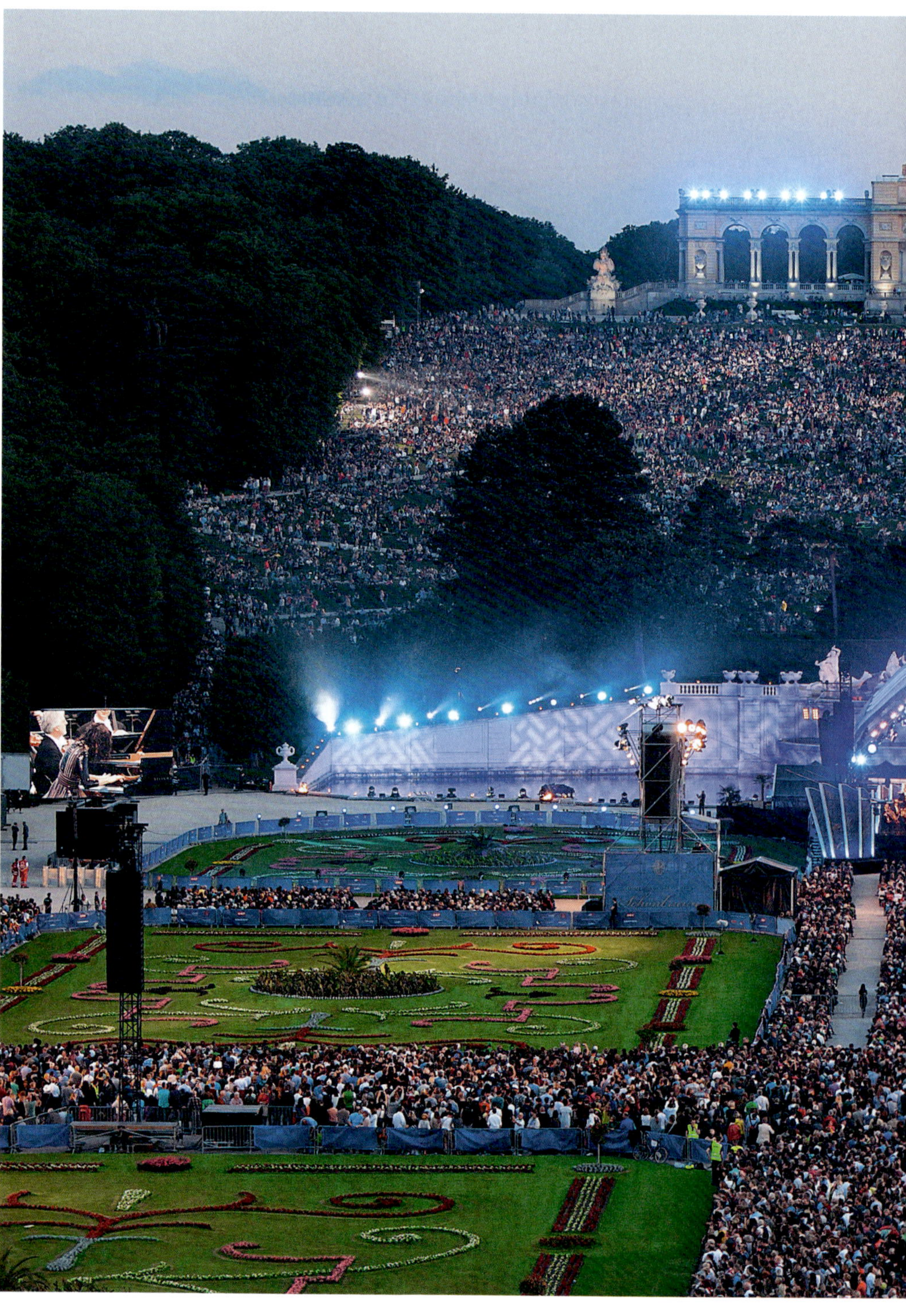

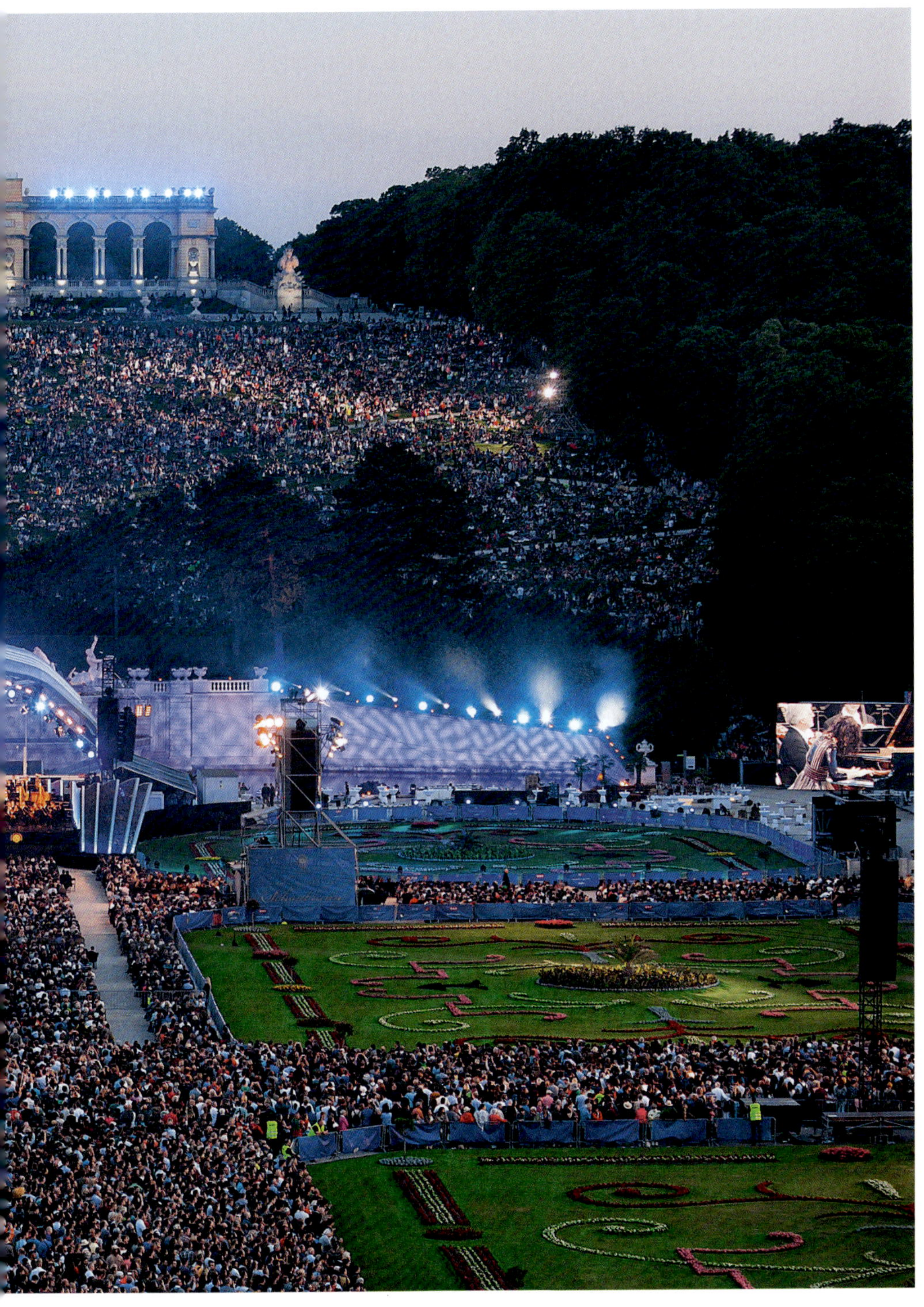

Die vielleicht schönste Konzertkulisse der Welt:
ein Sommernachtstraum in Schönbrunn

(2010), Gustavo Dudamel (2012), Lorin Maazel (2013), Christoph Eschenbach (2014 und 2017) sowie Semyon Bychkov (2016). Der Opern-Air-Event vor der Kulisse Schönbrunns hat sich mittlerweile als Visitenkarte der Philharmoniker etabliert, wobei es sich, anders als das Neujahrskonzert, um keinen Einnahmenbringer, sondern um eine Investition in die Erschließung neuer Publikumsschichten handelt. Über 100 000 Anwesende, über eine halbe Million vor den TV-Geräten in über 80 Ländern … angesichts des Werbewertes für Wien sollten sich öffentliche Stellen nachhaltig an dem kostspieligen Konzert beteiligen.

Ein »Ball-Orchester«?

Wien besitzt eine besonders ausgeprägte Balltradition. Für nicht wenige ist der Höhepunkt des Faschings der seit 1949 wieder regelmäßig stattfindende Philharmonikerball. Die Liste der Eröffnungsdirigenten liest sich wie ein Who is Who der bedeutendsten Pult-Persönlichkeiten von Knappertsbusch bis Sir Simon Rattle. Dieser hat sich mit dem über Ballanlässe hinausgehenden Kompliment eingestellt: »Dieses Orchester versteht es, zu tanzen.« Zubin Mehta war zwar erst 1969 für die Eröffnung engagiert, hatte die für den Ball geschriebene Strauss-Fanfare aber bereits fünf Jahre zuvor im neuen Dorothy Chandler Pavilion mit dem Los Angeles Philharmonic »zweckentfremdet«.

Im Jahre 1955 kam es sogar zu zwei Ballveranstaltungen der Philharmoniker. Zusätzlich zum obligaten Jänner-Termin wurde am 5. November im Anschluss an die festliche Wiedereröffnung der Wiener Staatsoper ein »Bal Paré« im Musikverein ausgerichtet.

Mit steigender wirtschaftlicher Absicherung konnte das Orchester nach außen Großzügigkeit walten lassen. Wurden die ersten Philharmonikerbälle ursprünglich noch »zum Besten ihrer Wohlfahrtseinrichtungen« veranstaltet, so spendete das Ballkomitee in den letzten Jahren für Hilfsbedürftige: 2015 etwa für unbegleitete minderjährige Flüchtlinge im »Haus Sidra«, 2016 für zwei Mutter-Kind-Häuser, 2017 für den musikalischen Orchesternachwuchs, und zwar die Angelika-Prokopp-Sommerakademie der Wiener Philharmoniker. Seit 2016 findet vor dem Ball auch jeweils ein Charity Dinner für gute Zwecke statt.

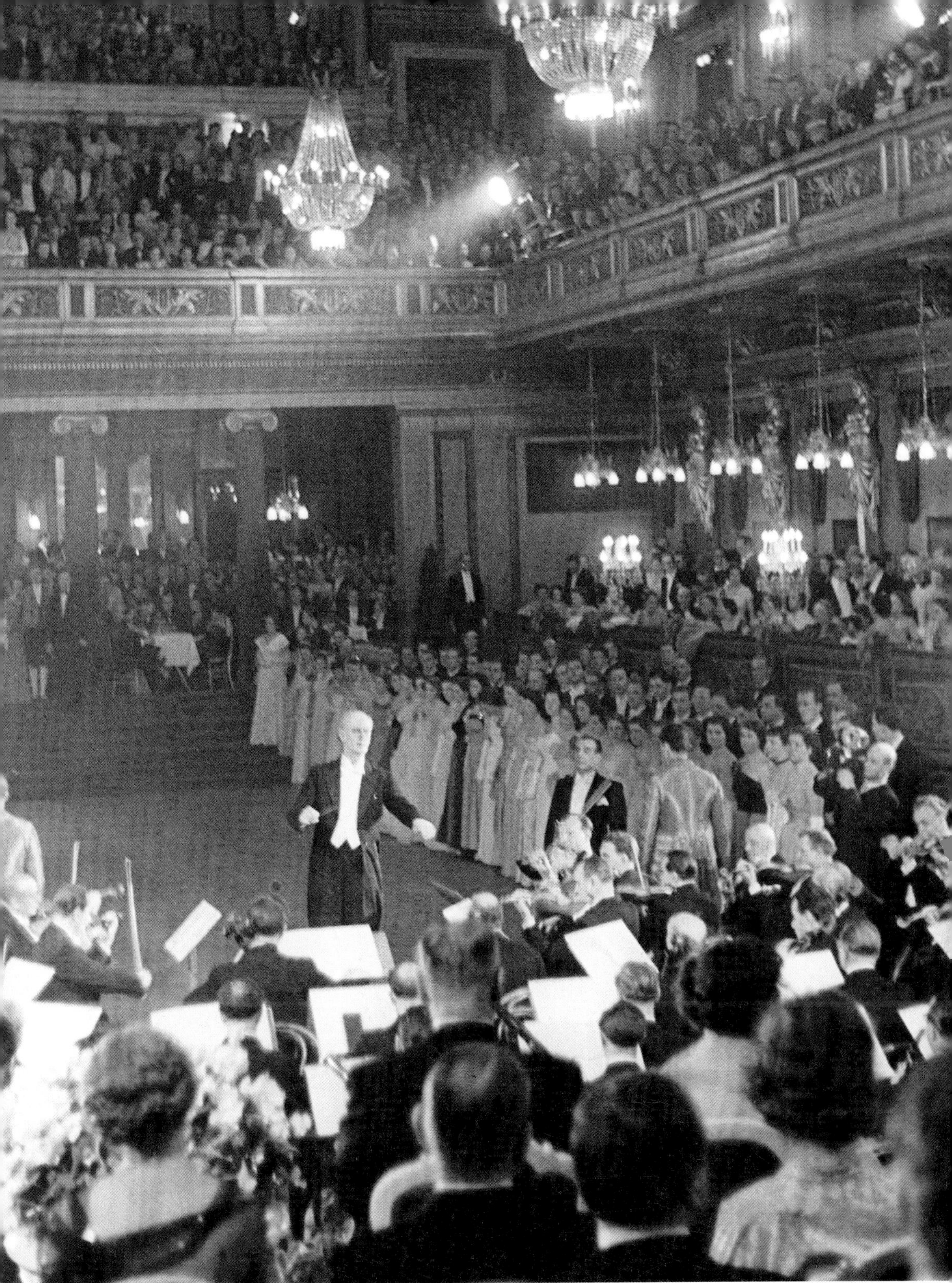

Wilhelm Furtwängler dirigiert die Eröffnung des Philharmonikerballs (1950).

Am 3. März 2011 traten die Wiener Philharmoniker in eine neue Phase ihres Balllebens ein: Auf Einladung des neuen Staatsoperndirektors Dominique Meyer wirkten sie erstmals (dirigiert von Generalmusikdirektor Welser-Möst) bei der Eröffnung des Wiener Opernballs mit. Und dass unser Orchester die Balleröffnung 2017 unter der Leitung einer Frau (Speranza Scappucci) absolvierte, kam niemandem mehr »exotisch« vor.

Das Jubiläumsjahr 2017

Am letzten Tag des alten Jahres, im Rahmen des Silvesterkonzertes am 31. Dezember 2016, wurde Altbundespräsident Dr. Heinz Fischer zum »Patron« der Wiener Philharmoniker ernannt. Mittlerweile ist bekannt, dass er nur der erste Repräsentant eines wachsenden Netzes von Kulturbotschaftern in mehreren Ländern ist: Im Sommer 2017 wurde auch der ehemalige UNO-Generalsekretär Ban Ki-moon zum Philharmoniker-Patron ernannt.

Das Neujahrskonzert 2017 war auch die Premiere für neue Bekleidungsstücke: Zu ihrem Jubiläum haben sich die Philharmoniker den »Philharmonic Suit« geleistet, eine von Vivienne Westwood und Andreas Kronthaler neu gestaltete Konzertkleidung für Herren und Damen. Mittlerweile wurde bekannt, dass es beim Maßnehmen Fehler gegeben hatte und es wohl noch länger dauern wird, bis die Neueinkleidung durchgängig vorgenommen ist. Was allerdings jetzt schon tadellos sitzt, ist der Ausspruch der zu Lebzeiten legendären englischen Designerin Westwood anlässlich der Präsentation der Suits: »An orchestra is maybe the highest achievement of the human race« (Ein Orchester ist vielleicht die größte Errungenschaft des Menschengeschlechts). Eine Lanze für die Tradition brach sie im selben Atemzug: »Wenn man die Tradition zerbricht, hat man nichts, worauf man aufbauen kann.«

Eine gute Tradition ist seit dem 150. Geburtstag der Wiener Philharmoniker die nach ihnen benannte Münze. 2017 erschien die 20-Euro-Silbermünze *175 Jahre Wiener Philharmoniker*, wobei auf der einen Seite die Porträts der Gründer Nicolai, Schmidt und Becher, auf der anderen ein Ausschnitt aus Max Oppenheimers Gemälde *Das Orchester* zu sehen sind (Abb. S. 64/65).

»Two Philharmonics«

Im selben Jahr gegründet, bestritten die Wiener und die New Yorker Philharmoniker zu Jahresbeginn 2017 auch einen Teil der Feiern miteinander. So wanderte die Ausstellung *Vienna and New York: 175 Years of Two Philharmonics* vom österreichischen Kulturforum New York ins Wiener Haus der Musik, wo sie am Jubeltag des Orchesters, dem 28. März, unter dem Titel *2x 175 Jahre Philharmoniker* feierlich eröffnet wurde. Vorstand Andreas Großbauer: »Dies ist eine andere Möglichkeit zu feiern, als immer nur zu sagen: Wir, wir, wir!«

Anwesend waren unter anderen die Ehrenmitglieder Christa Ludwig und Rudolf Buchbinder, die ehemaligen Vorstände Walter Barylli, Werner Resel und Clemens Hellsberg, der just am Jubeltag des Orchesters seinen 65er feierte. Oder, wie es Heinz Fischer ausdrückte: »Er hat sich den 110. Geburtstag der Wiener Philharmoniker ausgesucht, um auf die Welt zu kommen.«

An diesem Tage übersiedelte das Historische Archiv des Orchesters offiziell in neue Räumlichkeiten – eigentlich ist es nur ein Umzug im selben Stockwerk des Hauses der Musik, allerdings auf großzügige 450 Quadratmeter. Endlich ist Platz für kostbare Bestände und auch für Gastforscher, um sich in die Historie des Klangkörpers zu versenken. Archivchef Wolfgang Plank, Silvia Kargl und Friedemann Pestel zeigten Schätze aus den New Yorker und den Wiener Beständen (in die, wie berichtet, auch die *Lied von der Erde*-Partitur zurückgekehrt ist).

In einem der Leseräume war mit Augen und Ohren *The 175* zu bestaunen, ein handgefertigter Plattenspieler, den die Firma »Pro-Ject Audio Systems« den Philharmonikern zum Jubiläum widmete.

»Dieses Orchester ist eine Rakete!«

Im Foyer des Hauses der Musik: eine über fünf Meter hohe Skulptur aus Instrumentenkisten namens *Special Cases – Cosmic Rocket*, geschaffen von der österreichischen bildenden Künstlerin Nives Widauer. (Der Direktor des Hauses der Musik, Simon Posch, war übrigens entzückt, dass sich die Buchstaben WPH, welche die Behälter zieren, auf den Kopf gestellt »HdM«

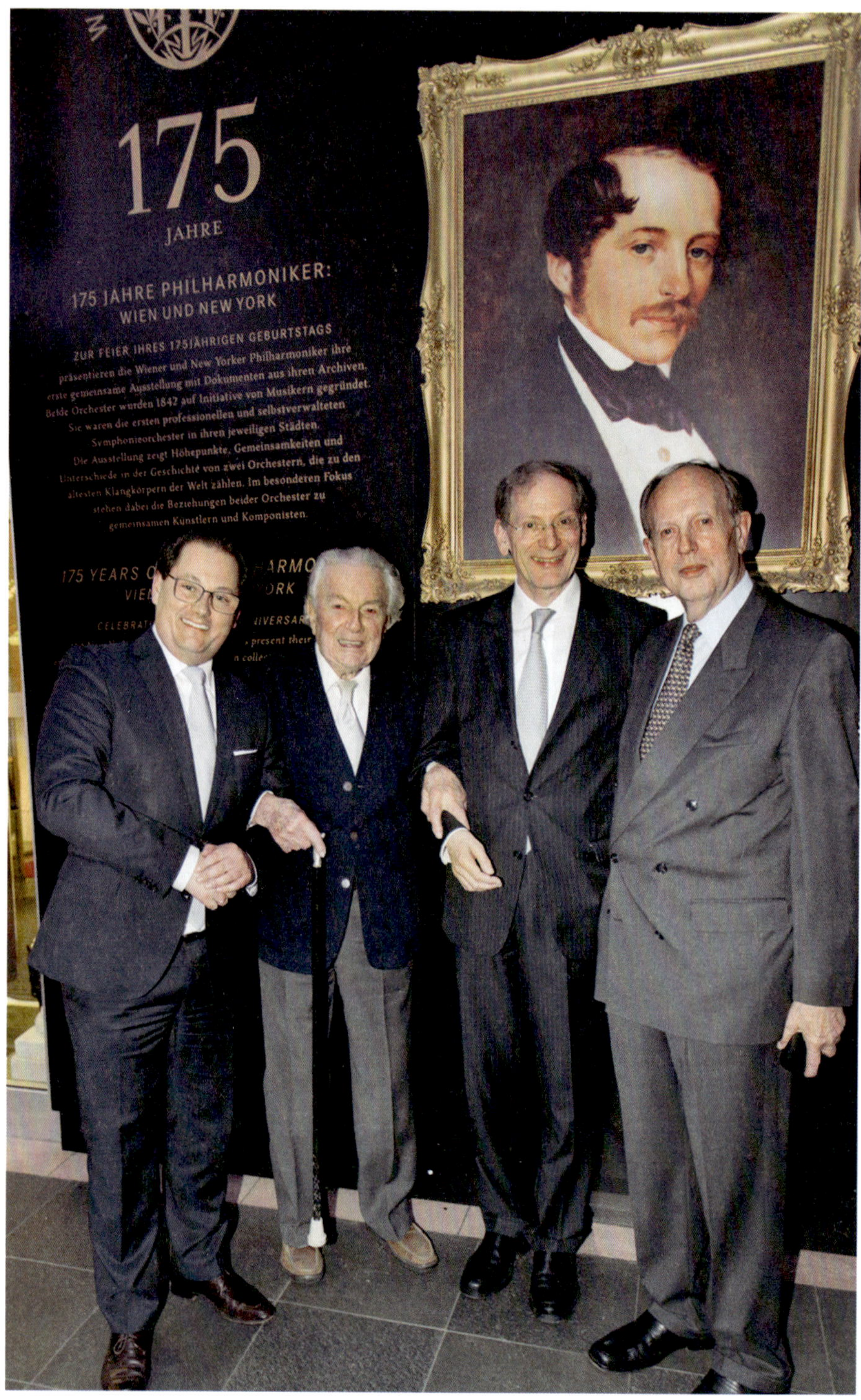

Ein Gründer und vier Vorstände (von links nach rechts): Andreas Großbauer, Walter Barylli, Clemens Hellsberg und Werner Resel vor dem Porträt Otto Nicolais

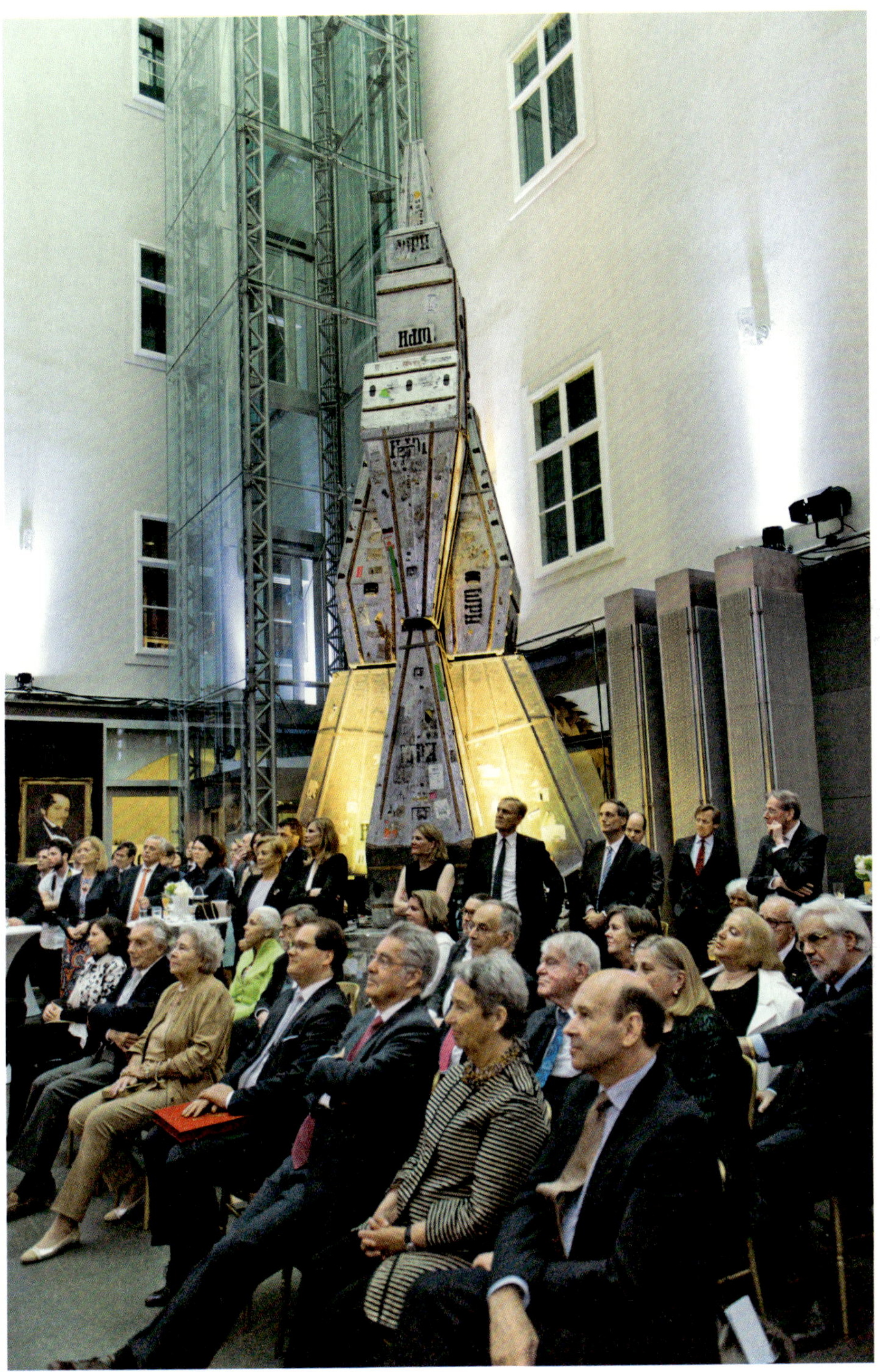

Feierstunde im Haus der Musik: in der ersten Reihe (von rechts nach links) Dominique Meyer, Margit und Heinz Fischer, Andreas Großbauer, Christa Ludwig und Walter Barylli

lesen – das Kürzel seiner Organisation!) In dem Bildband, der allen Besucherinnen und Besuchern der Feier mitgegeben wurde, findet sich eine Dokumentation der Arbeit von Nives Widauer bis hin zur Aufstellung der Skulptur im Marmorsaal des Oberen Belvedere Ende 2014. Ein Interview, das die Künstlerin mit dem damaligen Philharmonikervorstand geführt hat, enthält unter anderem diesen Wortwechsel: »Wenn das Orchester eine Rakete wäre, wohin würden Sie fliegen wollen?« Großbauer: »Dieses Orchester *ist* eine Rakete!«

Das ist mehr als eine Metapher für die Reiselust, wie Zubin Mehta erklärt: »Musikmachen ist wie eine kosmische Reise. Manchmal hebt man ab und schwebt in Richtung Unendlichkeit.« Mehta, 1978 bis 1991 Musikdirektor der New Yorker Philharmoniker, präsentierte auch einen kurzen Imagefilm über das doppelte Orchesterjubiläum. Ohne die New Yorker abzuwerten, sagt er über die Wiener, die ja seit 1933 keinen Chefdirigenten mehr besitzen: »The beauty of the sound they create themselves.« (»Die Schönheit des Klangs erschaffen sie selbst.«) Ein längerer Film ist ebenfalls zum Jubiläum entstanden. Die Regisseurin Co Merz hat das Orchester 2016 zwischen Wien, Salzburg und Tokyo begleitet und die von Walter Schirnik produzierte Dokumentation *Die Wiener Philharmoniker: Mehr als Musik* geschaffen.

»Richte die Augen auf die Sterne und behalte die Füße auf dem Boden«

Tischreden beim anschließenden Diner in der Wiener Albertina: Der amtierende Staatsoperndirektor Meyer wünschte seinem anwesenden Nachfolger Bogdan Roščić, dass er »auch so viel Freude mit den Philharmonikern haben« möge, pries des Orchesters Entgegenkommen auch in zähen Verhandlungen (»Wir lösen die Probleme, jede Partei im Sinne der anderen«), seine Unentbehrlichkeit (»Das Herz der Staatsoper schlägt im Graben«) und seinen Fleiß. Rund 110 Proben (im Gegenzug für mehr Proben wurde dem Orchester eine Gehaltserhöhung zugestanden) und knapp 300 Aufführungen, so lautet die jährliche Bilanz des philharmonischen Opernorchesters. Eine – in diesem Rahmen nicht erwähnte – Lösung für die Perioden der Nichtverfügbarkeit seines Orchesters hat Meyer ebenfalls gefunden: Er engagiert fallweise auf »alte Musik« spezialisierte Gastorchester, wie etwa für die Neuproduktion von Glucks *Armide* in der Saison 2016/17 Les Musiciens du Louvre unter Mark Minkowski und 2017/18 Les Arts Florissants unter William Christie für Händels *Ariodante*.

Auch die Präsidentin der Salzburger Festspiele, Helga Rabl-Stadler, streute Rosen (»Gemeinsam seid ihr eine musikalische Weltmacht!«) und erinnerte an Höhepunkte aus der Festspielgeschichte – nicht weniger als 2000-mal sind die Philharmoniker in Salzburg aufgetreten.

Clive Gillinson, Leiter der New Yorker Carnegie Hall, durfte beim »gemeinsamen« Jubiläum nicht fehlen. Kein anderes ausländisches Orchester war öfter präsent als das Wienerische, auch die einzigen New Yorker Konzertauftritte Nikolaus Harnoncourts haben mit den Philharmonikern stattgefunden. Diese seien nicht nur ihrem Klang treu, sondern auch einem Motto von Teddy Roosevelt, das den meisten Orchestermitgliedern gar nicht bekannt sein dürfte: »Keep your eyes to the stars and your feet on the ground.«

Das Orchester, das niemals schläft

Wir haben weiter oben von der »Gabe der Bilokation« gesprochen. Wie anders wäre es zu erklären, dass – um nur ein Beispiel herauszugreifen – die Philharmoniker am 4. November 2013 in Peking Beethoven musiziert haben und tags darauf in der Basilica San Pietro fuori Mura in Rom Mozart? Wohlgemerkt fand in der Wiener Staatsoper, für die unser Orchester ja auch zuständig ist, am 4. November eine Vorstellung von Donizettis *La fille du Régiment* statt! Merlin gibt in seinem Buch den Terminkalender des Orchesters vom Jänner 1991 wieder, der nicht weniger als 70 Dienste aufweist: 35 Konzerte oder Opernvorstellungen, 23 Proben sowie 12 Aufnahmetermine für *Pelléas et Mélisande*.

Ernst P. Strobl wusste in den *Salzburger Nachrichten* (11. April 2017) auch keinen Rat: »Wie sie das alles schaffen, bleibt wohl ihr Geheimnis, oder sie beherrschen eine Form der Klontechnologie. Da spielten die Wiener Philharmoniker rund um das Wochenende nicht nur in Berlin (am Freitag mit Barenboim) und Salzburg (am Montag mit Thielemann), sie sind auch täglich in der Wiener Staatsoper bei so anfordernden Werken wie Wagners *Parsifal* oder Reimanns *Medea* in ausgezeichneter Spiellaune. Und dann war da noch etwas. Am Wochenende dirigierte Adam Fischer die beiden Abonnementkonzerte im Musikvereinssaal in Wien, und im Orchester war nicht die geringste Müdigkeit oder gar ein Durchhängen der Spannkraft zu merken.«

Wer keine Anzeichen von Müdigkeit zeigt, der muss wohl doch ausreichend schlafen – nicht am Pult, wohlgemerkt. Denn der folgende Witz beruht keineswegs auf einer wahren Begebenheit. Sagt ein Philharmoniker zum anderen: »Weißt du, was ich unlängst geträumt habe? Ich sitze auf dem Musikvereins-Podium und spiele Beethoven!« – »Was ist daran so besonders?« – »Wie ich aufwache, … sitze ich auf dem Musikvereins-Podium und spiele Beethoven!« Den Seinen gibt's der Herr keineswegs im Schlaf. »Ich glaube, nicht einmal jemand auf der Bohrinsel muss so viel arbeiten«, meint der Bratschist Thilo Fechner. (Merz)

Dominique Meyers Lieblingsanekdote spiegelt unbeugsamen Arbeitswillen. Der Direktor begegnete Rainer Küchl nach einem Abonnementkonzert im Wiener Musikverein, Zubin Mehta hatte die Neunte Bruckner geleitet. Küchl meinte kopfschüttelnd: »In der Früh habe ich in der Hofmusikkapelle gespielt, jetzt das wunderbare Konzert, aber trotzdem bin ich traurig. Denn abends ist in der Staatsoper die letzte Vorstellung der *Lady Macbeth von Mzensk* – und ich bin leider nicht zum Dienst eingeteilt!«

Der regelmäßige Sonntagsdienst mit Kirchenmusik in der Hofburg ist ein zusätzliches Element im prallen Kalender unseres Orchesters. Die Hofmusikkapelle gehört zu den ältesten musikalischen Institutionen der Welt, ihre Gründung datiert ins 15. Jahrhundert. Für die Musiker, die sich aus den Reihen des Hof- beziehungsweise Staatsopernorchesters rekrutierten, bedeutete die Arbeit einstmals eine luxuriöse Sonderstellung: ein zusätzliches Salär, das Pensionsansprüche einschloss, eine Uniform mit Zweispitz, die persönliche Abholung am Sonntagmorgen mit eigener Equipage, wobei ein livrierter Diener das Instrument nachtrug. Uniform und Equipage sind Geschichte, der Dienst bleibt.

Rainer Küchl verabschiedete sich im Sommer 2016 von seiner Lebensstellung – nach der Rekordzeit als philharmonischer Konzertmeister von 46 Jahren (Rosé übertraf ihn mit 57 Dienstjahren nur als Staatsopern-Konzertmeister). Dem Nachwuchs gibt Küchl die Aufforderung zu unbedingtem Leistungswillen mit: »Ich habe jungen Kollegen immer wieder gesagt: Jammert nicht über zu viele Dienste! Die Gelegenheit, so viel gute Musik zu machen, ist, jenseits vom Materiellen, unbezahlbar!« (Merz)

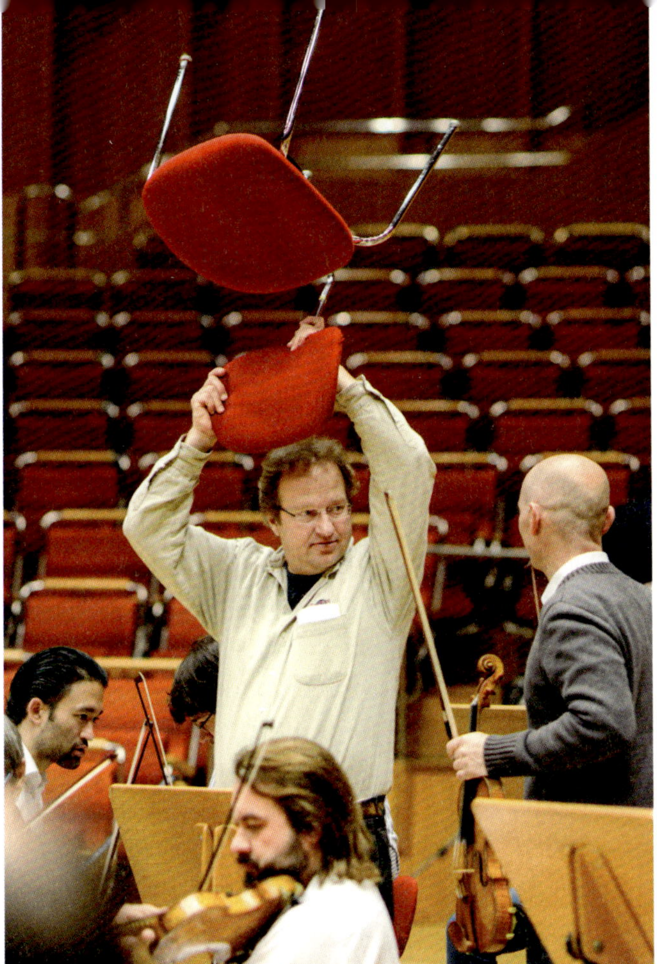

Orchesterwart Martin Stangl in Aktion

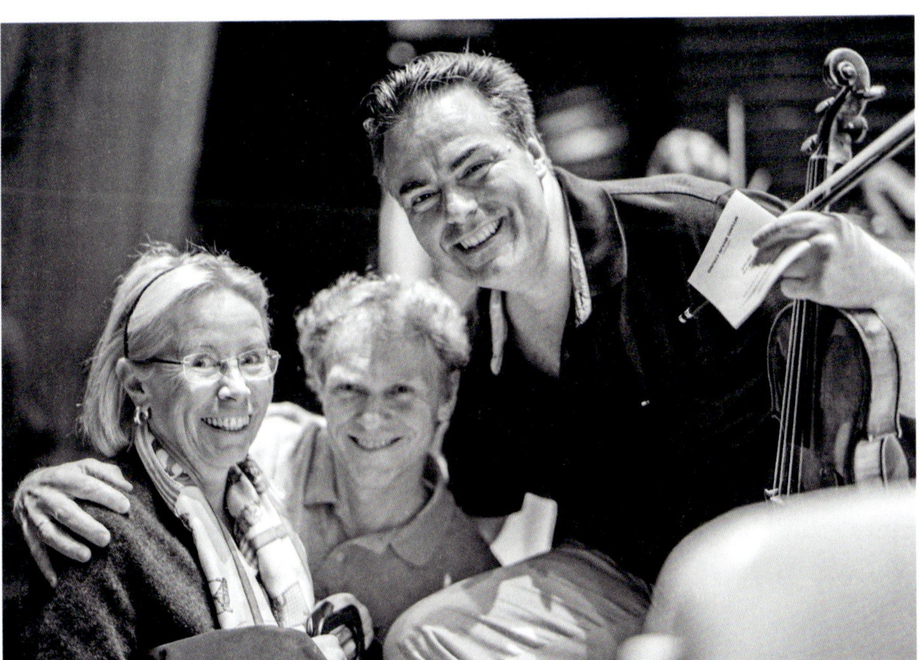

Der neue Vorstand Daniel Froschauer mit Elisabeth Khevenhüller-Metsch vom Künstlerischen Betriebsbüro und Orchesterwart Thomas Smula

Und in Zukunft?

Karl Böhms Worte zum 125-jährigen Bestehen der Wiener Philharmoniker 1967 haben Bestand: »Die Doppelfunktion des Orchesters in der Oper und im Konzertsaal ist gewiss eine schwierige und strapaziöse Aufgabe, die schon deshalb den ganzen Einsatz verlangt, weil sie die Beherrschung des gesamten Repertoires erfordert. Trotzdem ist sie eine kluge, gute, ja hervorragende Einrichtung, mehr noch: die Grundlage, ohne die eine Realisierung eurer philharmonischen Idee nicht möglich ist. Erst von der gesicherten finanziellen Plattform des Opernengagements ist der Absprung ins freie philharmonische Musizieren, so wie wir es verstehen, möglich.« Doch werden Strukturen und Institutionen, die vor einem halben Jahrhundert noch fraglos abgesichert waren, auch in alle Zukunft bestehen? Und kann der Bogen der Leistungsfähigkeit auch überspannt werden?

Franz Bartolomey neigte nie zur Faulheit, nicht umsonst gibt er Goethes »Alles, was wir treiben und tun, ist ein Abmühen; wohl dem, der nicht müde wird« als sein Lieblingszitat an. Dennoch lässt Bartolomey in seinen Erinnerungen auch philharmonische Selbstkritik anklingen. Er schreibt von »immer gedrängtere[r] Tournee-Planung« und »zu geringe[n] Erholungsphasen«, die der Qualität nicht zuträglich sind. »So wird es für die Verantwortlichen zur immer größeren Herausforderung, die richtige Balance zu finden zwischen Vermarktung und jenem höchsten künstlerischen Niveau.«

Merlin öffnet eine andere Perspektive, deren Voraussetzung allerdings erhöhte Mittel sind: Das »enorme Arbeitsvolumen« lässt eine neuerliche Erhöhung der Stellen überlegen. Denn »mit 148 Mitgliedern besitzt das Orchester der Wiener Staatsoper 26 Planstellen weniger als die Pariser Oper mit 174 Orchestermitgliedern, die in der Saison 191 Aufführungen bestreiten, während in Wien die Staatsoper und die Philharmoniker gemeinsam 406 Abende anbieten«.

Man kann im Verhältnis der Staatsoper zu ihrem Orchester von gegenseitiger »Abhängigkeit« sprechen, von Belastungen und Beschränkungen, aber ebenso von gegenseitiger Befruchtung und Inspiration – und das nicht nur, weil ein Jubiläum zu Optimismus verpflichtet.

Die letzte Rede am 28. März 2017 in der Albertina hielt Ex-Vorstand Clemens Hellsberg. Er bekannte, dass nicht jeder Tag im Amt »lustig« gewesen sei, dass ihm aber wichtige Begleiter wie Geschäftsführer Dieter Flury zur

Seite standen. »Der wichtigste Begleiter aber«, so Hellsberg, »war die Musik. Ich habe mich immer behütet und beschützt gefühlt von der Musik der Meister. Sie sind Wege gegangen, die wir nicht gefunden hätten – aber wir dürfen ihnen getrost folgen. Gehen wir den Weg weiter im Vertrauen darauf, dass wir gut geführt werden.«

Dass dieses Orchester den Weg der Musik getrost weitergehe, das wünschen wir ihm und uns 175 Jahre nach der Gründung für alle Zukunft. Die Hoffnung darauf hat Daniel Barenboim in der Merz-Doku formuliert: »So lange es eine Art von zivilisierter Gesellschaft gibt, werden die Wiener Philharmoniker da sein.«

Die Wiener Philharmoniker

Mitglieder in der Jubiläumssaison 2016/2017

* Mitglied der Arbeitsgemeinschaft der Wiener Philharmoniker

KONZERTMEISTER
Rainer Honeck
Volkhard Steude
Albena Danailova

ERSTE VIOLINE
Hubert Kroisamer
Josef Hell
Jun Keller
Daniel Froschauer
Maxim Brilinsky
Erich Schagerl
Milan Šetena
Martin Kubik
Martin Zalodek
Kirill Kobantschenko
Wilfried Hedenborg
Johannes Tomböck
Isabelle Ballot
Andreas Großbauer
Pavel Kuzmichev
Olesya Kurylyak
Thomas Küblböck
Alina Pinchas
Alexandr Sorokow*
Petra Kovačič*
Ekaterina Frolova*

ZWEITE VIOLINE
Raimund Lissy
Tibor Kovác
Christoph Koncz
Gerald Schubert
Helmut Zehetner
Patricia Hood-Koll
George Fritthum
Alexander Steinberger
René Staar
Harald Krumpöck
Michal Kostka
Benedict Lea
Marian Lesko
Johannes Kostner
Martin Klimek
Jewgenij Andrusenko
Shkëlzen Doli
Holger Groh
Adela Frasineanu*
Benjamin Morrison*

VIOLA
Heinrich Koll
Tobias Lea
Christian Frohn
Wolf-Dieter Rath
Robert Bauerstatter
Gerhard Marschner

Mario Karwan
Martin Lemberg
Elmar Landerer
Innokenti Grabko
Michael Strasser
Ursula Ruppe
Thilo Fechner
Thomas Hajek
Daniela Ivanova
Sebastian Führlinger
Tilman Kühn*

VIOLONCELLO
Tamás Varga
Robert Nagy
Peter Somodari
Raphael Flieder
Csaba Bornemisza
Sebastian Bru
Gerhard Iberer
Wolfgang Härtel
Eckart Schwarz-Schulz
Stefan Gartmayer
Ursula Wex
Edison Pashko
Bernhard Hedenborg
David Pennetzdorfer*

KONTRABASS
Herbert Mayr
Christoph Wimmer
Ödön Rácz
Jerzy (Jurek) Dybal
Itzok Hrastnik
Filip Waldmann
Alexander Matschinegg

Michael Bladerer
Bartosz Sikorski
Jan Georg Leser
Jędrzej Górski
Elias Mai

HARFE
Charlotte Balzereit
Anneleen Lenaerts

FLÖTE
Dieter Flury
Walter Auer
Karl-Heinz Schütz
Günter Federsel
Wolfgang Breinschmid
Karin Bonelli

OBOE
Martin Gabriel
Clemens Horak
Harald Hörth
Alexander Öhlberger
Wolfgang Plank
Herbert Maderthaner

KLARINETTE
Ernst Ottensamer († 22. Juli 2017)
Matthias Schorn
Daniel Ottensamer
Norbert Täubl
Andreas Wieser
Gregor Hinterreiter*

FAGOTT

Štěpán Turnovský
Harald Müller
Sophie Dartigalongue*
Michael Werba
Wolfgang Koblitz
Benedikt Dinkhauser

HORN

Ronald Janezic
Josef Reif
Manuel Huber
Sebastian Mayr
Wolfgang Lintner
Jan Janković
Wolfgang Vladar
Thomas Jöbstl
Wolfgang Tomböck
Lars Michael Stransky

TROMPETE

Martin Mühlfellner
Stefan Haimel
Jürgen Pöchhacker
Hans Peter Schuh
Reinhold Ambros
Gotthard Eder

POSAUNE

Dietmar Küblböck
Wolfgang Strasser
Johann Ströcker
Mark Gaal

TUBA

Paul Halwax
Christoph Gigler

SCHLAGWERK

Anton Mittermayr
Erwin Falk
Thomas Lechner
Klaus Zauner
Oliver Madas
Benjamin Schmidinger

MITGLIEDER IM RUHESTAND
STAND: 14. AUGUST 2017

Volker Altmann
Roland Baar
Franz Bartolomey
Walter Barylli
Georg Bedry
Roland Berger
Bernhard Biberauer
Walter Blovsky
Gottfried Boisits
Wolfgang Brand
Rudolf Degen
Reinhard Dürrer
Alfons Egger
Friedrich Faltl
Jörgen Fog
Gerhard Formanek
Herbert Frühauf
Wolfram Görner
Peter Götzel
Dietfried Gürtler
Wolfgang Gürtler
Heinz Hanke
Bruno Hartl
Richard Heintzinger
Clemens Hellsberg

Wolfgang Herzer
Johann Hindler
Werner Hink
Günter Högner
Roland Horvath
Josef Hummel
Willibald Janezic
Karl Jeitler
Rudolf Josel
Erich Kaufmann
Gerhard Kaufmann
Harald Kautzky
Burkhard Kräutler
Rainer Küchl
Edward Kudlak
Manfred Kuhn
Walter Lehmayer
Anna Lelkes
Gerhard Libensky
Erhard Litschauer
Günter Lorenz
Gabriel Madas
William Mcelheney
Horst Münster
Rudolf J. Nekvasil
Hans Novak
Hans Peter Ochsenhofer
Reinhard Öhlberger
Ortwin Ottmaier
Peter Pecha
Friedrich Pfeiffer
Josef Pomberger
Kurt Prihoda
Helmuth Puffler
Reinhard Repp
Werner Resel
Milan Sagat
Herbert Schmid
Rudolf Schmidinger
Peter Schmidl
Wolfgang Schuster
Eckhard Seifert
Günter Seifert
Reinhold Siegl
Walter Singer
Helmut Skalar
Franz Söllner
Anton Straka
Gerhard Turetschek
Martin Unger
Peter Wächter
Hans-Wolfgang Weihs
Helmut Weiss
Alfred Welt
Ewald Winkler
Dietmar Zeman

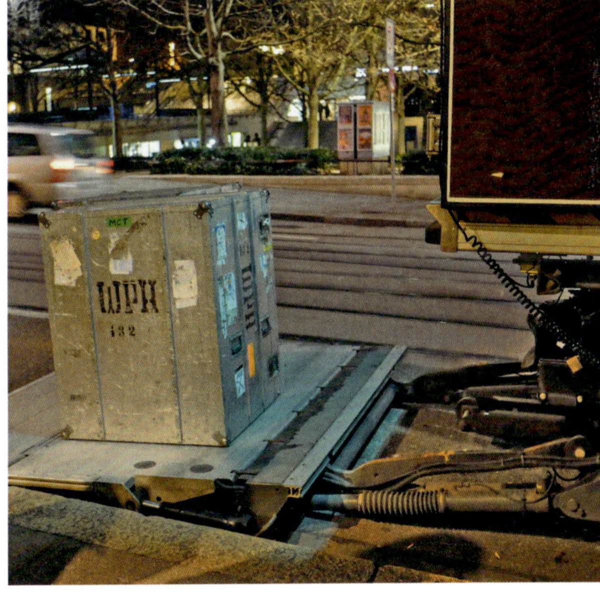

Literatur

Bartolomey, Franz: »Was zählt, ist der Augenblick«. Die Bartolomeys. 120 Jahre an der Wiener Staatsoper, Wien 2012

Blaukopf, Herta und Kurt: Die Wiener Philharmoniker. Wesen – Werden – Wirken eines großen Orchesters, Wien 1986

Burghauser, Hugo: Philharmonische Begegnungen. Erinnerungen eines Wiener Philharmonikers, Zürich 1979

Gallup, Stephen: A History of the Salzburg Festival, o. O. 1988

Halwax, Paul (Hg.): Ball der Wiener Philharmoniker, Wien 2016

Hellsberg, Clemens: Demokratie der Könige. Die Geschichte der Wiener Philharmoniker, Zürich/Wien/Mainz 1992

Kralik, Heinrich: Das große Orchester. Die Wiener Philharmoniker und ihre Dirigenten, Wien 1952

Lammerhuber, Lois (Hg.): Passion. Wiener Staatsopernorchester. Wiener Philharmoniker, Wien 2011

Mayrhofer, Bernadette/Trümpi, Fritz: Orchestrierte Vertreibung. Unerwünschte Wiener Philharmoniker. Verfolgung, Ermordung und Exil, Wien 2014

Merlin, Christian: Die Wiener Philharmoniker. I: Das Orchester und seine Geschichte von 1842 bis heute. II: Die Musiker und Musikerinnen von 1842 bis heute, Wien 2017

Rathkolb, Oliver: »Führertreu und gottbegnadet«. Künstlereliten im Dritten Reich, Wien 1991

Sachs, Harvey (Hg.): Arturo Toscanini dal 1915 al 1946. L'arte all'ombra della politica, Torino 1987

Strasser, Otto: Sechse is. Wie ein Orchester musiziert und funktioniert, Wien 1981

Strasser, Otto: Und dafür wird man noch bezahlt. Mein Leben mit den Wiener Philharmonikern, Wien 1974

Weigel, Hans: Das Buch der Wiener Philharmoniker, Salzburg 1967

Weingartner, Felix: Lebenserinnerungen, Wien 1923

Die Wiener Philharmoniker: Mehr als Musik, Regie: Co Merz, C2M Production, 2016 (TV-Dokumentation)

Witeschnik, Alexander: Musizieren geht übers Probieren, Wien 1967

Wrochem, Oliver von (Hg.): Nationalsozialistische Täterschaften. Nachwirkungen in Gesellschaft und Familie, Berlin 2016

Bildnachweis

Wiener Philharmoniker/Benedikt Dinkhauser (14, 116, 126, 128/129, 131 unten, 153 unten, 159 unten, 164, 181, 203 oben, 209), Dr. Otto Böhler/Archiv der Wiener Philharmoniker (16, 55 unten), Historisches Archiv der Wiener Philharmoniker (24, 27, 30, 35, 38/39, 50/51, 53 unten, 56, 60, 67, 70/71, 75 unten, 78, 83 oben, 83 unten rechts, 86, 89, 91, 96, 97, 101, 106, 107, 111, 134, 135, 138, 141, 170, 171, 176 oben 1. links, 176 unten links, 177 oben 1. rechts), Gerhard Trumler/IMAGNO/picturedesk.com (31, 148), Archiv Amalthea Verlag (37, 53 oben, 55 oben), Harry Weber/ÖNB-Bildarchiv/picturedesk.com (44), Historisches Archiv der Wiener Philharmoniker/Foto L. Grillich (49), Max Oppenheimer/IMAGNO/picturedesk.com (64/65), Arnold Schönberg Center, Wien (75 oben), Austrian Archives/IMAGNO/picturedesk.com (83 unten links, 99), Elfriede Hanak, Wien (131 oben), Wiener Philharmoniker/Martin Kubik (132, 153 oben), Wiener Philharmoniker/Jun Keller (143, 153 Mitte), Suntory Hall (156/157, 159 oben), Wiener Philharmoniker/Terry Linke (158 oben, 163, 176 oben 2. links, 176 unten Mitte, 177 oben 2. rechts, 177 unten rechts, 190 unten, 198, 199), Wiener Philharmoniker/Richard Schuster (158 unten, 192/193), Barbara Pflaum/IMAGNO/picturedesk.com (190 oben), Franz Hubmann/IMAGNO/picturedesk.com (195), Wiener Philharmoniker/Wilfried Hedenborg (203 unten)

Folgende Abbildungen sind der Autobiografie »Was zählt, ist der Augenblick. Die Bartolomeys. 120 Jahre an der Wiener Staatsoper« von Franz Bartolomey (Amalthea, Wien 2012) entnommen: Privatarchiv Franz Bartolomey/Foto L. Grillich (142 links), Privatarchiv Franz Bartolomey (142 Mitte, 166), Richard Schuster (142 rechts)
Aufgenommen in der Musiikkitalo/Helsinki: Wiener Philharmoniker/Benedikt Dinkhauser (185)

Seite 23: Karte © arbeitsgemeinschaft kartographie/mblue.at Grafik und Webdesign e. U., Foto Musikverein © Gesellschaft der Musikfreunde in Wien/Wolf-Dieter Grabner, Foto Staatsoper © Wiener Staatsoper/Michael Pöhn, Foto Sacher © Hotel Sacher Wien, Foto Haus der Musik © Haus der Musik/Inge Prader
Vorsatz: Terry Linke
Nachsatz: Lois Lammerhuber

Es wurden alle Rechte abgeklärt. Konnten in einzelnen Fällen die Rechteinhaber der reproduzierten Bilder nicht ausfindig gemacht werden, bitten wir, den Wiener Philharmonikern bestehende Ansprüche zu melden.

Personenregister

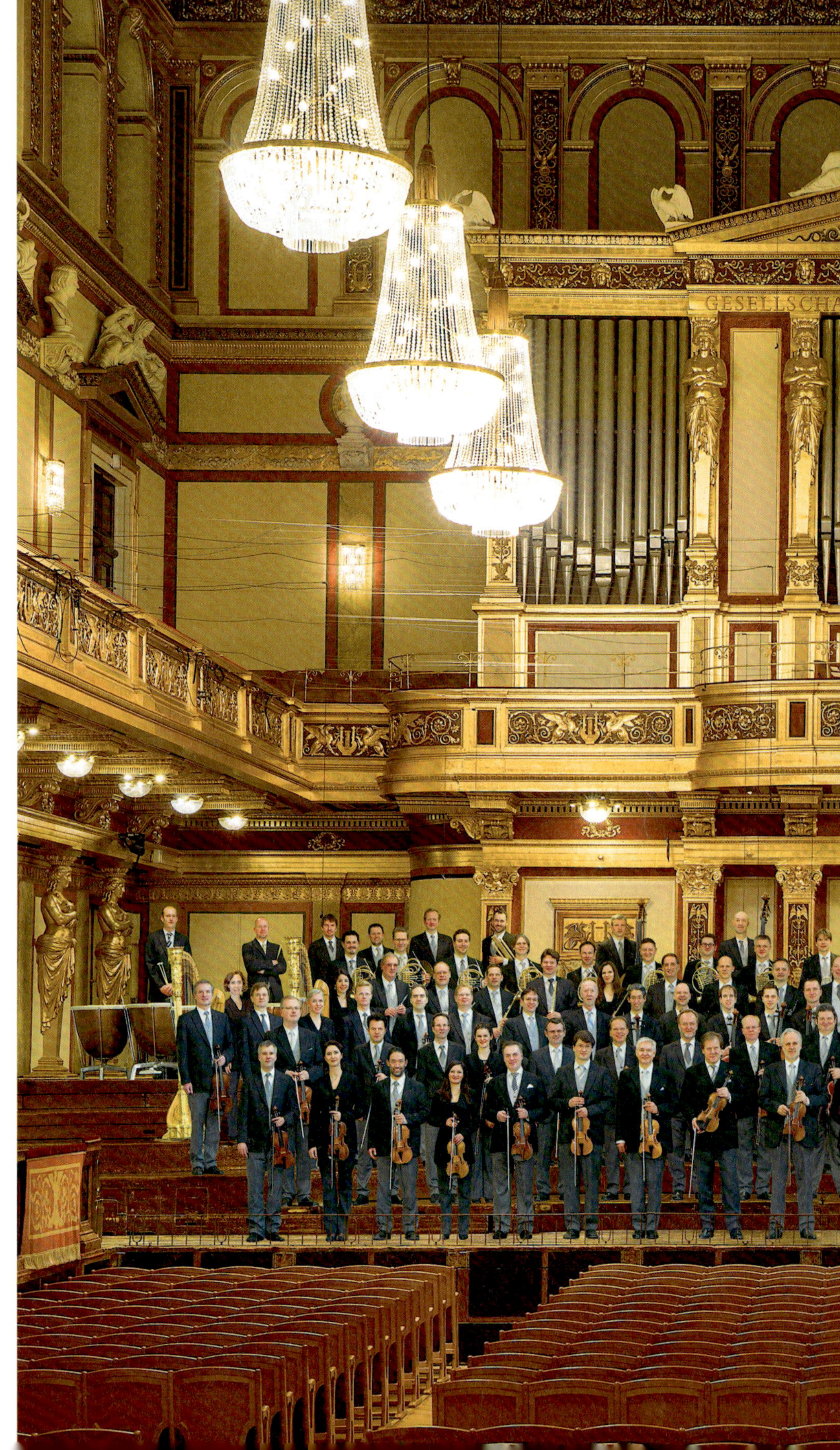
GESELLSCHA